古代氏族の研究⑰

# 毛野氏

東国の雄族諸武家の源流

宝賀寿男

青垣出版

目次

装幀／松田　晴夫（クリエイティブ・コンセプト）
見返し写真／保渡田古墳群〈かみつけの里〉の復元埴輪（群馬県高崎市）

# 一　序説

## 毛野氏とはなにか―本書の目的

上古代における東国第一の雄族とされるのが毛野氏であり、この氏については、古代史上大きな諸問題が未解決のまま多く残されている。畿内から遠く離れた関東北部の「毛野」の地域（上野国及び下野国から東北部の那須地方を除いた地域。上野・下野のいわゆる「両毛」地方をいう）を本拠領域として、その勢威を如実に示す大古墳や一万基ほどの多数の古墳を築造したが、この辺の大勢力ぶりは、地方では吉備に並ぶほどである。

私はかって、毛野氏に関する論考を「毛野の系譜」として、『姓氏と家紋』誌（第五三号～第五五号。一九八八夏～八九春）に発表した。その後も、何度か東国武士の源流に絡めてこの氏族の問題の検討を繰り返してきて、現在に及ぶ。これら長い期間の検討を、また改めて検討するものでもある。最近では、陸奥の吉弥侯部《きみこべ》がらみの検討を行って裨益をうけたところでもあり、そうした多面的な視点からこの重要氏族を考えたい。

毛野氏は、大和の王権の兵力として朝鮮半島への出兵や「蝦夷」（倭建命に関しても出てくるが、「大和王権に服属しない東北日本の辺境民」くらいの把握が無難なところ。人種的には日本原住の山祇族が主体か）の征討に従事したという伝承を持つ。その一方で、六世紀前半の安閑朝における武蔵国造家の内紛に際しては、大和朝廷と対立するような動きをするなど、毛野氏一族には複雑な政治行動が見られる。このため、毛野氏をめぐる諸問題に答えられなければ、古代東国の政治史の全体像を的確に把握できない。さらに、中世東国武家の起源の把握にも問題が出る。古代では、畿内から見て西方の吉備・出雲とならぶ重要地域が、東方の毛野であった。こうした関東地方ばかりではなく、畿内とその周辺地域や北陸にも支族がかなり分布したから、東国の地方雄族という観点からだけの検討では、毛野氏の全体像の把握はほど遠くなる。

さらに、邪馬台国所在地問題に関連して、「狗奴国」を毛野に擬定する説（山田孝雄氏）も古くは出された。これがいまや疑問が大きい見方になっているとしても、毛野氏とは何者かを十分に検討することが必要となる。

毛野氏の一族は上毛野君を宗族とし、たんに「毛野」を氏とする者はごく少ないが（奈良時代後期の「正倉院文書」には、近江で一例ある）、便宜上、上毛野君及び下毛野君とその分岐諸氏族を総称して、本書では「毛野氏（氏族）」と呼ぶことにする。この毛野氏についての現存する文献史料が極めて乏しいから、この問題は一層謎めいてくる。考古学関係の資料が近年増加しているとはいえ、総じて乏しい資・史料のなかで、これらから古代の毛野氏の実体に迫るよう、具体的な検討で努めていきたい。

従来から古代史学界において、毛野氏に関して熱心に取り組んできた専門家として、尾崎喜左雄・志田諄一の両氏がおられる。尾崎氏は群馬県に在住（もと群馬大学教授）で、その多数の諸論考は『勢多郡誌』や『上野国の信仰と文化』等に収められており、志田氏は近隣の茨城県に在住した学究で、昭和三十年代前半から毛野氏に関する多数の論文を発表され、その著『古代氏族の性格と伝承』でも基本的な論考を展開される。両氏の業績は卓越したものであり、多大の啓発をいただいたが、ともに毛野氏の皇族出自という系譜を否定するところまで至っておらず、その意味も含めて、私としては不満の感がないではない。

近年では熊倉浩靖（茜史朗）氏や関口功一氏なども含め、尾崎・志田説に反対する斬新な説も見受けられ、これら先学諸氏の多くの研究に刺激・示唆を受けることが多くあって、これら学恩にも感謝しつつも、それに対する異論も、実のところ、私にはかなり多い。

毛野氏に関する諸問題を総合的に再検討して整理し、これまで本古代氏族シリーズで検討してきた古代氏族諸氏全体のなかで、整合性のとれた位置づけで毛野氏の具体像を探ることが必要である。毛野氏について氏の始源から見直してみると、これまでの研究は総じて言うと、上古からの大きな日本歴史の流れのなかで、この氏族を祭祀・習俗面や広域にわたる同族分布も含めて総合的に研究・評価するものとはなっていない。それは、毛野氏族が各地で奉斎した大己貴神や大物主神について、遠祖神としての実像を的確に把握してこなかった事情に因る。だから、本当に「崇神皇裔」という皇別氏族（天皇家の後裔氏族）なのかという基本問題を含めて、その系譜を十分検討する必要がある。

（なお、本書のはじめの部分（二、三）は、古墳など考古学関係や祭祀関係の記事が多いので、この辺はすこし飛ばして、氏人の活動が見える四くらいから読むほうが読みやすいことも考えられよう）

## 毛野氏の概観

毛野氏の詳細な検討の前に、これまで一般に把握・理解されてきた毛野氏の姿を概観しておきたい。本書を読み終えたときに読者の皆様が受けとめられたものとの比較対照になるからでもある。毛野氏について、その要点は次のようなものとなろう。

毛野氏の本拠と分布は、東国を中心に陸奥にかけての地域に大きな勢力をもったが、畿内など全国各地にも同族諸氏が分布した。本宗の上毛野君は『和名抄』の上野国新田郡・勢多郡あたり（現在の群馬県の太田市・前橋市あたり）を本拠とし、最有力な支族が下野国にあった下毛野君であった。記紀では崇神天皇の子の豊城入彦命を始祖と称する皇別の豪族とされ、『新撰姓氏録』（以下、主に『姓氏録』と表記）でもこれを踏襲する。ところが、一族の居地・勢力圏では、大己貴神や大物主神という三輪氏族系の祖神を祭祀し、東国を治めるよう命をうけた豊城入彦命の伝承でも舞台に三輪山が出てくるから、はたして皇別の氏族なのかを疑わせる。

姓は当初が君であり、後に朝臣姓となる。上毛野君本宗は、天武十三年（六八四）十一月に朝臣姓への改賜姓をうけた。その朝臣賜姓五二氏のなかに、同族諸氏の下毛野君・車持君・佐味君・大野君・池田君（これら中央官人として比較的上位にあった同族諸氏を総称して、「東国六腹朝臣」という）と共にあげられる。

次いで、持統五年（六九一）八月に朝廷の有力十八氏に対して祖先等の墓記（家の歴史）を上進させたときにも、その第九位に上毛野氏が見える（前者の賜姓では、①大三輪君、②大春日臣〔和珥本宗〕、③阿倍臣、④巨勢臣……という順であり、後者の墓記上進では、①大三輪、②雀部〔巨勢同族〕、③石上〔物部本宗〕、

④藤原〔中臣本宗〕…⑥巨勢…⑧春日……⑭阿倍……という順。これを提出順に記載したとみるのは、朝臣賜姓の順から考えても疑問が大きい)。このように、飛鳥時代の後半期(文化史的には白鳳時代)の朝廷では、毛野氏は地方氏族としては高い地位にあった(墓記上進の畿外地方氏族としては、ほかに紀伊氏〔国造のほうか〕)。ちなみに、天武十三年の朝臣賜姓では、吉備氏一族からは下道臣・笠臣の二氏のみであり、後者の持統五年の墓記上進では吉備氏の名は見えない。毛野氏一族として見たとき、奈良時代には参議も二名(下毛野朝臣古麻呂、大野朝臣東人)を出している。

さて、毛野氏の『書紀』での初見は、崇神天皇がその皇子・豊城《とよき》入彦命(豊木入日子命)をして東国を治めさせようとしたという記事(崇神四八年四月条)である。次いで、上毛野君の遠祖八綱田《やつなた》が狭穂彦の反乱の鎮定に功績があった(垂仁五年十月条)、とされる。豊城入彦命の孫・彦狭島《ひこさしま》王のとき、東山道十五国の「都督」に任命されたが、着任前に大和国で病死したので、東国の百姓がその身が到らざることを悲しみ、ひそかにその屍を盗んで上野国にもっていき葬ったという(景行五五年条)。その翌年、その子の御諸別王が東国を治めるよう詔をうけて初めて当地へ赴き、ここで善政を行い蝦夷をも平定して、子孫がいまも東国にある(同五六年条)、と東国統治の由来が記される。

次に、外征関係の記事が出てきて、荒田別・鹿我別が新羅征伐の将軍となり(神功皇后四九年三月条)、学者の王仁を迎えに上毛野君祖の荒田別・巫別が百済に派遣されたという(応神十五年七月条)。この後、上毛野君祖の竹葉瀬が新羅の欠貢を問責するため派遣され、その弟の田道が新羅征討に功をたてたが(ともに仁徳五三年五月条)、田道は後に蝦夷征伐中に伊峙《いし》水門(宮城県の石巻港辺り)で敗死した(同五五年条)、と記される。この辺りまで、韓地・蝦夷地の征討・外交に関し、毛野氏一族には大きな功績があったとされる。

これら一連の動きの後では、毛野氏関係の記事はかなり長い期間（実際の期間としては百年間ほどか）、記紀の記事に欠けており、六世紀代になって、安閑紀の武蔵国造家の跡目相続争いにあたり、上毛野君小熊が反朝廷的に関与して、当事者の一方の小杵に対して援助する動きを見せる（安閑元年閏十二月紀）。次に、七世紀前半の舒明朝にも上毛野君形名が蝦夷征伐を行って、その妻の奇知により蝦夷を破った（舒明九年三月紀）、とされる。

これらの上毛野氏の伝承について、仁徳朝以前、あるいは大化前代の記事は史実とみることができないとする見解も強いが、これらは具体的な論拠を欠く（さほどの論拠なしに記紀の記事を切り捨てる学風が戦後の古代史学界で強いが、この辺は問題であろう）。

大化以降でも、天智二年（六六三）に上毛野君稚子が将軍として新羅征討に派遣され、倭軍主力部隊の前将軍となって新羅側の二城を陥したが、倭軍は白村江で戦って大敗した（天智二年三月・六月紀）。天武十年（六八一）の川嶋皇子を中心とする帝紀記定の史局には、大錦下上毛野君三千《みちぢ》が参加した。奈良時代でも、中央官人や奥羽の国司・按察使などに毛野一族がかなり見える。天平元年（七二九）の長屋王の変に際し、外従五位下の上毛野朝臣宿奈麻呂が連座しており、後に復位したものの、それ以降は上毛野氏は没落の傾向が強くなり、次第に姿を消していく。そして、異系ともとられる渡来系の田辺史の流れが奈良時代後期に上毛野君を賜姓し、上毛野君・朝臣氏の中核的位置を占めるようになった。

それでも、平安前期に成立の『新撰姓氏録』では、毛野氏同族の諸氏が合計で三八氏ほどもあって、地方に本拠をおく豪族としては尾張氏につぐ位置を占めた。この頃には毛野一族から出た地方国司も若干見えるが、これらとは別系統らしい同族の一派があって、平安初期頃から後は近衛府の下級官人・舎人などの職に世襲的につき、これが中世、近世まで続いていく。これらが、東国在地土豪層の系譜をひくものとする見方はあるものの、具体的には不明である。また、上毛野・下毛野両氏は、君子部（吉弥侯部）の伴造氏族として知られるが、奥羽に多く広く分布するこの部民については、まだ分析・調査が十分とは言い難く、定説ができていない。

同族の下毛野氏は、仁徳朝に毛野国を上・下に分け、豊城命の四世孫の奈良別が下毛野国造に定められたと「国造本紀」に見える。その中心域は都賀郡・河内郡あたり（栃木県小山市から宇都宮市にかけての地域）とみられる。この氏の大化前代の動向はまるで不明だが、八色の姓制で朝臣姓を賜り、八世紀の奈良時代では、『大宝律令』撰定に関与し正四位下式部卿参議に任じた古麻呂や『懐風藻』に漢詩を残した大学助教の虫麻呂が活動した。

この下毛野一族では、十世紀以降は近衛府の舎人や院・摂関家の随身としての活動が見られる。摂関家とは藤原道長の頃から結びつきを強め、その家人として供奉し警固の任にあたった。馬術・鷹飼・舞楽・調理などに優れた技を伝え、厩所・随身所・雑色所の長を務め、山城国乙訓郡の調子荘を永く本領として、江戸末期まで近衛府の下級官人で続いた

中世になると、毛野氏族から出たという武家は殆ど見えなくなる。これには、藤原姓などの流れのなかに系譜が混入して系譜仮冒をした結果もあろう。

## 毛野氏関係の系図史料

毛野氏の後裔は、一部の支流を除き、平安時代末期には殆ど姿を消した。なかには氏姓を変えたものもあってか、中世の族裔の活躍が殆ど見えず、史料の見かけでは中世の有力武家も出さないか

ら、『尊卑分脈』（以下では、たんに『分脈』ともいう）や『群書類従』にも一族の掲載がない。上古代の初期段階での毛野氏の系譜は、記紀や『姓氏録』の記事などから概ねの歴代は構成されるが、それでも、確定的なものとは言い難い。一般に、他の氏族にあっても、早くに分かれて遠い別地にあった支庶家のほうに却って貴重な系譜・古伝が残されることもあるので、多くの関係史資料と比較検討をした上で、断片的なものが多い毛野氏関係の系譜について、総合的に史実原型を考える必要がある。

明治期に系譜の収集・研究に精力的な活動をした鈴木真年・中田憲信関係の系譜史料のなかには、毛野氏族の支族諸氏まで含めるとかなり多数の関係系図が見える。なかでも最も基本的な系図は、中田憲信が編纂した『皇胤志』である。これでも、応神・仁徳朝頃の竹葉瀬兄弟以降は、上毛野・下毛野両氏については記事がない状況である。

これら以外では、管見に入った主なものをあげると、次のようなものがある。

鈴木真年・中田憲信関係では、『諸系譜』の第一冊の「大野朝臣系図」、第十五冊の「上毛野君系図」（伊勢の野呂氏）及び第十五冊の「池田朝臣系図」「熊倉系図」（壬生君の系図）「石上朝臣系図」、『百家系図』巻五二の「小池系図」（車持君の系図）、巻五三の「上毛野佐位朝臣姓生形家系」、巻五五の「珍努県主系図」、巻五九の「寺井系図」（韓矢田部君の系図）、『百家系図稿』には巻一の「物部公系図」、「大野系図」、巻二の「熊倉系図」、巻五の「布施田系図」、巻十の「下毛野朝臣 調子家」、『諸氏本系帳』の「石上朝臣系図」、などがあげられる（これらは『古代氏族系譜集成』にも掲載）。このほか、穂積真香名義の『真香雑記』には「池田系図」「壬生公系図」が所収されるが、上記のものとは異本の内容である。

その他では、『地下家伝』巻十五の調子、巻十八の富、『下毛野氏系図』（京都大学所蔵。『長岡京市史』資料編二にも「調子家系譜」が記載）や、越後の居多神社祠官家の『花前商長之系譜』『花前家系及古書類写』（東大史料編纂所蔵）などがある。『群馬県姓氏家系大辞典』のの毛野関係諸氏の記事も参考になることが多い。信濃の若麻績部に関しては、『善光寺史研究』（一九二二年刊行）に所載の「善光寺本願系図」もある。

といったところが毛野氏関係の系図資料の概観で、今までのところ、これらが毛野氏族についての古代部分に関する主要な系図であり、中世・近世の毛野氏後裔諸氏（後裔と称する氏も含む）について管見に入ったもののほぼ全てである。しかも、これら系譜や所伝がかなりマチマチでもあるので、記紀や『新撰姓氏録』、各種文献資料などと比較検討しつつ、全体として整合性をもつ合理的把握に努めなければならない事情もある。実際には毛野氏族の流れで他氏他姓に系譜仮冒したものも、平安後期以降ではかなりありそうであり、様々な系譜仮冒や訛伝にも十分留意していきたい。

本書の流れや記事を理解していただくために、上記の毛野氏部分等を踏まえて、初期段階の毛野氏について比較的通行する系図の概略を先ずあげるが、これがごく簡単な直系の五、六代程度であって、とりあえずは後述の第1図のほうを参照されたい。しかも、この概略系図が毛野氏の史実原型に近い系図だということでは必ずしもなく、従来の系図把握についての一応の目安であって、本書で検討の叩き台にすぎない。巻末には、毛野氏族を検討した後の系譜（推定を含む試案。第2図）もあげる。

## 毛野氏及び同族諸氏関係の主な研究

先に尾崎喜左雄・志田諄一の研究や近年の熊倉浩靖氏の研究について触れたが、ここではその辺も含めて、これまでの毛野氏研究をひととおり総覧的に見ておく。

東国の毛野氏に限っていえば、その氏族研究の研究者は、これまで比較的限定される傾向があったが、最近まで相当に多くなった。全国各地の毛野一族や関連諸氏まで拡げればまだ多く、祭祀・考古学に関係する史料や研究についても数がかなりある。

毛野氏研究の管見に入った主なところでは（順不同）、まず氏族研究でいうと、太田亮博士『姓氏家系大辞典』のケヌ・カミツケヌ・シモツケヌ・ハコネ・ウツノミヤなどの関係各条や、佐伯有清氏の『新撰姓氏録の研究』の関係記事などがあり、個別の主な著作・論考としては次のとおりだが、網羅しきれてない（中世関係も含めて順不同）。なお、本来的には毛野に関連する三輪氏や吉備氏に関する著作・論考も十分考慮する必要もあるが、この辺は当シリーズの『三輪氏』『吉備氏』を併せて見ていただくこととして、ここでは基本的には省略した。

志田諄一氏の『古代氏族の性格と伝承』（一九七一年刊）所収の「上毛野君」「車持君」及びその論考「古代史における毛野氏の性格」、「ふたたび『毛野の性格』について」、「上毛野氏の伝承について」、「毛野の名称と周辺の問題」（各々、順に『日本歴史』一一〇、一二〇、一六四、一九八号に所収）、「毛野氏と同祖と称する氏族とその性格について」（『茨城キリスト教短期大学研究紀要』四）、「上毛野氏と田辺氏との関係について」（『日本上古史研究』三巻四号所収。一九五九年）、「東国の底力の源泉―関東」（『日本の古代2 列島の古代文化』所収。一九八七年）など、尾崎喜左雄氏の『上野国の信仰と文化』（一九七〇年刊。「大神神社と赤城神社」などを所収）及び『上野国神名帳の研究』（一九七四年刊）、『上野の古墳と文化』(一九七七年刊)、「毛野の国」(『古代の日本七 関東』所収。一九七〇年)など、黛弘道氏の『上毛野国と大和政権』(一九八五年刊)、佐伯有清氏の「上毛野氏の性格によせて」(『日本歴史』一一〇号。一九五七年)、「上毛野氏の性格と田辺氏」(『新撰姓氏録の研究』研究篇所収、一九六三年。当初は『続日本紀研究』五巻九号)、原島礼二氏の「上毛野『伝承』採用の条件」(『日本歴史』一五四号。一九六一年)など、田中修造氏の「上毛野氏伝承について」(『日本文化史論集』所収。一九六二年)、三品彰英氏の「荒田別・田道の伝承—帰化人と上毛野氏—」(『朝鮮学報』三一輯所収。一九六四年)、前之園亮一氏の「毛野氏の性格とその変遷」(『史游』一所収。一九七二年)、前川明久氏の「東国の国造」「大和政権の東国経営と伊勢神宮」(ともに『日本古代氏族と王権の研究』所収。一九八六年)、井上光貞氏の「古代の東国」(『万葉集大成』五所収。一九五四年)、吉田晶氏の「毛野の分割」など(『日本古代国家成立試論』所収。一九七三年)、鬼頭清明氏の「上毛野・下毛野氏の系譜伝承と氏の構造」(『東洋大学大学院紀要』二六所収。一九九〇年)。

前澤輝政氏の『毛野国の研究 古墳時代の解明 上・下』(一九八二年刊)、金井塚良一氏の「東国の覇者「毛野国」と大王」(『日本古代史④ 王権の争奪』所収。一九八六年)、岡島成行氏の『上毛野国—忘れられた古代史』(一九七三年刊)、大塚徳郎氏の『平安初期政治史研究』(一九六九年刊)及び「八・九世紀における貴族の系譜の変遷について—毛野氏の場合—」(『東洋大学教養部文化紀要』第二集所収。一九五八年)、「丈部・吉彌侯部について」(『歴史』第五輯。一九五三年三月)、福田三男氏の『光と風の大地から下野古麻呂の生涯』(一九九八年刊)及び『下毛野一族の興亡』(二〇一四年刊)、梅沢重昭氏の「「毛野」形成期の地域相」(『駿台史學』九一号所収。一九九四年三月)、「毛野国の形成と前方後円墳」(『古墳と地方王権』所収。一九九二年)及び「毛野の黎明—三〜四世紀における地域形成のあゆみ」(『群馬史再発見』所収。二〇〇一年)、川原秀夫氏の「上野における氏族の分布とその動向」(『装飾付大刀と後期古墳』〔島根県古代文化センター調査研究報告書三一〕所収。二〇〇五年)、小野里了一氏の「「毛野君」から上毛野・下毛野君へ」(『東アジアの古代文化』一三二号所収。二〇〇七年)、関口功一氏の『東国の古代氏族』(『上毛野氏をめぐる諸問題」などを掲載。二〇〇七年刊)、『古代上毛野の地勢と信仰』(二〇一三年刊)、『古代上毛野をめぐる人びと』(二〇一三年刊)、『古代上毛野氏の基礎的研究』及び『古代上毛野の社会基盤』(ともに二〇一八年刊)など(このほか、同氏の関係論考は多数につき省略)、松田猛氏の『上野三碑』(二〇〇九年刊)、加部二生氏の「上毛野君の考古学的検討」(『国造制の研究』所収。二〇一三年)、小池浩平氏の『古代東国のフロンティア・上毛野』(二〇一七年刊)など。

熊倉浩靖(茜史朗)氏の『古代東国の王者―上毛野氏の研究』(一九八五年に刊行。改訂増補版が二〇〇八年)及び「上毛野氏関係氏族の基礎的考察」(『東アジアの古代文化』三六・三七号所収。一九八三年)、「上毛野氏と東国六腹の朝臣」(『古代を考える　東国と大和王権』所収。一九九四年)、「上毛野国から東国へ」(『群馬史再発見』所収。二〇〇一年)、「上毛野氏」(『歴史読本』編集部編『ここまでわかった！古代豪族のルーツと末裔たち』所収。二〇一一年)、『上野三碑を読む』(二〇一六年刊)など、土生田純之等編の『多胡碑が語る　古代日本と渡来人』(二〇一二年刊)、安東泰秀氏の「「上毛野国」試論」(安田古代史会『安田まほろば』所収)、前沢和之氏の「蝦夷地経営の最前線司令官―上毛野君」(歴史読本臨時増刊『古代豪族総覧』所収。一九九〇年三月)、「豊城入彦命系譜と上毛野地域」(『国立歴史民俗博物館研究報告』第四四集所収、一九九二年)及び『古代東国の石碑』(二〇〇八年刊)、石川正之助氏の「物部君、磯部君、石上部君」(『群馬県立歴史博物館紀要』九所収。一九八八年)、若月義小氏の「上毛野君氏の〝内臣〟化の意義」(『日本史研究』三五一所収。一九九一年)、佐藤英雄氏の「八・九世紀の君子部について」(『年報日本史叢』二〇〇三所収。二〇〇三年)、平澤加奈子氏の「いわゆる「円仁の系図」について―「熊倉系図」の基礎的考察―」(『東京大学史料編纂所研究紀要』二四号所収。二〇一四年)、若狭徹氏の『東国から読み解く古墳時代』(二〇一五年刊)及び「東国における古墳時代地域経営の諸段階―上毛野地域を中心として」(『国立歴史民俗博物館研究報告』第二一一集所収。二〇一八年)、友廣哲也氏の『土器変容にみる弥生・古墳移行期の実相』(二〇一五年刊)、須永忍氏の「律令以後における上毛野氏・下毛野氏」(『群馬文化』三一〇所収。二〇一二年)、「上毛野氏の形成と展開」(『日本古代の氏と系譜』所収。二〇一九年)、右島和夫氏ほか編集の『古墳時代毛野の実像』(季刊考古学別冊十七。二〇一一年刊)、笹川尚紀氏の「上毛野氏の外交・外征をめぐって」(『古代文化』五七―三所収。二〇〇五年)など。

高橋富雄氏の「平安時代の毛野氏」(『古代学』九巻一・二号所収。一九六〇年)、笹山晴生氏の「毛野氏と衛府」(『日本歴史』一八六所収、一九六三年十一月。後に『日本古代衛府制度の研究』所収、一九八五年刊)、槙野広造氏の「一一世紀初頭の下毛野の官人たち」(『平安文学研究』第七三巻所収。一九八五年)、中原俊章氏の「随身と雑色」(『中世公家と地下官人』所収。一九八七年)、二本松泰子氏の「下毛野氏の鷹術伝承」(『立命館文學』六〇七号所収。二〇〇八年)、など。

中世武家の一族諸氏については、熊田一氏の「壬生家系譜に関する諸問題」(『鹿沼史林』十六号所収。一九七七年)、白石元昭氏の『関東武士小幡氏の研究』(一九八一年刊)や『長岡京市史　本文編一』(一九九六年刊)など。長野氏をはじめ、中世の東国武家諸氏、秀郷流藤原氏についての研究論考は多いが、その他はここでは省略する。

このほか、蛇神・竜神・海神関係の祭祀・信仰について、吉野裕子氏の『蛇―日本の蛇信仰』(一九七九年刊。後に講談社学術文庫)、阿部真司氏の『蛇神伝承論序説』(一九八一年刊)、大庭祐輔氏の『竜神信仰―諏訪神のルーツをさぐる』（二〇〇六年刊）、古部族研究会編の『古代諏訪とミシャグジ祭政体の研究』（一九七五年刊）、田辺悟氏「海人の信仰とその源流」（『日本の古代8海人の伝統』所収。一九八七年）、などがある。

祭祀関係では、『式内社調査報告』（第十三巻東山道2など）、『日本の神々』（十一関東。とくに上野を執筆の田島桂男氏の記事）の関係記事など神祇資料も多く、参考になる。考古学関係論考（上記に一部掲載）や総論的な歴史の流れは、適宜、本文のなかで引用するが、それ以外は省略する。両毛の古墳の編年等については、主に石野博信編『全国古墳編年集成』や川西宏幸氏の「円筒埴輪総論」、右島和夫氏の諸論考などを参考にし、総合的に判断した。土生田純之氏の「下野型古墳の歴史的意義」（『専修人文論集』一〇〇号所収。二〇一七年）なども ある。

また、『群馬県史』『太田市史』など群馬県・栃木県や北陸地方の関係地方自治体が編纂の県史・市史などが多数あるが、この辺もあとは省略する。

（これら著作・論考の出版元・所収の書など詳細情報は、最近ではネット検索が可能であり、ここでは省略する。上記の年は、論考初出の年というよりは、主に所収本の刊行年を記した）

毛野氏については、皇別出自を否定した場合には、その始源は、いわゆる闕史八代時代や更に遠くは神統譜の時代まで遡って関係する可能性もある。だから、記紀の神話的な部分の史実性を簡単に否定したり、祭祀関連の伝承を無視しては、この研究姿勢に問題があって、氏族実態の解明を妨げることにもなろう。また、伝承はもちろん、地名や神名・人名などについても、記事を素朴に受けとりすぎると、かえって混乱して誤解を生じかねない。現代的な感覚で理解が及ばないこと・不明なことを、後世の「造作・創出」だと逃げ込んではならないと強く留意される。

毛野氏は様々な意味で複雑かつ難解な一族であり、関東の両毛地方に限るのではなく、全国的な視野で多角的に検討することが強く望まれる。津田博士亜流の造作論あるいは反映説という観念論では、毛野氏族の具体的な実態解明に役に立たず、考古学はもちろん、祭祀・習俗や地名、各種伝承なども含めた総合的合理的な研究が必要だということである。

## 毛野氏と同族諸氏に関する問題点

毛野氏については、この分野の研究者が地域に限定されて、あまり多いとはいえず、総じて言えば、学界ではあまり踏み入った形での研究がなされてこなかった。しかも、毛野氏の祖系までを遥かに遡って探究するものや中世に及ぶ末流諸氏の系譜研究では、総合的な研究は皆無に近い。上古史解明の観点からは、大国主神（大己貴神）や大物主神の性格及び古代王権祭祀のあり方など、的確に整理されるべき重要な点がかなり多い。だから、津田史観の観点から論じて、古い伝承部分や神話的な性格のものは切り捨てればそれでよいというものでは決してない。祭祀や神々の活動という難解な問題もあって、これまで漫然といい加減に誤解されながら、毛野氏が把握されてきたともいえよう。

その全体像については、検討してみると日本列島に大陸・半島から稲作・青銅器などの弥生文化をもたらしたとみられる海神族系統、とくに三輪氏族あたりから出たとみられる要素が毛野氏族に強くある。その一方、居住地が内陸化したことで毛野氏族には海洋技術関係の行動は殆ど見えない。毛野の支族が多く、列島内に広く分布するものの、その多くが東国・陸奥と畿内に偏り、本州西部以西では殆ど支族を出していない事情もある。

毛野氏の主な問題のなかでは特に難解なものの一つが、祖系の探究である。この場合、上古の人・神で同一の者が複数の異なる名で諸書・諸地域に登場する同人異名の問題や、逆に異なる者が同一の名で登場するという異人同名の問題もあり、この辺を的確に把握しなければ問題解決はしない。これら列挙される問題点について、本書は解明につとめるが、本書を読んでいただくうえでの主な問題意識にもなるものである。

毛野氏とそれを取り巻く諸問題は多いが、そのなかで比較的大きな問題と考えられるものを取り上げて順不同で列挙すると、次のようなものであろう。
①毛野勢力の発生時期……『書紀』では、景行朝五六年に御諸別王が東国に赴き蝦夷を平定したのが、毛野が北関東の現地に根づいた最初とするが、この伝承は事実か。事実としたら、この移遷時期や国造設置の時期は具体的にはいつ頃か（西暦比定で）。また、これ以前には毛野地方には一大部族勢力（地方王権的なもの）はなかったのか。考古学的には、前方後方墳やバチ形古墳などとの関係で毛野の初期状況が説明できるか。要は、毛野氏の先祖集団は何時、両毛地方にやってきたのかという問題でもある。
②毛野氏の出自・系譜……記・紀・姓氏録などの史料も全て、毛野氏の出自を畿内から出た皇別としており、これに異説を見ないが、果してそうなのか。現地系統の出自という可能性はないのか。出自が皇別だとしても、第十代（神武を初代とする天皇の代数。以下同じ）の崇神天皇の子とされる「豊城入彦命」の系統ではない可能性はないのか。そもそも、この人物に実在性があるのか。また、中央出身としても皇族ではなく、別の雄族出身ということは考えられないのか。

畿内などからの移遷の場合には、毛野氏の故地はどこか。毛野氏族諸氏のなかに、系譜仮冒により附合させられた氏はあったか。三輪山や三輪君氏につながる要素があるのか。

③毛野氏の姓《かばね》……毛野氏の宗族及び有力支族の姓は君（公）で、後世に朝臣となった。一般に、第九代開化天皇以降の天皇の後裔と称する氏族には君姓が頻出したが、毛野氏の姓はこの傾向と同じものか。あるいは、皇裔と称する地方豪族に君姓が多い傾向によるものか。また、神別、諸蕃、蝦夷の諸氏にも君姓のものがかなりあり、それらとの関係がないのか。

なお、第八代孝元天皇以前に皇統より分岐したと称する氏族（すなわち、多・和珥・吉備・阿倍・蘇我などの諸氏族。但し、和珥氏族の実際の出自は地祇の海神族であるなど、このなかには系譜仮冒がかなり多い）では有力諸氏が臣姓であり、地方を本拠とする一部の氏に君姓が見られる。同じ崇神天皇の後裔と称する能登国造の姓は主に臣であって、一族に君姓も見られており、第十二代景行天皇（及びその兄弟と称する者）以降の皇裔氏族には君姓が多い。吉備氏や出雲氏のような地方に本拠を置く古代の雄族と比べてみるとき、毛野氏の宗族や主な一族が君姓というのはやはり異例ではなかろうか。

④毛野氏の外征・征夷の事情……東国の毛野氏が陸奥の蝦夷征討に従事する事情や役割は、東国という居住地域からみてわかるが、何故遠く朝鮮にまで出兵・従軍したのか。これら征討伝承は事実なのか。毛野氏は当初から大和朝廷に従属する存在であって、畿内から独立した別個の勢力というものではなかったのではないか。

⑤毛野支族諸氏の畿内分布……毛野氏は北関東の在地性がかなり濃厚で、陸奥や北陸方面にも発展して支族・部民が多くあった反面、支族とされる諸氏が中央の摂津・河内・和泉・播磨等に

もかなり多く分布したのは何故か。こうした系譜は後世の造作や系譜架上により結びつけられたものか。もしそうだとしたら何故、東国の毛野氏が選ばれて附合されたか。毛野氏の同族諸氏が、播磨より西に殆ど分布しないのはなぜか。

⑥渡来系の称毛野一族の実態と活動……田辺史など渡来系的色彩の濃い諸氏が毛野氏の一族の出とするのは事実か。これが史実ではない系譜仮冒とか系譜結合の場合には、系譜原型はどのようなものか。渡来系の上記氏族諸氏が外交交渉や学問・文芸で顕著な活動しており、この辺の検討も必要となる。

このほか、上掲の諸問題と多少とも重複するが、次のような問題意識もある。

○毛野と狗奴国との関係はどうか。毛野の族長は「王」だったのか。

○毛野氏祖系は皇統につながるか。そうではない場合、遠祖神につながる神統譜はあるのか、それはどのようなものか。これが、三輪氏の氏祖神たる大物主命と大国主神、大己貴命とはどのような関係か。三輪山の大物主命は抽象神か、現実の人格神か。

○赤城山など東国での祭祀形態はどうか。三輪山に関連する祭祀が毛野氏にあるのか。その他、毛野同族諸氏が奉斎した神社にどのようなものがあるか。

○上毛野君・下毛野君に先立つ「毛野氏」はあったか。毛野氏に先立つ呼称はあったか。

○大和王権の内征・外征に従った毛野一族があったか。応神王統時代より前の毛野伝承は後世の捏造か。毛野氏は六世紀ないし七世紀代以降の新興の豪族だったのか。

○毛野氏一族や関係神社は日本列島にどのように分布するか。それら分布の由縁は何か。

○応神王統時代のいくつかの内乱・事件などでは、毛野氏一族はどう行動したのか。
○下毛野国造をどう位置づけるのか。初祖とされる奈良別の父系の系譜はどうか。
○欽明朝以降の毛野氏一族の動向はどのようなものか。
○毛野氏一族の古墳・墳墓などの遺跡はどうだったのか。
○中世・近世における毛野氏末裔の動向はどうか、新興勢力の前に古族はみな族滅したのか。中世武家として活動した有力者はあったか。あった場合はどのような系統か。
○現存の毛野関係諸氏の系図は、どこまで信頼できるのか。
○衛府官人や鷹飼の毛野関係諸氏の動向はどのようなものだったか。鷹飼技術はなぜ毛野一族に伝えられたのか。この技術はいつまで伝えられたのか。
○毛野同族という両毛以外の地方国造の起源や動向、末流はどうだったのか。
○毛野氏支流という吉弥侯部はなぜ奥羽に繁衍したのか。その具体的な要因、事件は何か。両毛地方との関係はどうか。いわゆる「擬制血族」(擬制的同族)だったか。
○海神族系諸氏に広く見られる竜蛇信仰は、毛野氏ではどうか。同じ東国の諏訪氏などとの関係はどうか。毛野に見られる雷神信仰の由来や分布の意味するものは何か。

これらの他にも毛野関係の問題点は多くあろうと思われるが、一応上記六つの主要問題点を意識しつつ、本書での検討を進めていきたい。このなかでも、毛野氏の出自という論点は最重要であり、これが解明できれば、他の論点も波及的に解明ないし解釈ができるようにも思われる。記・紀・姓氏録等に見える皇族出自という伝承は、これらの論点の殆どに対して一応の解釈を与えており、それらの解釈がかなり収まりのよいものだけに、毛野氏研究の専門家たる尾崎氏や志田氏も、これを一応信認していた。

この毛野氏の出自の問題は、各種の史料・伝承や従来の学説について、先入観を排し（予断をもった安易な切り捨て論は厳に慎むべき）、所伝を盲信せずに、冷静に論理的思考で接近することが肝要である。その解明にあたっては、日本古代の社会組織である「氏」とその集合体の「氏族」、氏の祭祀対象となる「氏神」などについての検討は欠かせない。

# 二　毛野一族の初期段階―毛野氏の発生に関する論点

## 記紀や『姓氏録』に見える毛野の初期段階

記紀等に見える毛野一族の活動は、時期的に大きく二つに分けられる。それは、①崇神朝～仁徳朝という大和王権の始源段階の時期と、②七世紀前半の舒明天皇朝以降の時期であり、両者の時期には約二百年という大きな間隔がある。その間には、六世紀中葉頃、安閑朝の武蔵国造家の内紛事件で毛野氏が登場するが、具体的な事情は殆ど示されない。

第一の段階（前者の①）は、大和王権の国内平定事業とそれに続く韓地外征である。戦後の古代史学界を支配してきた津田博士流の考え方で見れば、この初期段階の活動は殆どが後世の造作・説話にすぎないということになろう。しかし、戦後の歴史学界にあっても、崇神天皇以降の大和王権の事績について、史実ないし史実に原型があるものとして認める立場があり、古代人の「物語」創造能力を過剰に評価しない視点から言えば、少なくとも崇神朝以降の話は、歴史検討の対象として丁寧に取り扱うのが穏当だと考えられる。これは、本古代氏族シリーズで一貫して取ってきた立場で、こうした基盤ないし背景のもとで大和朝廷を構成した主要な諸氏族を個別に見てきて、とくに体系的な問題がなかった。

そこで、同様な立場で、毛野一族について考えてみることにしたい。

毛野氏祖先の活動は、崇神朝から見られるとされるが、実際に現地の東国に落ち着いて、そこで活動が見えるのは、景行朝の**御諸別**《みもろわけ》**王**のときからである。すなわち、景行天皇治世の五六年に、御諸別王が父・彦狭島王に代わって東国に行き、東国を治めて蝦夷も討ったと『書紀』に見える。同書の記事の配列では、年代的に倭建命東征（景行四〇～四三年条に記載）に少し遅れる頃となる（四倍年暦で実際の紀年を見ることが必要）。倭建命が東征に際して持参し、陸奥会津までの各地に配布した三角縁神獣鏡が、東国では上野国からの出土数も突出しており、毛野の始源は倭建命東征より若干早そうである。倭建伝承には毛野関係の動きやその接触は見られず、東征経路の上州西部を除き、東征とは別個の配布によるものとなろう。ただ、「国造本紀」の記事からは、いつ国造が定められたのかは不明である。

この始祖御諸別王とほぼ同時期に活動したのが、『書紀』には毛野同族という記事がないが、**夏花命**という者である。この者を考えるとき、毛野一族の動きが別途、浮かび上がるという意味で、結節点にある重要人物である。『書紀』に一回だけ見えて、しかも活動舞台は東国ではなく、山陽道の周防の地で、景行天皇の九州巡狩に随行したとされる。

すなわち、倭建東征に先立つ景行天皇十二年九月条に記事が見えて、天皇が周芳娑麼《さば》に到って南方を望むと烟気が多く起つので、必ずや賊が在らんと考え、部下の多臣祖武諸木・国前臣祖菟名手及び物部君祖夏花を派遣し、その状況を視察させたところ、神夏磯《かむなつし》媛という女魁帥が服属してきたとある。娑麼は周防の防府あたりで、この女魁の居地は海を隔てた豊前の宇佐あたりとみられ、そして物部君という姓氏は筑後の高良神社祠官家に見られるから、ほかの史料がなければ、夏花は中国・九州あたりの者ともみられかねない。

しかし、上野・武蔵の古代豪族にも**物部君**氏があった。その始祖に夏花命が見られる系図（『百家系図稿』巻一、物部公系図）があり、これが内容的に信頼性がおけそうだから、物部君は東国の豪族であった。この系図では、夏花命の父祖は記さないが、年代的に考えて、御諸別の兄弟とみられ、子孫に甘楽郡の貫前《ぬきさき》神社祝部の尾崎氏や武蔵国物部天神社祝部の宮寺氏があげられる。貫前神社は上州一宮と称し、上野では重要な神社である。

## 韓地外征での毛野一族の活動

大和王権が列島内での版図拡張に目途がたったことに伴って、次ぎに韓地外征に向かうのは自然な流れである。王権の内征に随った毛野一族も、同様な動きをした。景行の次の成務天皇の皇后となる神功皇后（記紀に仲哀の皇后とするのは、後世の記紀記事改編の結果。この詳細は拙著『神功皇后と天日矛の伝承』をご参照）の治世下の四九年に、毛野一族の荒田別と鹿我別《かがわけ》は将軍に任命されて、新羅に派遣された。韓地では新羅の軍を破り七国を平定してのち、百済の近肖古王と貴須王子（後の近貴須王）と会見した。次いで、応神天皇十五年条の記事に再び現れ、百済から学者の王仁（和邇吉師）を倭に連れ帰るために、荒田別・巫別が百済に派遣された、と『書紀』に見える。

巫別は「かんなぎわけ」と訓まれるが、事績といい組合せといい、前に見える鹿我別《かがわけ》と同一人物とされる。上記記事の事件も二つの別事件ということではなく、本来は同一の事件なのであろう。


そうすると、後ろの応神朝の記事は、王仁に関連してその来朝の由来を記したものにすぎず、その場合、世代的にも先のほうの神功皇后朝頃のこととしたほうが時期的によさそうである。これに関連して、「国造本紀」には陸奥の浮田国造条に、志賀高穴穂朝（成務朝）に賀我別王を国造に定めると記されており、鹿我別の活動時期が主に成務天皇・神功皇后の時代だと分かる。

荒田別・鹿我別は四世紀後半の韓地における軍事・外交に活動したとみてよく、「意流村《オルスキ》」の地で百済の近肖古王・王子貴須に面会したのも信頼してよいと考えられる。意流村とは、百済の当時の国都の尉礼《ウィレ》城であって、近肖古王時代なら王都の南漢山城がそれにあたる。近肖古王の治世は西暦三七五年迄とされ（『三国史記』など）、そこで息子の近仇首王に替わるから、百済王との面会時期は三七〇年代前半で三七五年の少し前くらいか。

上毛野君の一族は荒田別らの後でも韓地活動に従事しつづけた。仁徳紀五三年条には、上毛野君竹葉瀬《たかはせ》（荒田別の子とされる）が、次いでその弟の田道《たぢ》が、朝貢しない新羅に対し問責で派遣されたと記される。すなわち、先の約束に違えて貢調してこない新羅の問責のため竹葉瀬が先ず韓地に派遣され、途中で白鹿を獲たため一旦帰朝して天皇に献上した後に再び韓地に赴いた。のちに、田道も新羅を討ったとされる。田道は相手の手強さに当初は苦戦したが、新羅兵の情報を得てから攻勢に転じ、多くの敵兵を殺し四村の村民を捕らえて連れ帰ったと見える。

この竹葉瀬と田道とは兄弟とされており、ともに荒田別の子とされることが多い。『姓氏録』河内皇別の止美連条でも、「荒田別命の男、田道」と記載がある。しかし、田道が帰朝後に陸奥で蝦夷征伐に活躍した事情から見ると、陸奥に移った鹿我別の子としたほうが妥当そうでもある。

この仁徳紀五三年は、書紀紀年を基に考えると概ね西暦四二四年頃に換算される（拙考による試算。計算根拠は、拙著『「神武東征」の原像』ご参照）。この辺は『書紀』の記事編年に混乱もあるようで、竹葉瀬・田道の兄弟が派遣されたのは、実際にはもう少し早い時期、概ね五世紀前葉前半頃（あるいは応神朝頃か）であって、木羅斤資《もくらこんし》の新羅征討とは関連がないとみられる。上毛野君一族では、このほかにも韓矢田部造の先祖・現古《うつしこ》命が神功皇后の遠征に随行して筑紫の橿氷《かしい》宮におり、そのときの出来事に因み姓氏を賜ったと伝える（『姓氏録』摂津皇別）。この現古命は、年代的に荒田別の兄弟くらいにあたるか。

ともあれ、朝鮮半島や蝦夷での軍事・外交の伝承にあって、初期段階の毛野一族がおおいに活動したとされる。この辺を否定するような具体的な事情はとくにない。なんでも、後世の記紀編纂時の「造作」と片づけるような津田博士亜流の歴史観は、根拠のない想像論、切り捨て論にすぎないし、史実原型の探索にはかえって妨害となる。

## 豊城入彦命の実在性

先に触れたように、記紀では崇神朝から毛野の遠祖の活動が記される。すなわち、遠祖とされる豊城入彦命は、第十代崇神天皇と紀伊国荒河戸畔《とべ》の娘、遠津年魚眼眼妙《とおつあゆめまくわし》媛との間に生まれた皇子とされ、「上毛野君・下毛野君の祖」と記される。この辺は『古事記』も同様で、『姓氏録』でも同じくこれを踏襲する。

『書紀』では、さらに崇神四八年正月条に記事があり、天皇がその皇嗣決定のため二人の皇子に夢占いをさせたところ、ともに御諸山の嶺に登った夢としながら、皇子の豊城命は東に向って八度槍を突き出し八度撃刀を振るった夢を見たと言い、弟の活目《いくめ》尊は嶺に登って縄を四方に引き張り粟を食べる雀を追い払う夢を見たと言ったので、両者の夢占いに因り、後者の活目尊のほうを後嗣と定め（後の垂仁天皇となる）、前者には東国統治を命じたとする。そこで、豊城命の子孫が上毛野君・

下毛野君とされる（『記』では御諸山の夢占い伝承を記さず、豊城命が上毛野君下毛野君等祖とのみ記される）。

しかし、様々な意味で、この統治説話は後世の作り事にすぎない。詳しくは本書の後ろで記していくが、ここでは要点だけまず記すと次のとおり。

(1) 崇神天皇から応神天皇に至る皇統譜は、後世に原型から大きく変更されて記紀に記載の形となったが、実際の原型にあったとみられる世代で見ると、「①崇神―②垂仁・景行（両者は兄弟）―③成務・神功皇后（両者は夫妻。倭建命も同世代）―④仲哀・応神（ただし、両者は義理の兄弟で、かつ、前者は成務の甥、後者は成務の女婿）」という世代配置がされる。これに対応するはずの毛野系統は、「②豊城入彦命―③八綱田命―④彦狭島―⑤御諸別―⑥荒田別―⑦竹葉瀬」と直系となっていて、世代数が異常なほど多い。この世代数の多さは、後世になって変更された皇統譜に応じて、毛野氏の系譜が造作されたことに因る可能性が大きい。皇統との対応関係は、「皇統の②：毛野の④⑤」となり、以下は「③：⑥」「④：⑦」となる形であって、互いに大きくズレている。

(2) 豊城入彦命は、巫女役割をつとめた豊鍬入姫命（豊鋤入日売命）と同母兄妹だと『記・紀』ともに見えるが、豊鍬入姫は景行天皇の妹とされる倭姫命と実際には同人であって（巫女の役割は同じ）、殊更に別人として皇統譜に存在意義を示さない。

(3) 紀伊国の荒河戸畔は、紀伊国造一族の者であって、その実在性を否定するわけではないが、当時はこの氏族（広い意味での「紀伊・大伴・久米」の氏族）の娘が天皇（大王家）の后妃に入る慣習はなかった。その後も、紀伊国造一族から后妃は出ていない。一方、活目尊の母は皇后御間城《みまき》姫であって、血筋や皇位継承資格の比較がなされるはずがない。

これら諸事情から言って、豊城入彦命には、崇神天皇の皇子としての実在性は疑問が大きい。このように、毛野一族が実質的に御諸別に始まるとした場合、『書紀』に垂仁朝の狭穂彦の乱の時に、狭穂彦を討ち、「倭日向武日向彦八綱田」の名を与えられたと記される者は、年代的に御諸別と同人とみるのが自然となる（『記』には将軍の名が不記載）。ちなみに、御諸別の名は御諸山（三輪山）に因むが、その山頂には高宮神社（大神神社の摂社）が祀られ、これが「延喜式」神名帳に掲載の式内大社の神坐日向神社、すなわち「日向神社」とされる。こうした事情から、「倭日向武日向彦八綱田」とは、御諸別の別称とみるのが妥当であろう。狭穂彦の乱の時までは、八綱田の在地性が稀薄だとの指摘（前沢和之氏）もある。

このように見ていくと、景行天皇五五年条に見えて、豊城入彦命の孫とされる「彦狭島王」とは、御諸別の父としてよいが、その活動時期は、上記の世代対応から考えると、実際には主に崇神朝頃に活動した人で（崇神天皇の皇子ではない）、皇統とは別系統の他氏族の出とするのが自然である。その系譜は、御諸山（三輪山）と縁由の深い氏族から出た人物としてよさそうである。

## 毛野が興起した時期の検討の基礎

「毛野」地方における族長存在の問題は、大和の王権が遠く東国・陸奥にも及ぶ契機となった倭建命の東征とも関連して見ることが必要である。この倭建東征など上古史の時期については、本古代氏族シリーズでは主要諸氏全てに一貫した年代観を基礎に記してきており（具体的な説明・根拠は、拙著『「神武東征」の原像』や『天皇氏族』をご参照）、目安となる主な時期について言うと、崇神天皇の治世時期（崇神朝）を西暦三一八～三三二年頃、倭建東征の時期（景行朝の半ば頃）を四世紀中葉頃、神功皇后による韓地出兵時期を三七二年頃、そして応神天皇による新王権の樹立・即位時期を三九一年頃、とするものである。

戦後の歴史研究者のなかには、上古代の出雲、吉備、丹後など比較的広い地域を統治した有力な首長について、なんでも「王」（そして「王国」）と呼ぶ傾向の人もかなり見られ、その場合には、毛野の大首長が「東国の王」とすら呼ばれる。このような姿勢は、国家の長としての「王」の語義にも反するもので、安易あるいは曖昧な呼称は避けねばならない。

ともあれ、上古代の毛野地方にあっては、どのような性格の氏族・部族がおり、それが畿内の大和王権とどのような関係にあったかの検討が慎重になされる必要がある。

毛野氏に関する全体の構図をつかむために、その歴史を『書紀』等の史料に基づきまず検討してみたが、実のところ、これでは具体的な把握がしにくかった。『書紀』では、東国における毛野の所伝は、倭建命の西征・東征の後の記事として、景行五五年・五六年条に見える。とはいえ、それに先立つ垂仁朝からその後の仲哀朝のころの記紀の記事・年代の配列には多くの混乱が見られることでもあり、倭建東征隊が毛野中心地域を通過しない事情も、既に毛野の存在があったことを抜きにしては考え難い。歴史の大きな流れのなかで「毛野」の興起を具体的に考えるためには、最近までの考古学的な考察も必要となる。

## 古墳という視点から毛野の発生を考える

### (1) 大古墳の築造動向

考古学的知見から毛野氏を見ると、大和の古墳文化の受容というよりも、大和からの大豪族の移住を考えた方が理解しやすいと志田諄一氏は言う（「東国の底力の源泉――関東」）。

その論考の趣旨をふまえて当地の前期古墳について記すと、まず群馬県前橋市後閑町の**前橋**（一に朝倉）**天神山古墳**は古式古墳に属し、現下では県内最古級の古墳で四世紀代半ば頃の築造とみられている。被葬者は「四世紀中ごろの毛野の最高酋長であったとみられる」（大塚初重氏『東国の古墳文化』二二頁。ただし、地域的に考えて「上野西部の系統」の祖たる族長か）。この古墳は、墳丘長が約一二九メートルの前方後円墳であり、墳丘や副葬品の形態からみて、三輪山・纏向附近の古墳と類似しており、直接に三輪地方から毛野の地に伝えられたとみられる。特に、後円部墳頂には底部に孔をうがった壺形土師器（底部穿孔土器。朝顔形土器の埴輪）が巡らされており、これは、三輪に近い鳥見山北麓にある桜井茶臼山古墳（四世紀中葉頃の築造とみられる前期古墳で、墳丘長は約二〇〇メートル）と同じ様相である。

天神山古墳の壺形土師器は、四世紀後半（一に四世紀末～五世紀初）の築造とされる太田市牛沢の**朝子塚《ちょうしづか》古墳**（墳丘長は一二四メートル、総長では一八〇メートル）でも見られる。かつ、桜井茶臼山も朝子塚も、「柄鏡式」の墳丘形を共通にし、前期古墳の典型でもある。朝子塚の西方約一・五キロには土器出土で著名な石田川遺跡が位置することから、こちらを前橋天神山よりも重視してよいようにも思われる。朝子塚古墳では、墳丘下に石田川式期の竪穴住居があり、円筒埴輪・朝顔形埴輪Ⅱ式など古い各種埴輪も出た。朝子塚と石田川遺跡の中間地より石田川寄りにあった同じ牛沢の**頼母子《たのもし》古墳**（径四〇～五〇メートルの円墳か。既に消滅）からは、方格規矩四神鏡や三角縁神獣鏡、三角縁盤龍鏡（同型鏡が兵庫県吉島古墳、大阪府枚方市の万年山古墳などから出土）、三〇点もの銅鏃（前橋天神山と同様）、勾玉などが出た。出土遺物の構成が前橋天神山に類似しており、ほぼ同時期の築造とされよう。他の随伴例から見て、当該円墳は朝子塚被葬者の妻の墳墓かとみられ、併せて考慮するのが妥当である。

そこで前橋天神山にまた話を戻すと、割竹形木棺をもち、副葬品として二面の三角縁神獣鏡や獣形鏡など銅鏡五面や素環頭大刀、鉄製の刀・剣、多数の銅鏃・鉄鏃、鉄斧、ヤリガンナ・ノミなど鉄製農工具類、釣針状金具、碧玉製紡錘車などや石田川式土器、底部穿孔土器が出土した。三角縁神獣鏡二面のうち一面は、桜井茶臼山出土のものと同じ鋳型（同型鏡、同笵鏡）であることに注目される。築造時期は、同様に四世紀中葉頃とするのが妥当であろう。もう一面は、宮崎県の持田四八号墳出土と同型鏡とされる。

前橋天神山とほぼ同様な特徴をもつ芝根七号墳（川井稲荷山古墳。群馬県佐波郡玉村町川井）にも留意される。利根川中流域西岸、武蔵との国境近くにある墳長四三㍍ほどの前方後円墳だが、三角縁神獣鏡や金銅製耳飾・大刀・鉄鏃約百個・玉類などを出し、前方部墳丘下には石田川期の住居址があった。吉備型特殊器台の名残りともいう円筒埴輪Ⅰ式が出て、纏向型墳形といい、これも上野最古級の古墳とみられる。また、小円墳ながら蟹沢古墳（高崎市柴崎町）からは、内行花文鏡二面や正始元年（西暦二四〇年）という魏年号をもつ三角縁神獣鏡一面が出ており、後者は山口県新南陽市の竹島古墳、兵庫県豊岡市の森尾古墳からの出土鏡と同型鏡とされる（竹島出土鏡は、景行天皇の九州巡狩で畿内からもたらされたか）。三角縁神獣鏡の出土は、これまで群馬県からは十三面ほど、栃木県からは一面（文珠山古墳から出たという小型鏡破片がある）、とされる（下垣仁志氏の『三角縁神獣鏡研究事典』など）。

前橋天神山と類似の様相をもつ甲斐の中道銚子塚古墳（山梨県甲府市。旧東八代郡中道町）や陸奥の会津大塚山古墳（柄鏡式古墳）までの分布などから見て、四世紀後半の段階で大和王権の勢力が中部・関東を経て東北地方南部まで達し、この王権と密接な関係をもつ地方政治勢力が各地に出現したと考えられている（甘粕健氏の「関東」、『新版考古学5』所収）。三角縁神獣鏡は、中道銚子塚古墳から二面、会津大塚山古墳から一面の出土が確認される。

最近までの多くの考古学知見から、三角縁神獣鏡は国産鏡とされるようになり、同鏡が出た古墳を古墳時代最古級の築造とみる見方には修正を要するようになった。そうすると、これを踏まえた検討も必要になることに留意したい。

### (2) 前方後方墳などに着目した見直し

前橋天神山の北西近隣三〇〇メートルほどの同市朝倉町には、**前橋**（朝倉、若宮）**八幡山古墳**がある。前方部がバチ形の墳丘長一三〇メートル（総長で一八〇メートル）の東国で最大の前方後方墳である。その築造時期を四世紀末～五世紀初頭とみる説もあったが、最近では、前方部がバチ形の型式や底部穿孔土器、特殊器台形埴輪らしき埴輪の出土などで、これより更に早い時期が妥当とされる。例えば、『全国古墳編年集成』（右島和夫氏の執筆記事など）では、前橋天神山に若干先立つ毛野最古級とみている。梅沢重昭氏も、八幡山ができて、その後すぐに天神山ができるという関係かとみる（「毛野国の形成と前方後円墳」、『古墳と地方王権』所収）。

最近の考古学界主流派にあっては、年輪年代法や炭素14年代

前橋八幡山古墳（前橋市朝倉町）

測定法などの年代測定試算値をもとに考古学年代の繰上傾向が総じてあって、箸墓古墳などの古墳を三世紀代におく古墳年代観がかなり多く出ている。そのなかで、全体に引きずられてか、上野最古級の前橋八幡山や藤本観音山などを四世紀初頭前後におく見方があるが（右島和夫氏の『列島の考古学』、二〇一一年刊）、これは過剰すぎる時期引上げで、ともに四世紀中葉頃とするのが穏当な見方である（『続日本古墳大辞典』など）。ともあれ、三角縁神獣鏡に着目するよりは、前方後方墳形や各種土器などに留意する古墳編年のほうが妥当だと考えられる。

藤本観音山古墳（栃木県足利市藤本町）

　朝倉町の南西方向にあまり遠くない群馬郡の元島名将軍塚古墳（高崎市東部の元島名町）も全長約九二㍍の前方後方墳で、東海地方西部の土器類似の底部穿孔壷形土器が出ており、仿製四獣文鏡・碧玉製石釧等の出土も伝える。これは、前橋八幡山とほぼ同時期の築造か。

　上州東部の太田市とその近隣地区のほうでも、上記の朝子塚古墳に先立つ可能性がある太田八幡山古墳（太田市大島町。全長約八四㍍で円筒埴輪Ⅰ式を出土の前方後円墳）や**藤本観音山古墳**（栃木県の足利市藤本町にある全長約一一七㍍の前方後方墳。周溝まで含めると総長二一〇㍍となる巨大規模）という注目すべき古墳がある。

　藤本観音山は、渡良瀬川右岸の微高地に立地し、同川の旧流路とみられる低地に囲まれる。いまは栃木県に属するが、もとは上野国山田郡域にあった。同墳は、足利市の南端地域を流れる矢場川流域に展開した矢場川古墳群を構成する。この渡良瀬川から灌漑用の水路を引いたり、旧渡良瀬川本流（現・矢場川）を現・渡良瀬川に一部付け替えたりする大規模な土木工事による広範囲な耕地開発が行われた痕跡がある、との指摘が関口功一氏にある。ただ、当該土木工事を太田天神山築造に関連づけるのは疑問であり、更に早い時期の四世紀中葉頃、藤本観音山古墳がらみとしたほうが妥当ではあるまいか。

近くの前方後円墳には、推定墳丘長約八〇㍍の矢場薬師塚古墳（太田市矢場町。四獣鏡・石釧・銅鏃を出土）や、小曽根《おぞね》浅間山古墳（足利市小曽根町。墳丘長約六〇㍍弱）という円筒埴輪・朝顔形埴輪のⅡ式や石田川式土器を出すものもある。小曽根浅間山の円筒埴輪もⅡ式とされる。藤本観音山の西南西へ直線距離三キロ余ほどに、太田天神山古墳が位置する。

### (3) 諸古墳からの総括

以上の前期諸古墳などの考古知見からみて、前橋・高崎地区（主に那波・群馬の両郡）に上記二大古墳などを築造し、その東側の太田地区（主に新田・山田の両郡）とともに、上野国の東西の二系統でそれぞれが巨大古墳を築造して、毛野の歴史が始まったとみられる。毛野の地が古墳文化面では大和国の磯城郡・山辺郡、とくに纒向地方と密接な関係があった。古墳の築造年代や土器・埴輪の考古年代から見ると、四世紀中葉の垂仁・景行朝のころから上野に大古墳を築造し、毛野氏族としての活動を始めたことも窺われる。

前方後方墳という古墳型式が、畿内では四世紀中葉の垂仁朝頃に始まり、次の景行朝、更に成務朝頃までの割合短い期間に限定されるなかで築造されたという傾向を踏まえると、毛野における政治勢力形成の歴史がこの期間に始まると示唆される。三角縁神獣鏡の性格については、いまだ諸説があるものの、四世紀半ば頃の景行朝を中心に大和王権から全国各地に配布された倭鏡（国産鏡）とみるのが、発掘例から言って妥当な線だと言えよう。柄鏡式墳形の桜井茶臼山古墳については、被葬者が崇神皇后の阿倍氏、御間城姫（垂仁・景行両天皇の生母）とみられる事情もある（拙著『巨大古墳と古代王統譜』参照）。

そうすると、毛野の始まりの時期が景行朝末期とする記紀等の文献よりは、時期が少し早まることになるし（倭建東征の時期に比べても少し早いか）、この辺は武蔵・相模や房総の考古事情とも符合する。東国で近隣の信濃の科野《しなの》国造や武蔵の知々夫国造の設置が崇神朝だと「国造本紀」に伝えており、これら諸事情から見ても、その少し後の時期には、上野においても国造級の地方官が設置されるような動きがあっても不思議ではない。

下野でも、田川流域の三王山南塚二号墳（下野市三王山で墳丘長五〇メートル）がバチ形の形状をもつ前方後方墳であり、巴波《うずま》川流域の山王寺大桝塚《おおますづか》古墳（栃木市藤岡町蛭沼で墳丘長九六メートル）などの古墳も前方後方墳の型式とされる。那須地方でも、那珂川中流域には駒形大塚古墳（同県那須郡那珂川町域にあり、同約六四メートルで、画文帯四獣鏡を出土。旧・那須郡三和郷域）や那須八幡塚（駒形の近隣で同約六一メートル。キ鳳鏡を出土）などの前方後方墳があって、それぞれ続いて築造される。この辺が、国造設置直前か設置頃の時期（ほぼ垂仁朝～成務朝頃で、四世紀中葉頃か）の築造動向ではないかとみられ、上野の考古事情と動きがほぼ同様であった。

両毛地方の古墳関係の事情は、中期古墳などで後ろでも見ることにするが、毛野の始源期という観点からは、とりあえず上記のように年代を押さえておく。

## 土器関係から見る毛野の発生

初期の毛野氏の活動拠点があった群馬県太田市では、昭和二七年（一九五二）、市域南部の米沢町で見つかった石田川遺跡に注目される。この遺跡から、かつてこの地域には見られなかったS字甕などを含む一連の土器（石田川土器と呼ばれる）が多数出土した。発掘調査結果をふまえて、松島榮

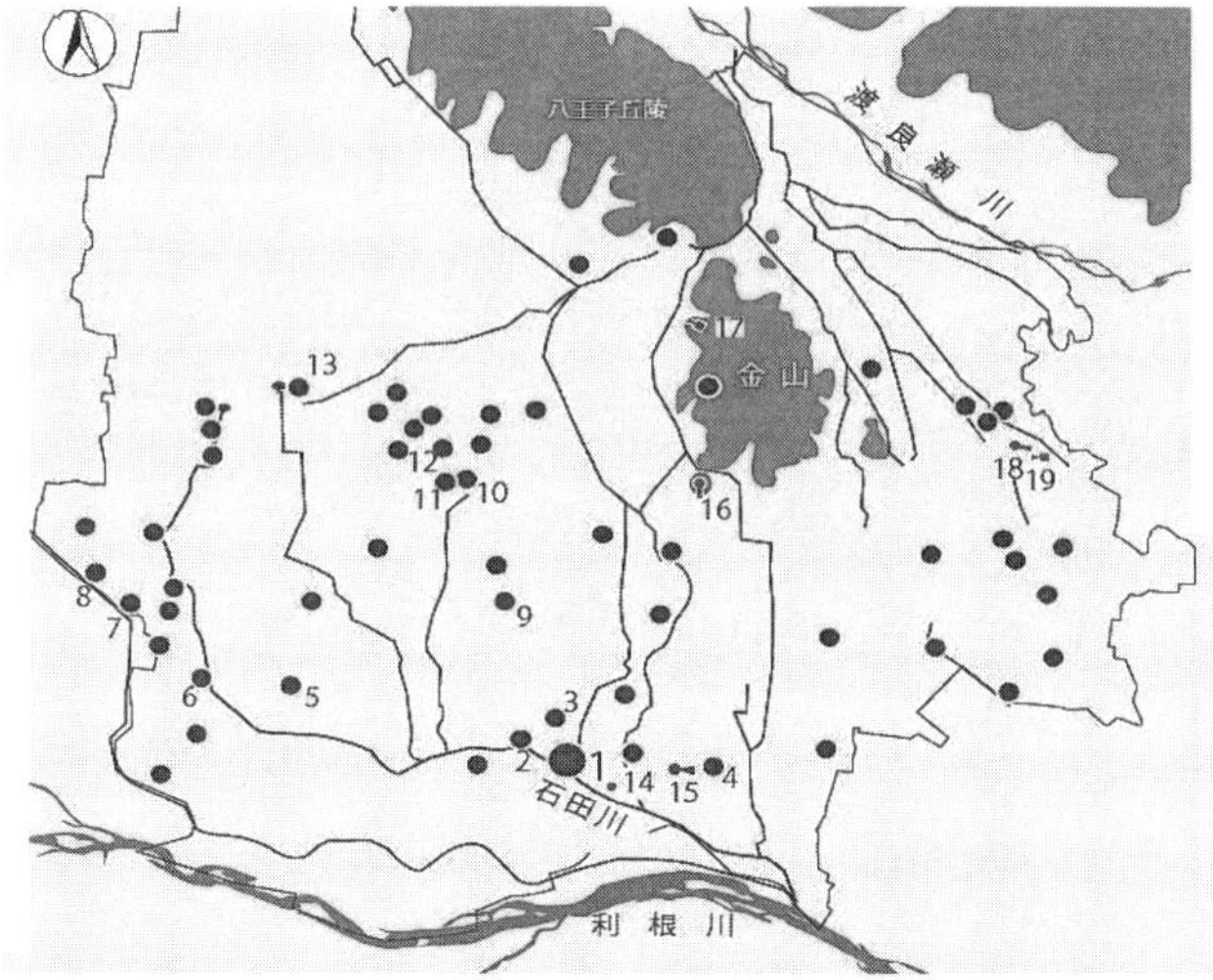


1 石田川遺跡　2 米沢二ツ山遺跡　3 米沢中遺跡　4 高林遺跡　5 花園遺跡　6 歌舞伎遺跡　7 中道遺跡　8 西今井遺跡　9 五反田遺跡　10 中溝・深町遺跡　11 一本杉Ⅱ遺跡　12 村田本郷遺跡　13 重殿遺跡古墳　14 頼母子古墳　15 朝子塚古墳　16 八幡山古墳　17 寺山古墳　18 矢場薬師塚古墳　19 鶴巻古墳

石田川式土器分布―太田市の石田川遺跡のパンフレット

石田川遺跡出土の石田川式土器（台付甕）
＝太田市教育委員会提供＝

治氏は、毛野地域の開発はこの地方の既存の弥生式文化の担い手とは全く別の、石田川式土器使用の人々により、遅くとも四世紀の中頃までになされたとし、その未開地に対する集団的植民の性格から、『書紀』などに見る大和政権の東国への勢力扶植を考えさせるものがある、と考える（「毛野国を歩く」、『古代史を歩く5』所収、一九八七年）。石田川式土器は、北関東における古墳時代前期の土器型式として位置づけられ、その分布が古式古墳の分布とほぼ一致し、北関東の古墳文化の母胎として注目される。

梅沢重昭氏も、毛野地域には弥生時代の集落遺跡がほとんどなく、石田川式土器が弥生時代終末期に突如出現したもので、群馬県内にこの関係の遺跡が石田川遺跡を中心に一八〇か所もあり、この地域在来の土器文化と融合しないことで、この石田川式土器文化をもつ勢力により毛野の古墳文化の成立が主導されたとみてよい、と記される（『日本歴史地図原始・古代編（下）』三八頁、一九八二年七月）。

この土器の源流については、外来性で畿内、濃尾、あるいは瀬戸内海沿岸の地域とみられ（松島氏の上掲）、梅沢氏はその源流が東海地方西部にあるとする。その主な根拠は土器の外見や調整技法などであるが、これが畿内と特定できないにせよ、こうした文化をもって西方から毛野地方に来住した勢力が毛野氏の集団だという点は重要である。この土器は、南関東の五領式土器に対応し、主分布域が後に「毛野」と呼ばれる地域と重なる。

ただ、友廣哲也氏によれば、石田川式の実態は「畿内系、北陸系、南関東系、東海系土師器の複数他地域に出自をもつ土器群」（著作の『土器変容にみる弥生・古墳移行期の実相』）とされるから、源流が東海地方西部だと決めつけないほうが妥当そうでもある。石田川遺跡からは畿内系小型坩形土器や北陸系甕形土器なども出ている。北陸北東部の土器の甘楽・碓氷郡域への拡散もあるとされる。

土器・陶器と三輪氏族との密接な関係についての指摘もある（佐々木幹雄氏「三輪山祭祀の歴史的背景―出土須恵器を中心として―」、『古代探叢―滝口宏先生古稀記念考古学論集』所収。一九八〇年）。

ここまで考古学状況を見てきて、石田川土器や、前期古墳の藤本観音山古墳及び中期古墳で東国最大の太田天神山古墳などを考えると、上毛野氏本宗の本拠地としては、上州東部の太田市とその近隣地域が重視される。太田市域には式内社はないが、『上野国神名帳』に「新田郡従三位生階明神」と見える**生品《いくしな》神社**（太田市新田市野井町）が重要な古社である。

生品神社（太田市新田市野井町）

当社は、後にこの地に入った清和源氏新田一族も尊崇して、義貞旗挙げの時は一族がこの神社に戦勝祈願をした。その祭神を大己貴命とすることにも留意される。

太田天神山古墳（群馬県太田市内ヶ島町）

## 毛野の領域・名義と勢力圏

毛野氏一族の領域・勢力範囲は、時代により変遷があるが、基本的には北関東の広大な沖積平野地域、上野国（群馬県）から下野国（栃木県）、武蔵国北西部（埼玉県）・常陸西部（茨城県）にかけての地域で、利根川とその支流が形成する平野、及び下野国の中・南部の鬼怒川・思川・渡良瀬川とその支流が形成する平野だとみられる。ごく大雑把には、上野国の全域と下野東北部の那須郡を除く下野国をあわせた地域を基本的なものとして、広義で「毛野」地方と呼んでよかろう。このなかでは、とくに上野国東南部の平野地域あたり（渡良瀬川流域の山田・新田郡あたりで、一部は下野国足利郡にかかる）が中心域となる。

ところで、国名の起源についていては、もともと広域を名づけた地名なのか、特定の狭い地域の名が国レベルまで拡大したのか、という問題がある。こうした問題意識は一般にはあまりないようだが、本稿を検討する過程で、「毛野」とは本来、狭い地域名ではなかったかという認識が強くなってきた（この辺は、後ろでも取り上げる）。

「毛野」の名義は諸説あるが、「本来毛人《えみし》が住んでいた原野」（尾崎喜左雄『群馬の地名』、高橋富雄氏等）という説が割合、多い。これに対し、「食野《けの》」という説（志田諄一氏など）もある。広大な沖積平野の水稲生産力を基盤に毛野氏が勢力を伸長させた可能性もあるが、群馬の地が本来は五穀豊穣の地ではなかったろうとする反対論（尾崎氏、前掲）もある。拙見では、当時の地形から見れば、毛野氏版図の農業生産力はそこそこ程度だとしても、狭い地域の食饌野「食野」が原型にあり、その地名が拡大したとしたら、全体の広さの問題ではないし、毛野氏族の重要な祭祀に保食神《うけもち》（食物の主宰女神。道守神の菊理姫〔白山比咩〕神で、罔象女神や瀬織津姫神、騎龍観音にも通じる）が関係深いという意味で、食野説を支持する。後ろで詳述するが、毛野名義の発祥地が渡良瀬川流域あたりの狭い地域にあって、その地に「食饌野」を造り出そうとした意図も本来、あるのかもしれない。「毛」を「木」の意とするよりは妥当だと思われるし、祭祀事情も十分考慮する必要があろう。

ちなみに「毛野」の訓みは、太田亮博士の『姓氏家系大辞典』のように「ケヌ、ケノ」の両様が行われてきたが、最近では「野」の発音などから、「ケノ」とするのが研究者の殆どのようである。たしかに、美濃（三野）・信濃（科野）に続く「毛野」という意味でも妥当であろうし、『魏志倭人伝』に見える狗奴国と混同される虞も避けられる。その一方、カバネと続けて訓むときは、「ケヌ」と訓むほうが語呂がよく（「ケノノ」は訓みにくい）、中世のように「上野朝臣、下野朝臣」と表記されると、「ヌ、ノ」の字が消える形になる。

## 鈴付きの祭祀具と鐸類

毛野の勢力圏の拡がりをどのようにみるかの問題がある。大和朝廷が四世紀中葉頃に服属した諸国の豪族たちに対し三角縁神獣鏡を配布したのとほぼ同様に、毛野の主な勢力圏・交流圏の地域には「鈴付きの祭祀具」の分布が見られる。滑石製模造品にも共通する遺物が多いとされる。

この銅製の祭祀具、鈴鏡《れいきょう》・環鈴《かんれい》・鈴杏葉《きょうよう》・銅釧《くしろ》などが、特徴的に上野・下野あるいは武蔵・常陸の古墳から出土する。群馬県内の古墳から出土の巫女の埴輪（例えば、邑楽郡大泉町出土の人物埴輪）には、腰に鈴や鈴鏡を付けたものも見られ、このように祭祀具（呪具）として鈴が用いられた。使用時期は、五世紀後半から六世紀代とされる。

なかでも、外縁に四〜十個（五、六個が多い）の鈴をつけた**鈴鏡**は、古墳時代の「後期前半を中心に発見される呪術宗教的色彩の強い特異な国産鏡」であり、「その発見例は大和にやや多いほかは東日本にいちじるしくかたより、とくに上野のそれは全国最大で、両毛地方を中心に南は武蔵の多摩川北岸まで、東は下野の中心部から鬼怒川ぞいに常陸の西端におよぶ一つの独立した分布圏を設定することができる」が、これは、「関東地方の鈴鏡の製作が毛野の領域でおこなわれていたこと」を示すと考えられる（『日本の考古学Ⅳ　古墳時代上』四八四頁の甘粕健・久保哲三氏による記述）。

鈴鏡は、現在まで百五十余例が知られており、その七割近くが東国、特に北関東に分布が集中し、その主な時期は五世紀代から六世紀前半ほどの後期古墳から出た。分布は近畿、陸奥や西日本の筑紫・日向にもあり、東国では信濃にも多く（長野市の観音塚古墳など）、特に下伊那郡に多い。甲斐（西八代郡市川三郷町の三珠大塚古墳）や尾張などでも出土がある。

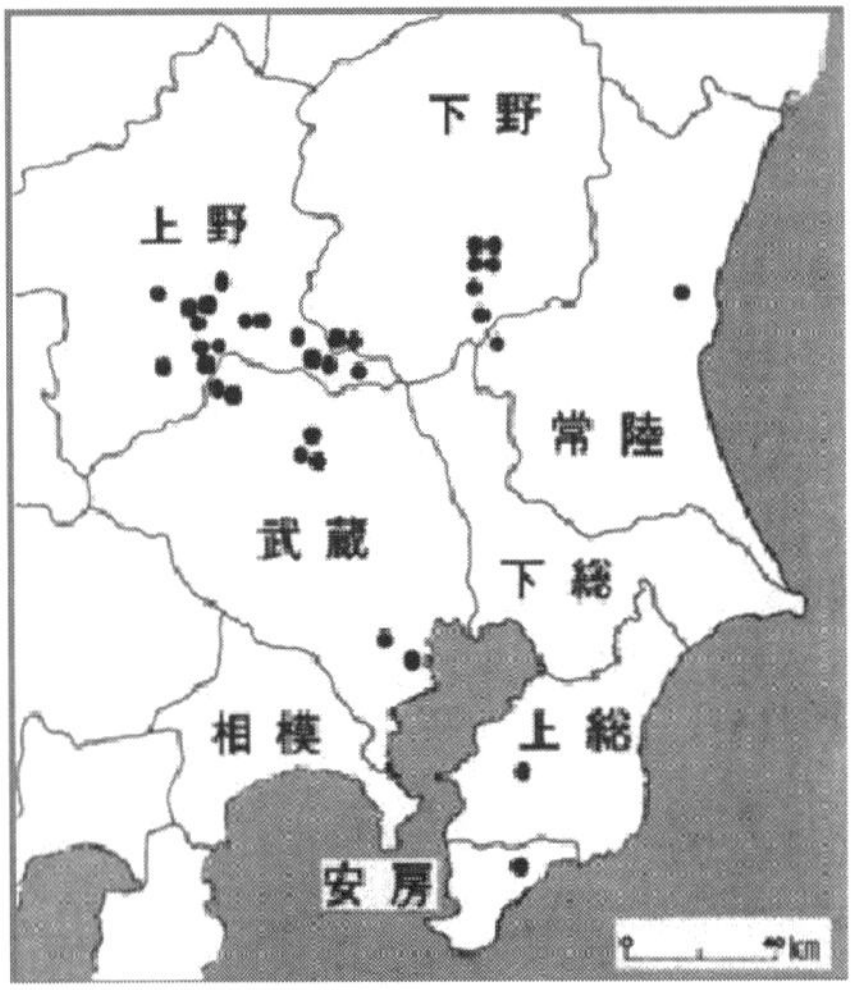

関東の鈴鏡分布＝『国立歴史民俗博物館研究報告』56（1994 年 3 月）より作成＝

七鈴鏡（高崎市指定重要文化財）
＝高崎市教育委員会提供＝

これに関し、田中巽氏の論考（「鈴鏡の使用者に就いて」、『神戸商船大学紀要文科論集』第七号、一九五九年）は必ずしも説得的とはいえず、毛野など海神族系統諸氏が関与した可能性もある。『文徳実録』斉衡二年（八五五）一月条には、吉備津彦明神の庫内の鈴鏡が一夜三鳴したと備中国が言上した記事がある。馬具に関わる鈴が多いとして、五世紀頃に始まる乗馬の習慣が鈴の普及に関係があるとの宮川禎一氏（京都国立博物館）の指摘が割合、説得的か。土生田純之氏は、「少なくとも五世紀には伊那谷に朝鮮半島から乗馬やそれを支える馬飼育、そしてこれと密接に関連する儀礼といった総合的な馬に関わる文化が渡来した」と指摘する（『黄泉国の成立』）。これは、下伊那郡出土の鈴鏡にあてはまるか。

次ぎに、**鐸《さなぎ》類**にも注目される。これは鉄鐸・銅鐸といったものである。日光市の中禅寺湖の北側にある二荒山《ふたらさん》は、毛野氏が二荒山神社（江戸後期の天保年間には、祭神が大己貴命・事代主命・健御名方命。現在の主神は豊城入彦命）の神体山として祭祀した地であるが、その日光男体山の山頂（標高二四八六メートル）より大小二百口以上に及ぶ大量の鉄鐸が昭和三五年（一九六〇）に出土した。山頂遺跡発掘調査報告『日光男体山』では鉄鐸一三一口と記すが、真弓常忠氏の著作「古代祭祀と鉄」では二百口以上と記される。

現在なお鉄鐸を伝世する例は信濃にあって、諏訪大社上社のほか、ともに同国の二ノ宮とされる上伊那郡辰野町小野の矢彦神社（祭神は大己貴命・事代主命・健御名方命とされる）、塩尻市北小野の小野神社（同、建御名方命）であり、これら信濃三社とも三輪氏族の諏訪君・神人部直が奉斎に関係したとみられる。鉄鐸所蔵の小野神社の小野という地名も毛野地方にはあって、『和名抄』には小野郷が上野国に三郷（甘楽、緑野、群馬の諸郡）もあげられる。建御名方神等の三輪氏族祖神の祭祀について言えば、上野国においても諏訪信仰が多く見られる。その分布の多さは、『富士見村誌』（四七八

〜四八一頁）を参照されたい。

このような鐸類は、大和を中心とする三輪氏や物部氏に関係する氏族等（もっといえば、神武侵攻以前の「大和原国家」）の祭祀具であり、鈴の大型化したものである。「四時祭式」には、鎮魂祭の料として鈴と佐奈伎（鐸）があげられ、平安時代に至るまで用いられた。諏訪上社の鉄鐸は「さなぎの鈴」と呼ばれ、このほか同社に八栄鈴《やさかのすず》という宝物も伝世する。

関東の毛野氏の勢力圏には、鈴付きの祭祀具の分布が特徴的に見られることは既に記したが、鈴・鐸が毛野氏と密接な関係があり、畿内に由来することがこの点でも示される。毛野地方では、小山市郊外の武井にある智方《ちかた》神社附近から小銅鐸の出土もある。なお、信濃・駿河から磐城にかけての東国の地域には、「チカタ・チカツ」（千方、近戸、千鹿頭、千勝、近津）をつけた神社が多い。いま各社の祭神はまちまちであって、大己貴神とか猿田彦命などとされることが多いが、その原型は菊理姫（保食神）ではないかとみられ、いずれにせよ、海神族系の神かとみられる。三輪神社周辺の禁足地などの遺跡に出土が多い**子持勾玉**についても、東国では上野から下総にかけての地域に出土分布が多い。

以上、考古学や祭祀の観点から毛野を考えるとき、大和の磯城地方では海神族系の三輪氏族、信濃では同系統の諏訪氏族との密接な関係が示される。しかも、単なる文化の受容というよりも、文化を持った部族の移遷がかなり明確に示される。

併せて物部氏との関連で言うと、東京の靖国神社所蔵の単鳳環頭大刀の金銅製柄頭は高崎市倉賀野地区の出土と伝えられる。この柄頭は、①河内国河内郡の式内社・石切剣箭《つるぎや》神社（東大阪市東石切町）に所蔵される柄頭で付近の四世紀代の古墳からの出土と推定されるものや、②大和国山辺郡の式内社・石上坐布都御魂神社（奈良県天理市の石上神宮）の禁足地から七支刀などと出土した柄頭、と同じ鋳型で作られたとされる（一九八五年七月十七日付朝日新聞）。畿内のこれら二神社の奉斎者が前者は穂積氏、後者が物部氏と、ともに物部氏一族であるのも興味深い。

## 毛野氏関係伝承の特徴

『書紀』等に見える毛野氏関係の伝承では、御諸山（三輪山）や三輪一族等海神族に共通する動物（竜・蛇）に関わることが大きな特徴である。その具体例をあげると次の通り。

①崇神天皇がその後嗣決定のため、二人の皇子に夢占いをさせたところ、ともに御諸山の嶺に登った夢の内容に因ったが、豊城命の子孫が上毛野君・下毛野君である（上述。『書紀』崇神四八年条。『記』では伝承を記さない）。

②景行天皇朝に御諸別王が初めて東国に赴き、善政を施いた。当時の蝦夷の騒乱を鎮定したので、これ以降東方は安定し、子孫は東国に居住した（景行紀五六年条）。

　この御諸別王の名は大和の御諸山と関係があり、後世、敏達天皇朝のとき蝦夷の辺境侵犯の際に、その魁帥の綾糟《あやかす》らを召し、景行朝の前例に倣い赦免・処罰を行うと詔したところ、綾糟らは泊瀬《はつせ》川に下り、三諸岳に向って口をすすいで朝廷への奉仕を誓ったという（敏達紀十年条）。

③仁徳天皇朝に蝦夷が叛いたので、朝廷は上毛野君の祖・竹葉瀬《たかはせ》の弟・田道《たぢ》を討伐に遣したが、敗死した。その後、蝦夷がまた襲ってきて人民を略奪し、田道の墓をあばいたところ、そこには大蛇がおり、目をいからして墓から出てきて蝦夷を咬んだので、その毒をうけて多くの蝦夷が死んだ。時の人は、田道は既に死んだといえども、遂に讐《あだ》を報いた、死んだ人に知覚がない

といえようか、と言ったという（仁徳紀五五年条）。

④舒明天皇朝に蝦夷が叛いたので、大仁上の毛野君形名《かたな》を将軍として討伐させたが、その戦況が不利なとき、形名の妻は十の弓を張り、数十人の女人にその弦を鳴らさせた（舒明紀九年条）。この弓弦の擬声が御諸山の神の示現を招く重要な所作であることを志田諄一氏は指摘する（『古代氏族の性格と伝承』所収の「三輪君」「上毛野君」）。

これら四伝承は、いずれも蝦夷など東国統治に関するものであるが、このなかでも田道の蛇への化身が注目される。これについて、津田左右吉氏等は、蛇を霊物とする考えや、蛇と死者とを連想する考えから作られた説話であろうとするが、これでは不十分な分析・推論である（いわゆる造作説には総じて勝手な推断が多い）。志田氏が説くように、上毛野氏の祖が蛇身の姿をもつ御諸山の神を奉じて蝦夷と戦ったことを物語る、とする方が正鵠に近い。

抑々、古代の伝承において、蛇や鰐魚などの長物は、北九州の海神国たる葦原中国《あしはらのなかのくに》（那珂の国、「魏志倭人伝」の奴国）の王族関係者とその後裔ないし同祖氏族に屢々あらわれる。阿部真司氏の著『蛇神伝承論序説』や田辺悟氏の論考「海人の信仰とその源流」（『日本の古代8海人の伝統』所収）には、蛇神・竜神・海神についての示唆深い指摘がある。この海神族の流れを汲む三輪の大物主神、即ち御諸山の神には、蛇の化身伝承が顕著である（崇神紀十年条など）。毛野氏の祖・田道は大物主神のたんなる奉斎者でなく、この神の末裔で血脈を承けた者としたほうが、蛇化身の説明として適切だと考えられる。

## 初期段階の毛野氏の系譜

先に初期の毛野氏の系譜について触れたが、もう少し詳しく見ていく。『書紀』『姓氏録』によって考えるとき、豊城入彦命からその五世孫の竹葉瀬《たかはせ》君（多奇波世君）・田道《たぢ》君までの六世代の系譜は、ほぼ異説がない。この系譜と対比する形で、記紀に記されるままの皇室系譜を記すと、次の通りである

第1図　初期毛野氏の概略系図　※『姓氏家系大辞典』等に拠る。掲載順は兄弟順とは異なるものあり

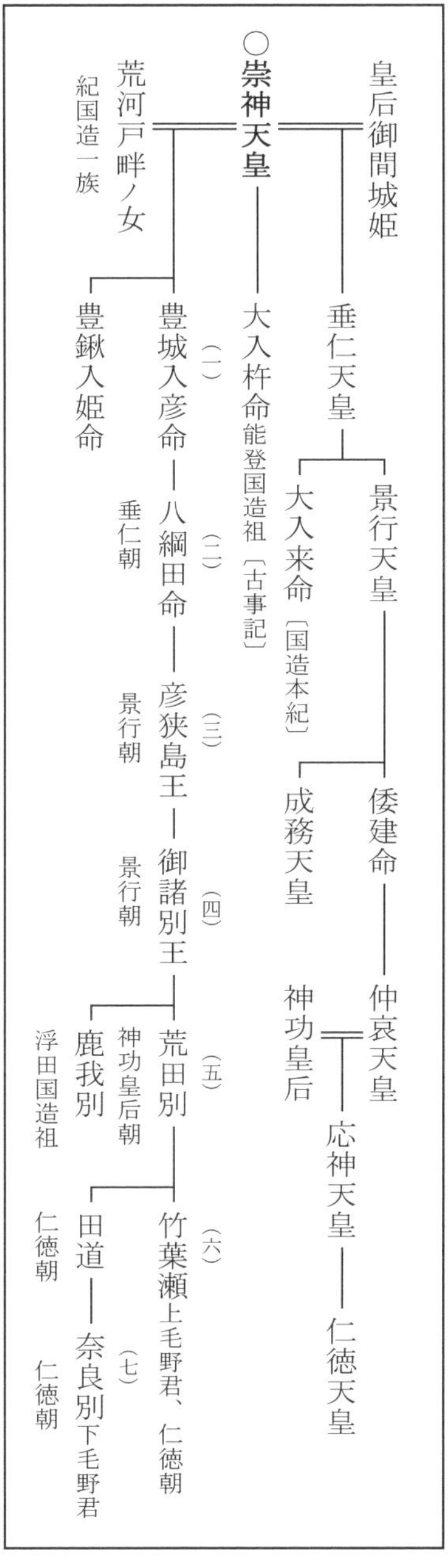


こうした初期段階の上毛野氏系譜の認識は、太田亮博士（『姓氏家系大辞典』）、大塚徳郎氏（「八・九世紀における貴族の変遷について—毛野氏の場合—」）等でもかわりない。

記紀の記述を見ると、豊城入彦命に「上毛野君・下毛野君之始祖」（『書紀』崇神四十八年四月条。崇神記も同様だが、以下は『書紀』の記事のみ）とあり、八綱田（倭日向武日向彦八綱田）に「上毛野君の

遠祖」（垂仁紀）、彦狭島王に「豊城命の孫」（景行紀）、御諸別王に「汝が父彦狭島王」（景行紀）、荒田別に「上毛野君祖」（応神紀。なお、「続紀」延暦九年七月十七日条にも同旨）とあり、さらに「上毛野君の祖竹葉瀬」「竹葉瀬の弟田道」（ともに仁徳紀）とあるので、これらの記述に基づき前出の系譜がほぼ構成される。

『姓氏録』では豊城入彦命の後裔と称する同族が合計で三八氏あげられており、それらの記述でも、「豊城入彦命の男、倭日向建日向八綱田命」（登美首、我孫公等条）、「豊城入彦命の男、彦狭島命《ひこさしま》」（垂水史条。ここでの彦狭島命の位置づけに留意）、「豊城入彦命の三世孫、御諸別命（弥母里別命）」（韓矢田部造、珍県主等条）、「豊城入彦命の四世孫、荒田別命」（止美連、田辺史、大野朝臣等条）、「豊城入彦命の五世孫、多奇波世君（上毛野朝臣、住吉朝臣等条）、「荒田別命の男、田道公」（止美連条）とあり、『書紀』と内容がほぼ符合する。

『姓氏録』には、「未定雑姓」も含めて毛野一族かとみられる四十氏ほどの記載がある。その特徴的な点をあげると、①『書紀』には彦狭島王・御諸別王と「王」の表記のある者を含めて、豊城彦命から荒田別命までの五代には全て「命」と記されること、②その祖として豊城入彦命以外の者をあげるのは、三氏（和泉皇別の軽部が倭日向建日向八綱多命、未定雑姓河内の壬生部公・鴨部が御間城入彦天皇）にすぎないこと、③垂水史（左京皇別）・垂水公（右京皇別）の系統では、歴代に八綱田命を数えない系譜を伝えること、などである。

毛野氏と皇室との世代の対応をみると、崇神天皇の孫（第二世代）にあたる八綱田が皇室系統第一世代の垂仁天皇に、毛野系統第三・四世代の彦狭島王・御諸別王が皇室系統第二世代の景行天皇に対応しており、この辺の世代にやや齟齬があるものの、毛野第五世代の荒田別が皇室第四・五世代の神功皇后・応神天皇に、毛野第六世代の竹葉瀬・田道が皇室六世代の仁徳天皇に対応しており、これらは概ね世代が整合しているようにみられる。こうしてみると、毛野氏の系譜にはあまり疑問がなさそうである。

ところが、逆説めくが、このように記紀所載の皇室系譜と符合しすぎていることが却って毛野氏系譜の初期部分の後世の捏造性を意味する。すなわち、神武天皇から応神天皇に至る時期の皇室系譜は後世になって（おそらく七世紀前半頃までの時期に）、記紀に伝える形の皇位継承順と歴代・世代をふまえて「直系相続」の形に書き直されたもので、崇神天皇以降の諸天皇をみると、その原型を推定してみると次のように考えられる。崇神から仁徳に至る七人の天皇の続柄については皇室系譜の改変が著しいため、取扱いには注意を要する（この原型導出の基礎となる古代諸氏の系譜は、拙著『古代氏族系譜集成』一九八六年刊、を参照）。

しかも、毛野氏の上記初期段階の人物については、実際には、荒田別・巫別が成務天皇・神功皇后に、その子の世代の竹葉瀬・田道が応神天皇に対応したとみるほうが妥当と判断されるから、ますます初期毛野氏族の世代数が多すぎる。この辺に十分、留意したい。

この原型推定系譜は、古代の主要諸氏族の系譜の世代検討・比較から導き出されたものであるが、注意すべきは、応神天皇が崇神天皇の直系子孫ではなく、女系を通じる子孫であって、仲哀天皇の義兄弟（妻の兄弟）で同世代に属することである。また、神功皇后は記紀に記す仲哀皇后ではなく、実際には成務天皇の皇后であって、応神はその女婿にあたる。こうした系譜を世代的にとらえると、「①崇神—②垂仁・景行—③倭建・成務—④仲哀・応神—⑤仁徳」となる。（以上の詳細は、拙著の『巨大古墳と古代王統譜』『神功皇后と天日矛の伝承』や『天皇氏族』をご参照のこと）

崇神王統の原型系図（推定）

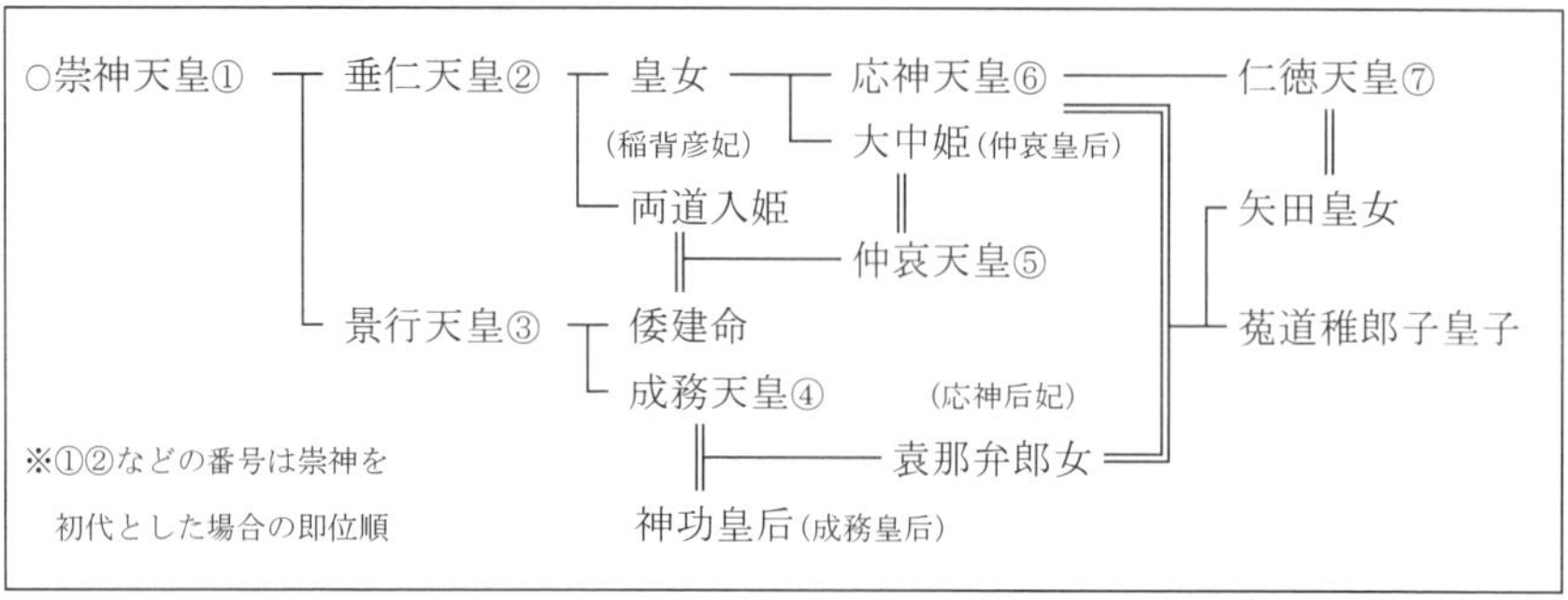


この原型系譜から対比して毛野氏初期段階の系譜をみるときに、現実に毛野に下向したと伝える毛野第四代の御諸別王が景行朝の人とされるので、毛野系統の第一世代～第四世代が全て、崇神王統の第二世代（垂仁・景行両天皇の世代）に対応するという形となり、生物的にまずありえないこととなる。

こうした事情から、初期段階の毛野氏の系譜は、皇室系譜が原型から改変された後になって、それにあわせて偽撰されたと確められる。そのような疑問な眼で毛野氏系譜を仔細に検討してみると、不可思議な点が二点あげられる。

その第一は、「豊城命を以て東国を治めしむ」（崇神四八年紀）と記すように、崇神は皇子とされる豊城命に対して東国の支配権を与えようとしたのに、彦狭島王までの三代は現実に東国には下向しようとせず、四代目の御諸別王になって初めて、しかも景行朝末期の五十六年にやっと下向したとされる点である。

その第二は、毛野二代目の八綱田、三代目の彦狭島王、四代目の御諸別王には各々兄弟とされる者がただの一人も史料に記されず（伝えられず）、毛野氏及びその一族は全て御諸別王の後裔として位置づけられる点であり、このことは『書紀』『姓氏録』とも同様である（後述するが、御諸別王には兄弟〔ないし従兄弟〕ではないかと推定される同世代の人物が一人いる)。御諸別王の子の世代に針間鴨国造を分岐し(「国造本紀」)、荒田別以降の世代からは毛野氏が活発な支族分岐をしていくのと比べ、極めて不自然である。

## 毛野地方の毛野一族と他氏族

毛野地方では、一族や古墳、国衙の所在・分布等からみて、上野国では勢多・群馬・佐位・新田の諸郡、下野国では都賀・河内郡がその中心と考えられる。この地域では平安時代中頃まで毛野一族諸氏が極めて有力で繁衍しており、他氏族の分布は殆ど見られない。

古代の毛野地方の毛野一族としては、上毛野君、朝倉君、檜前部君、佐味(狭身)君、池田君、他田部君、上毛野坂本君、物部君、磯部君、石上部君、車持君、下毛野君、壬生部君、大野君、丈部君、吉美侯部、大麻績《おみ》部、若麻績部などの姓氏があげられ、このうち平安前期までに朝臣姓をもった有力なものは、上毛野、下毛野、佐味、池田、車持、上毛野坂本、下毛野河内、壬生、大野の諸氏であり、一方、君姓のない形(無姓)での物部、磯部、丈部、軽部などの諸氏もある。このほか、毛野地方の毛野一族と推定される氏には、井上君(『書紀』大化二年三月十九日条)、額田部君(「調布墨書銘」に緑野郡小野郷戸主の額田部君馬稲)があげられよう。しかし、尾崎氏などがあげる有馬(阿利真)公の存在は、姓氏としては疑問が大きく、これは個人名であろう。

一方、同地域における毛野一族以外の他氏族については明確な史料は多くないが、神人、倭文部、鳥取造、吉井連、土師部、大伴部、川上臣、弓削宿祢といったところであろうか。特に毛野一族以外の者が毛野地方の郡司になった例は殆どなかった模様である(多くの系譜史料まで見ても、平安時代の芳賀郡司に弓削宿祢〔是否は不明〕が見られるくらいである)。

# 三　毛野氏の出自は大和の三輪氏族につながるか

ここまで見てきたところでも、毛野氏族には三輪氏族に関連する色彩がかなり濃厚である。そこで、更に具体的に祭祀や氏族の特色を比較検討してみる。

## 毛野地方の毛野氏の奉斎神

上野・下野両国において『延喜式』神名帳に掲載された式内社は、上野十二社、下野十一社の合計廿三社あり、うち名神大社は四社ある。これらの古社の研究考察にあっては、上代における有力な祭祀者としての氏族とその居住地に留意される。

　毛野地方における毛野氏一族の勢力は上記のように圧倒的であり、名神大社四社を含む式内社の大部分はこの一族の奉斎による神社と考えられる。少なくとも、上野の赤城

上野国式内社の分布
—『群馬県史 通史編2』等に基づく—

神社、下野の二荒山神社については異論が見られず（太田亮博士『姓氏家系大辞典』等）、この両名神大社の現在の祭祀神として毛野氏の祖・豊城入彦命があげられている。

ところが、話はこれから却って簡単ではなくなる。問題は、これに加えて、赤城神社では大己貴命、宇都宮の二荒山神社では時期による変遷があるものの、大物主命・事代主命などを祭神にあげる。これは、三輪氏族が祖先神として奉斎する神々を祀ることでもあり、しかも、両社とも本来の祭神は大己貴命（大国主命）ないし大物主命とその関係者かと考えられる。以下に関係するとみられる神社を個別に検討していく。

## (イ) 赤城神社

赤城神社は同名の神社が群馬県内で随一の数を誇り、『群馬県神社輯覧』によると、赤城神社及び近戸神社・細井神社などその系統の神社は計七八社を数える。現在では、県内に百十余社、全国で三百三十余社もあるとされる。

上州勢多郡の地には主要な赤城神社が三社あり、なかでも赤城山（標高一八二八メートル）の南麓中腹にある宮城村三夜沢《みよさわ》（現・前橋市三夜沢町）の赤城神社が旧県社であり、『延喜式』所載の名神大社だと一般に考えられている。三夜沢には、荒山の尾根南端に古代祭祀遺跡の「櫃石」もあり、滑石製玉類なども出て、巨石祭祀につながる（ちなみに、上州三山とされる碓氷郡の妙義山や群馬郡の榛名山でも、各々影向岩、御姿岩があり、巨石祭祀に関係する）。伝承では、崇神朝に豊城入彦命が大己貴命を奉斎し、東国の経営と疫病絶滅を祈願して勧請したとして、いまは両者を祭神とする。赤城神社は、群馬県内に分社が一二〇社弱を数えるほど多く、関東地方を中心に全国では約三百社ある。

㊤赤城山と山頂湖、㊦大室古墳群（前橋市）より見た赤城山

群馬県内の多数の赤城神社の祭神を総観すれば、赤城山を通る南中線の東半分は大己貴命、西半分は豊城入彦命を祭神とする傾向が見られるが、これは明治初年の神社制度確立に伴う神社明細帳の製作時の決定といわれ、当時の赤城神社の神職に二派あったことに由来するとみられる（尾崎氏の著作や田島桂男氏の赤城神社の記述〔『日本の神々11関東』所収〕）。

県外の同名の分祀神社を見ると、例えば、千葉県流山市の同名社では大己貴命・豊受姫を祀り、東京都新宿区赤城元町の同名社では石筒男命・赤城姫命を祀るとされる。こうした事情や、群馬県内の赤城神社の祭神で大己貴命のみとする神社が三八社で、豊城入彦命のみとする十九社の二倍もあること、三夜沢の赤城神社の社伝などからみて、本来の祭神は大己貴命であったと考えられる。

最近の研究により、本来、赤城神社の総本社とも考えられるようになってきているのが山麓の二宮赤城神社（前橋市二之宮町）である。これが大己貴命を主神として、宗像三女神などを配祀する。同社は、赤城山南方に位置しており、ともに赤城山を水源とする粕川・荒砥川が社域の東西を流れる。南麓中腹の三夜沢の赤城神社からみても真南にあたり、両者の関係は深く、その特殊神事には四月・十一月の年二回、三夜沢へ神輿を往復させる御神幸がある。三夜沢と当社との間には近戸神社と呼ばれる赤城神社里宮も数社が鎮座する。赤城山南麓の前橋市大室の大室古墳群（前二子・中二子・後二子などの古墳があり、全長一一一メートルの中二子古墳が最大）など多くの後期古墳もあり、この辺

㊤赤城神社（前橋市三夜沢町）㊥二宮赤城神社（前橋市二之宮町）、㊦赤城神社（前橋市富士見町）

りが上毛野氏の古墳時代後期における本拠地と推定されている。

赤城山の山頂（前橋市〔もと勢多郡〕富士見町赤城山）にも同名の赤城神社（大洞赤城神社）があって、赤城大明神・豊城入彦命や磐筒男命・磐筒女命などを祀るから、本来はこれら山頂・中腹・山麓の三社が一体とした祭祀体制にあったともみられる。宗像三女神の祭祀と同様の祭祀形式であり、赤城の沼の竜神の伝承もあって、海神族の祭祀に通じる。赤城神の実体が大蛇だという伝承もある。

太田市・桐生市や前橋市にも赤城神社が数多くあり、それぞれ七、八社以上もある。

下野国でも佐野市植下町や足利市の岩井町などに赤城神社があって、前者は上野国富士見村の赤城神社を分霊したと伝え、祭神は彦狭島王・日本武尊とされる。富士見村の祭神はその東征の際に当地に陣を張ったとの伝承があり、平将門を討った藤原秀郷がその武具を奉納したという。佐野市には高橋町に雀神社があって豊城入彦命を祀るという。太田市にも雀神社がある。埼玉県の熊谷市にも、赤城神社が多い。茨城県では下妻市横根などに赤城神社が、古河市宮前町（もとは下総国猨島郡）には雀神社があり、後者は御諸別王を祀るとも、大己貴命を主神に少彦名命・事代主命を配祀するという。

## (ロ) 二荒山神社

二荒山神社は、『延喜式神名帳』では下野国河内郡にあげられる。現在の宇都宮市馬場通りの神社がこれにあたるとみられるが、都賀郡（日光市山内）の同名社も名神大社と主張している。この二社は、二所にしてその実は一であり（『姓氏家系大辞典』）、中世においても、宇都宮座主宗円の子孫の宇都宮氏は宇都宮検校、日光別当職を兼帯した。「宇都宮」の語源は二荒山神の現宮《うつのみや》であり、

宇都宮市の二荒山神社

神体山たる二荒山を下野国の中央の治所に祀った現宮が河内郡の神社である。ＪＲ宇都宮駅の西方近隣の臼ケ峰という独立丘陵の頂上部に鎮座しており、二荒山を遙拝・祭祀する適地であった。いま祭神を豊城入彦命として、相殿に国土開拓の神として大物主命・事代主命を祀る。

日光のほうの神社の奥宮は二荒山（男体山頂上）にあり、この頂上から大量の鉄鐸など古代祭祀遺物が出土した。その祭神は二荒山神（大己貴命、后神の田心姫命、御子神の味耜高彦根命の三神）であり、宇都宮の神社の祭神も、『関東古戦録』では大己貴命、彦根命（大己貴の子）、事代主命、天種子命（中臣連の祖）と記す。

栃木県外の分祀社をみると、新潟県小千谷市の二荒山神社（旧郷社。室町時代の大社で上弥彦十八末社の一）の祭神は事代主命・建御名方命・猿田彦命・倉稲魂命・大物主命である。往古下野の宇都宮大明神を勧請したという愛媛県喜多郡内子町五十崎の宇都宮神社（旧郷社）も大己貴命・建御名方命・事代主命や比売大神を祭神とする。日光二荒権現の祭祀は陸奥国宇多郡（注：一族の浮田国造の地）にも多い、と『大日本地名辞書』は記している。

二荒山の神を大蛇とし、赤城山の神の百足と神合戦をしたという伝承（「二荒山神社縁起」の中の「神戦譚」）もあるが、毛野氏の信仰する両神がともに「長物」であるのは興味深い。

## (ハ) 貫前神社

上野国一ノ宮の**貫前神社**（富岡市一ノ宮）は甘楽郡の名神大社であり、毛野一族の**物部公**（祠官として尾崎氏）、石上部ないし磯部（同、小幡氏）等が奉斎した。職掌上の神として経津主《ふつぬし》神を祭祀してきた。抜鉾大明神とも称され、延喜十六年（九一六）に神階が従二位となり、『国内神名帳』には正一位で見える。宮司は磯部氏で、もとは小崎、後に尾崎を号した。

同社のもとが安中市鷺宮の咲前神社（宮司は和田氏。貫前神社の北東五・五キロほどの地）といわれ、ここでは大己貴命・保食神をも祀る。貫前神社でももとは女神一神を祀るといい、それが、同社の機織神事・水的神事や咲前神社の祭神例から見て、水神・機織神の性格をもつ保食神（瀬織津姫神）とみられる。咲前神社の近隣の下磯部（安中市で、旧磯部村）の小字に尾崎の地名があり、もとは鷺宮も含めて尾崎郷だったか。貫前神社の真東約一・五キロに蛇宮神社（富岡市七日市）があり、両社を結ぶ線からほぼ正三角形をなす形の頂点の地に雨宮神社（同市黒川）が鎮座するから、水神及び蛇神の祭祀も知られる。

関連して言うと、武蔵国の物部公も毛野氏支流で、入間郡の式内社物部天神社（現在は北野天神社といわれ、その祭神は饒速日命とされる）で物部経津主之大神を職掌上の神として祀る。それとともに、同地で八千矛神（大己貴神）を祖神として祀って式内社国渭地祇《くにいちぎ》神社（北野天神社に合祀される。所沢

貫前神社（富岡市一ノ宮）

北野天神社（埼玉県所沢市小手指元町）

市北野）を奉斎したことが、その系図（『百家系図稿』巻一に所収の物部公系図）等から推測される。神主は栗原氏で、物部君の流れであり、現在の祭神の饒速日命は、天孫族系の「物部連」に由来する後世の訛伝と推される。

上野国の物部君が何時からの名乗りかは不明も、系図には夏花命の八世孫、桙人が推古朝の新羅征討で久米皇子に供奉して筑紫に到り、物部若宮部となって物部経津主之神（称物部貫前大神）を奉斎したと見え、『肥前国風土記』三根郡物部郷条にもほぼ同様に記される。その子の世代に上野と武蔵に分かれたと系図に云う。そうすると、物部君を名乗る前は別姓であった可能性も考えられる（その場合、磯部君か朝倉君あたりが旧姓だったか）。

同じ武蔵国では、秩父郡の岩根神社（埼玉県秩父郡長瀞町井戸）の宮司家は儀部氏で、もとは物部であって、上野から来たという。祭神は大山祇命、大口真神（狼のこと）、大己貴命などであり、長瀞の流れを見下ろす岩根山の中腹に、磐座とみられる巨岩を背にして鎮まる。大口真神信仰や山祇族系の祭祀は、秩父地方の影響か。

### (二)その他の式内社など

上野国群馬郡の名神大社・**伊香保神社**（同国三ノ宮）も大己貴命を主神とし、少彦名命・建御名方神を祀る。下野国総社とされる都賀郡鎮座の式内社・**大神社**（栃木市惣社町の大神神社）も、祭神を倭大物主櫛甕玉命（三輪神）とする。このほか、毛野地方には素盞嗚命（熊野大神）、倉稲魂神《うかのみたま》（豊受姫・保食神）、大己貴命（大国主命）、田心姫等の宗像三女神、味鉏高彦根命、大物主命、事代主命など海神族三輪氏族系の祖先神を祀る式内社が多い。これらはほとんど皆、毛野氏族が奉斎したものと考えられる。なお、式内社ではないが、示現太郎宮（示現神社）も両毛に多くあって、豊城入彦命あるいは事代主神を祭る。

毛野遠祖神の系譜は、「三輪氏族の祖神の系譜」のように推定される。ここであげた神々はいずれも人格神（遠祖としての人間）であり、虚構の人物ではないことに注意したい。

三輪氏族の祖神の系譜

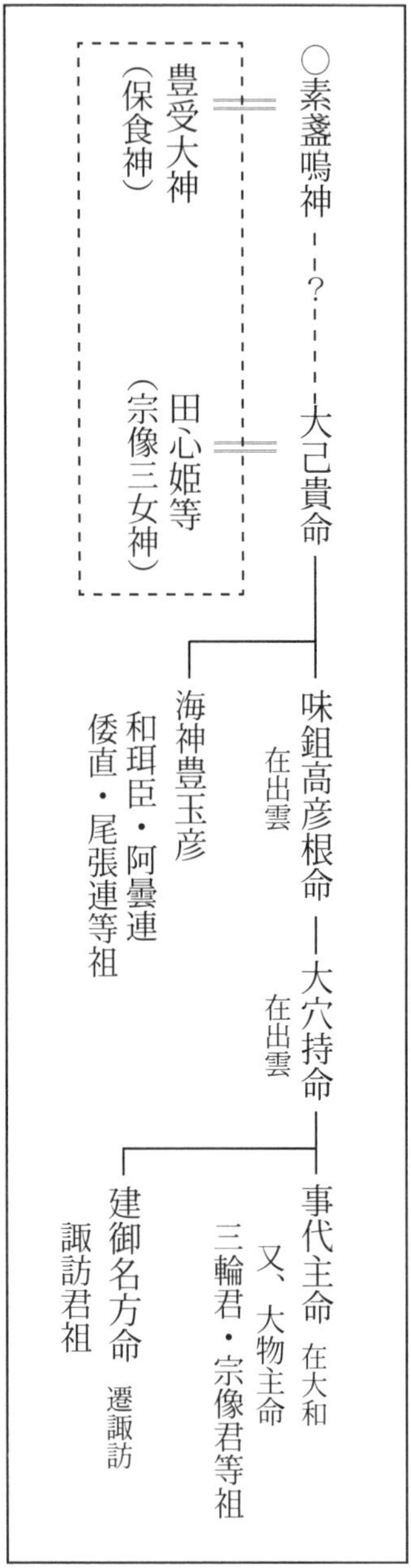


毛野氏の奉斎とみられる式内社はほかに、上野では宇芸《うげ》（祭神が倉稲魂神）・賀茂・美和・大国の四社、下野では大前（二社）・村檜《むらひ》・胸形の四社であり、既にあげた神社も加えると、毛野地方の式内社二十社のうち合計十二社も占めるるが、実態はそれ以上なのであろう（祭祀氏族が不明なもの

もあるため）。こうした祭祀事情は、毛野氏の大勢力に相応しい。

尾崎喜左雄氏は、上野国の美和、賀茂、倭文、火雷の式内社と長柄神社の五古社は、大和の磯城・葛城両地方にある延喜式内社、大和の古氏族にそのゆかりが求められるとし、これらをふまえて、毛野氏について大和の磯城・葛城地方にいた大豪族の両毛への移動を考えている（『上野国の信仰と文化』所収「大神神社と赤城神社」四一五頁）。

これらのほか、那須郡の嶽山箒根《たけさんほうきね》神社（那須塩原市宇都野）も、宇都野の鎮守で毛野氏に縁由ある神社と伝え、祭神は豊城入彦命、大己貴命、事代主命などという。御諸別《みもろわけ》の曾孫の宇都野別命が神主として祭祀したと社伝にいうが、この祭祀者の存否の裏付けはない。

諸国の毛野一族の奉斎神については、個別に関係個所で記述するが、播磨の針間鴨国造では住吉神社など海神族系の諸社の祭祀に奉仕し、陸奥の浮田国造では子眉嶺《こびみね》神社で豊受比売之命（保食神。一に、加えて豊城入彦之命）を奉斎したとみられる。摂津の垂水公（『姓氏録』では右京皇別に垂水公）は、豊嶋郡の垂水神社（名神大社。吹田市垂水町）を奉斎したと『姓氏録』に見える。この神社には、もともと素朴な水神が祀られていたともみられるが、現在の祭神は豊城入彦命・大己貴命・少彦名命とされる。『摂津名所図会』には豊城入彦命をあげずに、後ろの二神だけとされるから、この辺が原型だったか。

## 毛野氏の山岳信仰

神社の原初的形態には、神社に本殿がなく山岳を御神体として祀るという祭祀が見られる。これは、海神族の系統をひく三輪氏族等の奉斎する神社に多く見られる傾向がある。この場合、禁足地である山中には巨石群、磐座《いわくら》等の祭祀遺跡を伴い、山頂に奥宮をおくことが多い。このような形態をもつ主要な古社として、大和国城上郡の大神大物主神社（現在の大神神社。名神大社）、信濃国諏方郡の南方刀美《みなかたとみ》神社（諏訪大社。名神大社）等があげられる。ちなみに、磯城県主・三輪君では、有力支族である信濃の諏訪君及び諏訪地方とその周辺地域とも多くの点で密接な関係を有したが、これら諸点を列挙すると次の通り。

①鉄鐸と鈴の祭祀具
②建御名方神等の三輪氏族祖神の祭祀
③小眉嶺神社と小檀嶺神社などによる保食神の祭祀
④山岳信仰、巨石祭祀
⑤神人・神人部という姓氏の存在

毛野地方の赤城神社や二荒山神社には、同様な山岳信仰が見られており（三夜沢の赤城神社の櫃石遺蹟は既述）、越後の居多神社も古名を嫗獄《おうなだけ》明神といい、その傾向がある。

越後国頸城郡の式内社居多《こたけた》神社（上越市五智）は、もとは中頸城郡居多村身輪山《みわやま》（現社地の北西約一キロ）に鎮座した。その神主家は、商長宿祢姓と称する花ケ前《はながさき》氏が長く世襲した。この神社の祭神は、大己貴命を主神に奴奈川姫命・事代主命を配祀しており、旧社地の地名も三輪に通じる。能

三輪山（奈良県桜井市）

駒形神社（岩手県奥州市）

登国一ノ宮の気多《けた》神社（名神大社。祭神は大己貴命）の系統であるが、この系統の式内社には、越中国射水郡など北陸道や但馬国気多郡に気多神社があり、いずれも大己貴命を祭祀する。

太田亮博士も、毛野氏の山岳信仰に着目し、その氏神を赤城神社とし、「日光、駒形、箱根の如き、皆その分社なりとす」と記す（『姓氏家系大辞典』の関係各条）。これは卓見であり、陸奥国では胆沢郡の**駒形神社**（式内小社。陸中一ノ宮。岩手県奥州市水沢区中上野町）も毛野氏族の奉斎神社であった。同神社は元来駒ヶ嶽の山頂にあり、駒形連峯を神域とし、毛野氏の氏神を祀ると伝える（祭神は諸説あるが、保食神とするのが妥当か）。藤原秀郷流と称した奥州平泉の「藤原四代」の崇敬も篤かったが、これはその出自を示唆するものか。

毛野地方にも駒形という地名（前橋市駒形町で、保食命・大己貴命等を祀る駒形神社も鎮座）、駒形神社の鎮座（高崎市の棟高町・高浜町など。「上野国神名帳」に正五位の駒形明神が三社掲載）と赤城山の外輪山に駒が岳（駒形山）という峯がある。下野では、下毛野氏が祀る二荒山神社の古縁起に「馬王」という語が散見する。那須郡南部の那珂川町に三輪駒形という地がかつてあって、同地付近に駒形大塚古墳（墳丘長推定六一メートルの前方後方墳。現地名は小川だが、周囲は駒形公園という）や式内の三和神社（字三輪にあり、大物主命を祀る）もある。

古代の上野国では榛名山麓など西部に馬牧が多く、馬産が盛んで、高崎市剣崎の長瀞西遺跡などからの馬土壙や伽耶・百済系の轡などの出土で示される。これも、毛野氏一族の先祖が韓地で軍事活動したり、関連して渡来人が多く移住してきたことなどの事情を踏まえた遺産なのであろう（この関係では、蒲池明弘氏の近著『「馬」が動かした日本史』もご参照）。

太田博士が指摘するように、上記の駒形神社は陸奥の分派、上毛野胆沢公の氏神であった。同社の系統で祀られる保食神は、豊受姫、稲御魂神とも称した毛野氏の祖神・氏神であり、陸奥国栗原郡の式内社・駒形根神社や陸奥国の駒形神社三社（福島県喜多方市〔旧・耶麻郡〕塩川町、岩手県滝沢市・同県盛岡市玉山区〔ともに旧・岩手郡〕）の祭神でもある。駒形根神社のほうは、宮城・岩手・秋田の三県境にまたがる栗駒山（駒形嶽ともいい、標高一六二七メートル）の山頂（奥宮）及び東南麓（里宮で、宮城県栗原市栗駒沼倉一ノ宮）に鎮座し、馬匹の守護神として尊崇が篤かった。同社は倭建命東征の際に創祀したと伝え、祠官家の鈴杵《すずきね》氏は大伴氏族後裔といわれる。毛野後裔は陸奥各地で馬産においに貢献したとみられる。

## 毛野氏の祭祀状況

上毛野氏研究の大家・尾崎喜左雄氏は、上毛野君と磯城郡や大神神社との関係の密接性や大和からの大豪族の毛野地方への遷住を説きながら、「その出自を崇神天皇の皇子豊城命にかけているので神君《みわのきみ》の族ではない」と記される（「上野国の信仰と文化」所収「貫前抜鉾神社の研究」一三三頁）。しかし、その研究・論理に徹底性を欠くようで、惜しまれる。系譜や出自の仮冒により、祖先の系譜が皇室系に接合される例は往々にしてあることで、ここまで見てきた考察では全て、毛野氏が三輪氏族と同祖同族関係にあったと示唆する。

毛野氏一族は、大己貴命等三輪氏族の祖神を奉斎したが、皇室関係の祖神である太陽神・鍛冶神の奉斎は見られない。毛野氏が実際に皇室出自なら、皇室と系統を別にする神々を主体に奉斎するいわれはなく、これら奉斎神こそ、殆どがこの氏族の実際の祖神に他ならない。『姓氏録』の皇別氏族のなかでは、毛野氏族のような、皇室の祖神や皇室から出たという氏祖たる皇族や遠祖神を奉斎しない氏族としては、ほかに和珥氏族があげられる。大己貴命（筑紫）を奉斎する和珥氏族も、実際には皇別でなく、海神族後裔で地祇の阿曇氏族と同族であった。吉備氏も大物主神など三輪氏族の祖神を奉斎する傾向が強かった。

志田諄一氏は、『書紀』に記す伝承事例から、上毛野氏は東国経営に皇祖神や御諸山の神を奉じて従事したのではないか、そのことは大和朝廷に対する服属を意味し、その服属時期は五世紀頃か、と推定する（「上毛野氏の伝承について」）。

しかし、①上毛野氏が皇祖神を奉じたという事例は、記紀等の伝承からも神祇資料からも全く見当らないこと、②上毛野氏がなぜ御諸山の神を奉斎したのか根拠づけが全くないこと、すなわち、なぜ三輪氏族の神が奉斎対象として選ばれ、例えば中臣連・物部連・大伴連といった中央氏族の神が選ばれなかったのか、特に毛野氏一族が多数分布する陸奥国には、中臣連系の氏神・鹿島神の分布が『延喜式』神名帳に相当濃密であることを見ても、ことさらに三輪氏族の神を選んだ理由が説明できない、③上毛野氏が考古学的に見ても他地方から毛野地方に入ってきたのなら、新たに大和朝廷へ服属したのではなく、当初からその支配下にあったとすべきこと等の理由で、志田氏の上記推定は不適当である。

以上の考察から、毛野氏の出自を大和にあった三輪氏族の同族、支流の出とするのが最も自然であるといえよう。

関連して、毛野氏族の祭祀について興味深い記事が『書紀』履中五年条に見える。それによると、筑紫に鎮座の三柱の神（宗像三女神とみられる）があらわれて、**車持君**がその神戸（既に神に配った車持部）を奪い取ったことを訴えたので、天皇は車持君を召して事実関係を確認し、筑紫の車持部を全て収めたうえで、あらためて三柱の神に配分したという。

この伝承は、宗像三女神を奉斎する宗像君と車持君との土地・部民をめぐる争いを示すものとみられるが、車持君も自らが宗像女神後裔氏族としてとった自己の権利主張の行動が、事件の根底にあったのではなかろうか。両毛地方では、下野国寒川郡の式内社に胸形神社があり、論社として、①胸形神社（栃木県小山市寒川）、②網戸神社（同じく小山市網戸）、がいわれ、ともに宗像三女神を祀る。後者の網戸神社は、筑前の宗像神社からの勧請と伝えられ、大同年間に社殿再建、藤原秀郷が天慶時に将門追討を祈願したともいい、天正以降現在まで、久楽持という家（小山氏譜代の家臣）が神職を世襲する。「久楽持」は珍しい表記だが（栃木県に多い苗字）、車持・倉持と同じであり、上記履中五年紀の所伝との絡みも考えられる。網戸の地は、中里・寒川のすぐ南に位置したことにも留意される。

一度宗像神に配分された車持部は、もともと宗像神の神戸を車持部として編成され、それがまた神へ配分されていたものなのであろう。車持君の言い分が記事に見えないので、この事件の経緯を推測すると、このように考えられる。

## 毛野氏の姓と支族の姓氏

### (イ) 毛野氏の姓の「君」

毛野氏族の宗族及びその有力支族は「君」という姓をもつが、これが異例なことは、はじめの問題提起の際に説明したところである。

毛野氏が神別地祇の三輪氏族ないしその同族の出自と考えれば、その宗族の三輪君をはじめ、鴨君・宗像君など、その有力支族諸氏が君姓をもつことと符合する。

また、毛野氏の支族で吉美侯部・物部などの部姓（無姓ともいう）の氏が多く見られるが、三輪氏族にも神部・鴨部など部姓の氏がある。

## (ロ)　毛野氏族の姓氏

毛野、三輪の両氏族には、その名を共通にする氏が次のようにかなり多く見られ、他の氏族間には見られないほどの濃密さである。これも両氏族が本来は同祖・同族ゆえのことと考えられる。記紀・姓氏録等の記事からは無関係のように思われる古代の姓氏について、氏が共通のものについて仔細に検討すると、同祖である故に職掌・居住地などを同じくした事情が認められる例が多い。そうした例として、海部、額田部、犬養、卜部、忌部等があげられるが、毛野氏と三輪氏族の氏の共通性は極めて密接であるといえよう。

①鴨部　　針間鴨国造の検討で記述する。

②磯部（石部）・君　　三輪氏族に石部（磯部）・石部直・石辺公（録・左京・山城神別）があり、毛野氏族には磯部・磯部君や石上部君がある。毛野一族の磯部は上野国の山間部、碓氷郡磯部郷に居住したが、他の部姓の氏と同様に出自・職掌によるものとみられ、海神族系統の出自に由来しよう。

このほか、毛野一族の浮田国造の領域・陸奥国宇多郡に地名の磯部（現相馬市内）、針間鴨国造の領域・

播磨国賀茂郡に式内の石部神社（磯部明神）がある。

③我孫《あびこ》・公　毛野氏族には我孫（録・未定雑姓摂津）、我孫公（録・未定雑姓和泉）があり、三輪氏族にも我孫（録・摂津神別）がある。後者は元来摂津国住吉郡我孫子に居住して同地を発祥地とし、前者は和泉国和泉郡我孫子より起る。

④大網《おおよさみ》　毛野氏族に大網公（録・右京皇別）、三輪氏族に大網造（文武元年紀）がある。大網は摂津国住吉郡大羅郷に因むが、毛野氏族のほうは同地ともいい、下野国河内郡大網村（現・宇都宮市北部の大網町あたり）とも関係ありか。常陸の茨城郡の山間地、笠間の北側にも大網の地名（東茨城郡城里町南端部の大網）がある。

⑤神部・神人　三輪氏族に神部・神部直・神人（録・摂津神別。また諏訪一族に神人部）があるが、古代毛野地方に神部・神人がいたことがしられる。毛野氏族が上毛野君等の姓氏を負う以前の原始的姓氏は、神部か磯部という可能性があり、毛野地方に見える神部は毛野氏の同族ではなかろうか。

## (ハ) 毛野氏族の居住地

毛野氏族が大和の三輪氏族ないしその同族の出であれば、毛野氏族が中央の左京・右京、畿内諸国（山城国を除く）や播磨・伊勢等に居住したのも自然であり、これら中央の毛野氏族についてその系譜を疑問視することもない。

そうした中で特に注目すべき居住地は、和泉国の珍努《チヌ》（血沼、珍、茅渟、父努とも表記）の地域である。この古地名は、早くも神武東遷に関してその名が見え、チヌの陶邑には、古くは三輪一族と密接な関係をもつ三嶋溝咋耳命《みぞくいいみみ》（鴨健角身命、武茅渟祇命、大陶祇命、陶津耳命とも称された鴨県主・葛城国造の祖で、実体は少彦名神）の一族が居住していた。この娘の活玉依姫《いくたまより》（玉櫛姫）は三輪の事代主命（大物主神）の妻となり、磯城県主・三輪君の祖、天日方奇日方命《くしひかた》（久斯比賀多命、鴨主命）を生んだが、この者の墓地が泉国知努乎曽村に在ると『粟鹿大神元記』に記される。太田亮博士も、武茅渟祇という母系を承けて、三輪氏同族が当地に由縁をもったとみている（「血沼別の出現」、『系譜と伝記』三巻二号）。

珍努の地には、母系を受けて奇日方命の後裔が長く居住を続けたとみられ、古代に三輪氏（神直・神人）の存在がしられる。チヌの陶邑には、「郷名ミワ（上神郷）、式内社ミワ神社（三輪国神社）、ミワ氏（神直・神人）等が存在した」（佐々木幹雄氏論考、四二四頁）と記述される。三輪氏族の中興の祖で三輪君の祖となる大田田根子も、元来「茅渟縣陶邑の人」（崇神紀七年八月条）であり、その宗族たる磯城県主家の断絶に伴い、大和三輪に遷ったことに注目される。このほか、武茅渟命の男系の後裔の荒田直（録・和泉神別）や、磯城県主家を外祖として皇別を称する「父努別（血沼別）」も、当地域に住んでいた。

毛野一族の珍《ちぬ》県主（録・和泉皇別）は御諸別命の後裔とされるが、何時・如何なる縁由で毛野氏の支族がこの地に居住し勢力をもったかは、史料では明らかではない。珍県主の『書紀』における初見かつ唯一の記事は雄略十四年条に見え、このときには既に珍県主家が成立していた。珍県主の系図（『百家系図』巻五五）から見て、履中～允恭朝の人・三田次の代頃にこの県主が設置されたと推測される。珍県主家は、実際には父努別の後裔であって、大田田根子の同族の後裔として、その所領なども引き継いだ、と推するのが自然であろう。

### (二) 毛野地方と大和国の地名

下野国都賀郡の大前（栃木県栃木市〔旧下都賀郡〕の藤岡町大前）には、大己貴命（一に豊城入彦命）を祭神とする式内社大前《おおさき》神社があり、鎮座地は磯城宮という小字である。この神社の信仰とともに、大和国磯城地方からもたらされた地名と考えられ（後述）、周辺に九世紀頃の蹈鞴製鉄遺跡もあり、東方近隣の同市藤岡町蛭沼には前期古墳の山王寺大桝塚《おおますづか》古墳（墳丘長九六メートルの前方後方墳か）もある。藤岡町に太田という地名も見える。下野国には芳賀郡にも、芳賀氏奉斎の同名の大前神社（真岡市東郷）が式内社であり、祭神も大己貴命で同じである。越後にも、魚沼郡に同名の式内社（新潟県南魚沼市大崎）があって、稲荷五神（保食神が主で、大己貴神など）を祀るが、『神名帳考證』などは豊城入彦命を祀るとする。

大前神社（栃木市藤岡町）

このほか、毛野地方には三輪氏族など海神族関係とみられる地名がかなり分布するが、そうした郷名を『和名抄』で見ると、上野国では磯部（碓氷郡）、小野（甘楽、緑野、群馬郡）、尾張（緑野郡）、井手・八木（ともに群馬郡）、長田・大田（ともに吾妻郡）、長柄（邑楽郡）、下野国では三島（鴨。都賀郡）などの地名があげられる。

とくに大田については、毛野地方に上野国吾妻郡の大田郷のほかに、同国新田郡に太田（正木岩松文書に大田郷と記す）があり、後者の周辺には石田川遺跡や東国最大の天神山古墳など長径百米以上の古墳が四つもあり、これらは毛野氏関係の主要遺跡とみられる。この「大田」は三輪君祖大田田根子の大田に関連するという可能性もあるかもしれない。大田田根子が居住した茅渟の陶邑や三輪山の西北麓にも「太田」という地名がある。

また、どこまで信拠できるかは不明だが、下野国都賀郡の野木神社関係の伝承には、創祀者の下毛野国造初祖・奈良別について、「磯城奈良別君」という称も伝わっており、これは下毛野国造が磯城県主一族の流れを汲むことを示唆するのかもしれない。

## 毛野氏の系譜は三輪君に接合するか

毛野氏の実際の祖・御諸別命は、三輪君氏の系譜に対してうまく接合するのだろうか。その接点を試みに考えてみると、

(イ)御諸別命は垂仁・景行朝（四世紀中葉）の人であり、古代における毛野氏の高い地位からみると、その父が崇神朝の三輪氏族かその同系氏族の最高族長クラスとみられること、

(ロ)三輪氏族の本宗家は一旦断絶して、崇神朝になって大田田根子により再興されたので、崇神朝の三輪氏族の最高族長としては大田田根子くらいしか該当者はいないこと（その一方、同族の海神族系の有力者としては、彦坐王〔後裔諸氏を「丹波氏族」と総称しておく。記紀にいう「崇神天皇の弟」とする系譜は疑問が大きい〕や吉備氏一族などがいた）、

(ハ)珍県主家の発生経緯からみると、御諸別命は大田田根子と密接な関係をもつ同族有力者の子孫ではないかとみられること、などの事情がある。

このため、御諸別命については、大田田根子の子・近親という可能性をまず検討する。御諸別命にはその兄弟（ないし近い同族）として物部君の祖・夏花命がいたと考えられるが、この兄弟らしき

存在が大田田根子の子・近親としておさまるかの検討も必要である。

現存の三輪君関係の系図で最も詳しいのが、明治の大審院長児島惟謙の家に所伝の系図（中田憲信編『諸系譜』第二六冊に所収。豊後の緒方氏の系統に伝えられた系図）であり、そこには、大田田根子の子として大御気持命（母は出雲鸕濡渟命の女・美気媛命）と大深水命の二人しかあげず、大深水命の孫として景行朝の鳥乃枝別命という者がおり、その子の狭田主公が役公姓を負うと「児島家系図」に記されて、毛野氏の初期系譜の形（「□□別命―□□君」というつながり関係）と似通うが、大田田根子の子には、御諸別命等の記載は見られない。上記兄弟に加え、これらとは異なる母をもつ御諸別命兄弟がいた可能性も当初、考えてみたが、無理がある。この辺の系譜の認定は十分慎重になされるべきで、とくに崇神朝前後に三輪氏族から分岐した諸氏族がみな神別地祇に区分される事情が重視される。

また、皇別と称する父努《ちぬ》別が、崇神前代には既に三輪氏族と分かれていた可能性が大きい。この氏は、懿徳天皇の皇子とされタギシヒコ（当芸志比古、武石彦奇友背）の後裔とされる。安寧天皇の皇子とされる磯城津彦の後裔に見える伊賀の須知《すち》稲置の一族も注目される。これらタギシヒコや磯城津彦は、実際には皇子ではなく、皇室姻族で海神族系の磯城県主一族の出とみられるから、その流れを汲んだのがチヌ別の一派で毛野氏族ともみられる。

毛野氏族の系譜としては、このような早い時期に海神族から分岐した流れとみたほうが、三輪氏族になった崇神朝以降の分岐とするよりも無難であろう。だから、とりあえずはそうした見方をしておいて、毛野氏と同族かとみられる吉備氏族や彦坐王後裔の丹波氏族（日下部氏族）などとも合わせて、総合的に位置づけるのが穏当だと考えられる。

御諸別命の母系のなかには、記紀に豊城入彦命の母と記される紀伊国造（紀国造）族の荒河戸畔の女があったと考えられる。その理由としては、

①「豊城」の名が六世紀後半頃の史書編纂の際に成立したものと考えられる見方（尾崎喜左雄氏の『上野国の信仰と文化』所収の「赤城神社の研究」二二六頁）もあり、豊城入彦命の伝承も含めて、その名前での実在性が極めて乏しいことや、

②紀伊国造家出身の皇妃は、当該崇神妃以外の類例はなく疑問であるとともに、三輪君が古代紀伊国造家と通婚していること、

③毛野地方には雷神信仰が著しいのに、その雷神は三輪君の祖神たる竜蛇神ではなくて、紀伊国造の遠祖神たる雷神、火雷神《ほのいかづち》が祀られる式内社・火雷神社が那波郡にあって（現・佐波郡玉村町下之宮）、御諸別王も祭祀したという伝承があること、をあげておく。

「雷電神社」が上野・下野両国に多く、上州東部の邑楽郡から群馬郡にかけて地域、利根川中上流域や前橋市・渋川市、下野では足利市・佐野市・栃木市に分布する。それらのなかで、邑楽郡板倉町板倉の同名社が総本社格とされ、関東三雷神の一という。他の関東二雷神、茨城県つくば市上郷の金村別雷神社や水戸市元山町の別雷皇太神も著名であり、茨城県にも「雷」のつく神社が二十数社ある

群馬県板倉町の雷電神社

とされる。「雷神社」は、千葉県や奥羽の福島県・山形県にも分布が多く、蝦夷征伐のときにもたらされたともいうから、吉弥侯部とも関係ありか（鴨別雷神との混同も見られる）。陸奥でも、宮城県の名取市箱塚に雷神社があって地域の守護社とされ、仙台市若林区蒲町にもある。石巻市長渡浜の鳴雷神社は、江戸前期に仙台藩主伊達吉村が社殿を建て祀るという。

## 吉備氏からの東国への分岐

ここで、彦坐王やチヌ別に関連して、本州西部の雄族たる吉備氏も見ておく。その吉備一族の二系統のうち、下道系統の稚武吉備津彦から御友別までの系譜（及び御友別・稲速別から吉備真備までの系譜）には、歴代がはっきりしない面がある。それに関連して、東国の毛野氏族の起源問題が絡むようであり、毛野氏が崇神天皇の後裔のように伝えるが、これは系譜仮冒の疑いが濃い（古代氏族シリーズの『吉備氏』を参照）。

毛野氏族を多くの観点から見ると、西の吉備氏族と並び、地方に本拠を持ちながら古代史上の畿内や韓地でも大きな役割を果たした。毛野氏族が三輪氏族に多くの類似点をもつこと、毛野の祖が和泉のチヌ（珍努）に関係したことなどから、毛野が実際には大和の磯城県主の支流と推される。そして、具体的には準王族的な位置にあった彦坐王の同族から出たとみられる（拙考「毛野の系譜」も参照）。観点や結論はかなり異なるが、関口功一氏は、ミワ山（大物主神）をめぐる信仰を紐帯とする「氏族伝承の共通性」から、「吉備―大三輪―上毛野」という結付きを考える。そうしたなかで、外交・海外派兵に活躍とか反乱に関与・加担、蝦夷征伐などでも共通性をかなりもったとみる（『古代上毛野の地勢と信仰』）。

この辺の諸事情のうえで、吉備と毛野の両氏族がもっと近縁であったろうという疑いも出てくる。それは、毛野の祖先にも「彦狭島命」という名が見えるからである。この名は、吉備両系統のうち備中主体の下道系統の祖先・稚武吉備津彦命の別名であり、吉備・毛野両氏の祖先に見える同名の両者は、実際にも同一人であって両氏族に共通するのではないかということである。また、彦狭島命にあたる「橘入来命」が能登国造の祖・大入杵命に通じる要素がある（能登国造の系譜も諸伝あって混乱多く、「国造本紀」能等国造条は垂仁の皇子・大入杵命の孫に初祖「彦狭嶋命」をおくが、『古事記』では大入杵命を崇神の皇子に記載する）。

ところで、東国の毛野にあっても、吉備同様、上野国では東部の上毛野氏本宗と西部の物部君などという二系統の並立という形で、大古墳の系統が続いた（上野・下野で二系統という見方もある。詳しくは後述）。そして、上野西部系統のほうは毛野一族とはいっても、毛野本宗とは少し離れた同族だとみられる。

物部君の祖という**夏花命**は、早く景行紀に見えており、景行天皇の九州親征に随った。このため、夏花命は筑後の高良大社を奉斎した物部君とつながるとみる向きもあるが、そうではなく、夏花命の子孫は東国で続いた。成務朝から応神朝にかけての時期に韓地で活動したと『書紀』に見える毛野氏の荒田別・鹿我別のうち、鹿我別が夏花命の子孫かとみられる。荒田別・鹿我別の関係は兄弟ともみられているが、そうした近親というよりはイトコ（あるいは再イトコ）くらいの可能性もある。鹿我別の族裔は、磐城の相馬地方におかれた浮田国造（福島県南相馬市鹿島区浮田を中心域）や、そこから北方の陸奥にかけての広い地域に「吉弥侯部」として多く分布した（「浮田」の地名は、吉備では歴史的地名に見えない。現在の岡山市東区の浮田は、戦国大名の浮田氏の居城に因み、明治中期の命名である）。

このように、毛野の系譜自体が難解で一筋縄ではいかないが、結論からいうと、毛野本宗の祖の**彦狭島命**が、吉備下道氏の祖で崇神朝に活動した彦狭島命と同人だとみられる（記紀に言う活動した時期や系図の世代が異なるようだから別人かと考えやすいが、その主な活動期は崇神朝であり、毛野氏のほうはその系譜操作により時期繰下げに見えるだけである）。この同人性の証明も難儀だが、時代がほぼ同じで同じ名を持ち、両氏族がともに三輪君の同族で竜蛇信仰を共通したことをあげておく。その活動地域についても、彦狭島命の時代には毛野氏のほうはまだ東国には達していなかった（次代の御諸別王のときに、能登などの北陸道を経て東国に至ったか）とみるから、畿内から吉備にかけての地域ということで、舞台もほぼ同じとなる。

吉備にも毛野にも、式内社で「大神神社」があげられ、下野国都賀郡の式内社「大神社」は栃木県栃木市惣社町の大神神社に比定される。上野国の式内社でも、山田郡に美和《みわ》神社（群馬県桐生市宮本町。祭神は大物主櫛甕玉命）、佐位郡に大国神社（同県伊勢崎市境下渕名。大国主命）がある。前者は『上野国神名帳』に「従一位三輪大明神」とあり、社伝では、崇神朝に大和の御諸山から勧請したといい、近世には美和、三輪の社号を併用していた。その背後の北側に吾妻山を負うという配置がなされる。

上毛野君の創祀とされ、同国二宮で勢多郡の名神大社・赤城神社が、群馬県内に分社が数多くあって、大己貴命を祀ること、三輪神社周辺の遺跡に出土が多い**子持勾玉**が、東国では毛野勢力圏に出土の分布が多いことも先に述べた。毛野氏に顕著な保食神の祭祀や「食野」の名も、敦賀の気比神宮（吉備氏族の角鹿国造が奉斎）の御食津《みけつ》大神の祭祀に通じるし、吉備地方にも保食神の祭祀（岡山市の宗谷神社など）が広く見える。

このように考えていくと、毛野の初祖の活動世代は、実質的には垂仁・景行朝頃から始まる。両毛地方の前期古墳の築造状況から見ても、概ねその頃から毛野氏一族の活動が始まると示唆される。吉備の造山古墳は五世紀前半の築造とみられる巨大古墳だが、同時期の築造で吉備から遠く離れた毛野の最大規模の太田天神山古墳（墳丘長約二一〇メートル）と殆ど正確に相似形だと指摘される（安本美典氏）。これら巨大古墳は、応神朝頃に活動した吉備及び毛野の族長の墳墓であった。この年代から推して、太田天神山の被葬者は竹葉瀬かとみられる。出土したのは円筒埴輪Ⅲ式、水鳥埴輪や長持形石棺（津堂城山古墳や大仙陵古墳〔仁徳天皇陵〕が代表例）などであり、石棺は五世紀の畿内の大王墓など古墳時代中期の巨大古墳に採用されるものと変わらないことに留意される。

## 毛野と狗奴国、「東国の大王」との関係

毛野氏集団の祖が四世紀中葉頃、蝦夷征討などの役割を担って畿内から東国の毛野地方に移遷してくるまでは、この地域を広域的に政治的統合をした上古代勢力の痕跡は、考古学的にも見当らない。この辺は両毛地方の前期古墳や石田川式土器などでも見たところである。富岡市の弥生時代後期の大規模な環濠集落跡とされる中高瀬観音山遺跡も、どこまでの政治統合かを示すものではない（紡錘車・土製勾玉・ガラス玉の出土品は古墳時代のものか）。

ましてや、上古の弥生時代に関東全域を支配した政治勢力があって、それが、遠く畿内の政治勢力と対立・抗争したことを証明するものは何もない。「狗奴国＝毛野」説は、語呂合わせにしかすぎない（毛野を「ケノ」と訓む場合には、語呂合わせにもならない）。「東国の王者」でも、「関東の大王」（古田武彦氏の説）でも、ともどもに空想論、誇大妄想以外の何物でもないのだから、こうした紛らわしい表現は避けるべきである。

併せて言えば、遠江を中心とする三遠式銅鐸の分布圏を狗奴国の版図とみる見方（前澤輝政氏など）もあるが、狗奴国と銅鐸とは無理な組合せにすぎず、その論理的根拠をもたないし、銅鐸分布は両毛までは及ばない。ちなみに、銅鐸は三輪氏族などを中心とする前大和原始国家の祭祀具であり、「三遠式」という銅鐸型式は、神武の大和侵攻により畿内から退出した諏訪氏族や武蔵国造族（出雲臣・物部連の同族）などの祖先が信濃・伊豆や東国に行く過程で東海地方に残した遺物とみられる。当該銅鐸の年代が弥生時代後期で、「およそ二世紀（後期）から三世紀（終末期）に及ぶであろう」という前澤氏の見方には、私も基本的に異存はないが（神武の治世時期を西暦一七五～一九四年頃とみるのが私見）、文献的にも考古学的にも、狗奴国が東海地方にあったとはまず考えられない。

下野国都賀郡の式内社大前《おおさき》神社（栃木県栃木市藤岡町大前。祭神が大己貴命）に関し、この所在地は小字で磯城宮というが、古田武彦氏は、埼玉稲荷山古墳出土の鉄剣銘文に見える「斯鬼《シキ》宮」を栃木県の磯城に比定する見解を出した（『関東に大王あり』、一九七九年刊）。しかし、関東の毛野氏が「大王」ではなかった以上、これも無理な比定である。磯城宮の地名は、その起源が何時のことか分からず、大和の磯城や河内の志紀に由来する可能性はもちろんあるが、上記鉄剣銘文に見えるものではなかった。

五世紀中・後葉から七世紀初頭にかけての東国では、継続的に連綿として一族累代の前方後円墳が多数築かれた。毛野の領域でも多くの古墳が築造されており、これら築造は東国における国造制の成立を想起させるが、文献に見られる上毛野・下毛野・武蔵などの大国造国と上総・下総・常陸などの小国造国との差は、古墳分布からは裏付けられない、との指摘が橋本博文氏にある。橋本氏は、太田天神山が畿内ニサンザイ古墳に似た墳形や長持形石棺をもち、和泉式土器という全国的に斉一性のある出土土器などの諸事情から、「ヤマト政権に組み込まれた同盟者」とみるとも記す（『列島の古代史1　古代史の舞台』坂東）。

私見では、下毛野や武蔵を「大国造」と捉えることにも疑問があり、下野の最大規模の古墳が六世紀後半頃の吾妻古墳（墳丘長が約一二八メートル。下都賀郡壬生町）とされるが、これは他の東国諸国造に比べて並のものであり、築造時期も遅い。ともあれ、古墳時代中期ないし後期における毛野の地位や役割を過大に評価することも問題が大きい。

だから、「東国の王者」など、とんでもない誇張となる。古墳の築造年代を的確に把握することは難しいが、茨城県石岡市の舟塚山古墳（茨城国造の族長の墓）が墳丘長一八六メートルあり（全長では二五〇メートルほど）、これと太田天神山（墳丘長二一〇メートル。円筒埴輪Ⅲ式を出土）とを比べると、上野東部の若干の優位に止まる。舟塚山から出た埴輪が円筒埴輪Ⅱ式という評価も川西宏幸氏にあり（「円筒埴輪総論」）、外面調整の技法はⅠ期と共通し、タガの状態やスカシ孔の形・配置ではⅡ期と共通し、焼成ではⅠ期〜Ⅲ期のいずれとも共通するとして、最終判断はⅡ期に認定したいとする。これに拠るとしたとき、舟塚山の築造年代は四世紀後葉に繰り上がり、その場合には太田天神山の前代の墳墓とみられる宝泉茶臼山（別所茶臼山）と舟塚山との対比となって、常陸の勢力のほうがむしろ優位にもなる。舟塚山は太田天神山よりも早い時期の築造とみるのが妥当であろう。

宝泉茶臼山も、ほぼ同時期（四世紀後葉頃）の茨城県常陸太田市の梵天山古墳の規模とほぼ同じほど（久自国造の族長の墓。共に墳丘長一五〇メートル台）で、千葉県富津市の内裏塚古墳（須恵国造の族長の墓か。墳丘長が一四四メートル）や茨城県筑西市（旧・下館市）の芦間山古墳（新治国造の族長の墓。推定墳丘長一四一メートル。底部穿孔土器を出土）を若干上回る程度だから、東国他地域のなかで優位を認めても、東国諸国造の上にある超越性は認めがたい。毛野を中央王権との「同盟者」とみるのも疑問であり、基本的に当時の前方後円墳体制のなかでの近畿大王権の配下とするのが自然であり、大王権からの毛野の独立性を過大評価すべきではない。

上毛野と下毛野とが共に行動したことすら、史料には具体的に見えず、上野国のなかの毛野一族の諸系統でも、古墳の分布と築造規模を見る限り、上野東部が優越的主導的立場にあったとも言えない。むしろ古墳時代前期では、上野西部の古墳のほうが総じて規模が大きく、中期の天神山古墳だけが超巨大で、その築造段階では上野東部が抜きんでたが、それも長くは続かなかった。要は、中央王権を背景としたか否かを問わず、古墳規模から考えて、上毛野地域の一元的統括がなされたことは殆どなかったということである。

これまでの検討を、ここで一応、とりまとめると、皇別と称する毛野氏の実際の出自が大和国磯城地方を根拠とする海神族系統の磯城県主族・三輪氏族（併せて広義の三輪氏族）と同族とみられ、その場合、四世紀の中葉頃に御諸別命をその長として畿内大和での祭祀・文化をもって東国の毛野地方に遷住してきたとみられる。『書紀』『姓氏録』に記す毛野氏関係伝承は、御諸別命以下については基本的にほぼ信頼できそうである。これらは、はじめに提起した諸問題に対する答えでもあり、これで全体的に整合性があると考えられる。

以上、毛野氏の出自等について、種々考察して一応の結論までできたが、さらに以下では別の視点から具体的に考えていくことにする。

# 四　古墳時代の毛野氏族

大和王権が四世紀後半に韓地へ外征をした後には、中国やいわゆる「満鮮地方」の様々な文化・技術に触れ、騎馬風習なとと共に、畿内を中心にこれら文明・習俗を受け入れた。そこで、古墳文化など社会面でも大きな変革が列島内でおこり、古墳時代中期（古墳時代を三区分で見た場合）に入る。この時期の毛野氏一族の活動は、史料にあまり見られないが、それでも中央・地方で若干なりとも動きをしているので、その辺を見ていこう。

## 古墳時代中期の毛野氏一族の動向

古墳時代中期の具体的な時期については、説が種々あるものの、おおむね西暦四世紀の後葉後半頃から約百年とみられる（天皇の区分で言うと、中期の期間は仲哀・応神朝頃～允恭・安康朝頃か）。応神・仁徳両天皇の治世時期はその前半にあたるが、毛野氏一族では、荒田別・巫別の次の世代となる竹葉瀬及び田道の世代が応神・仁徳両朝に活動したと伝える。

大和王権の勢力が韓地ではなばなしく活動したのが、応神天皇と高句麗・好太王の両雄が対峙した西暦三九〇年代前半～四一〇年代初頭の間の十数年ほどだと碑文などから知られる。この時期に竹葉瀬・田道は韓地でおおいに活動したとみられる。五世紀前葉の仁徳朝に入ると、倭は高句麗との戦争をやめ、中国南朝との外交を展開することになり、韓地での軍事活動は少なくなった。そのため、竹葉瀬・田道の次の世代以降では、毛野一族は韓地での活動を殆どしなくなる。蝦夷追討についても、巫別及び田道の活動あたりでほぼ終わりをつげたようであり、この陸奥方面での動きも史料に見られなくなる。

毛野国造家から下野地方を統治する勢力が分岐したのも、仁徳朝とされる。「国造本紀」には、仁徳天皇の御世に豊城命四世孫の奈良別が初めて下毛野国造に任じられたと記される。奈良別の具体的な系譜関係は、ほかでは『姓氏録』に若干の記事がある程度で、なかなか確定しがたいが、竹葉瀬の子とするのが比較的穏当な線とされてきた（この辺は後述）。『姓氏録』では多奇波世君（竹葉瀬）が豊城入彦命の五世孫で（上毛野朝臣、住吉朝臣条）、奈良君（下毛君奈良）が同六世孫（大網公、吉弥侯部条）、と記載される。

下毛野国造設置のときの仁徳朝が五世紀前葉にあたるとして、それからほぼ百余年後の六世紀中葉初頭頃の安閑天皇朝の武蔵国造家の内紛事件まで、上毛野・下毛野の両国造とも史料に動向がまるで見えない。中央では、応神王統内で大王位をめぐり熾烈な抗争も種々続いてあったが、ここでも毛野氏の氏人・一族は姿を見せない。ただ、伝承では、奈良別が下毛野国造として、菟道稚郎子の霊を奉じて赴任した（仁徳に対し大王譲位のため自害と『書紀』に見えるが、『記』では夭折とされ、実態は、仁徳との王位争いに敗れて自ら死んだか、暗殺されたのかもしれない。その「遺骸」を持って奈良別が東国へ来たともいう）、という程度である。

毛野一族諸氏まで範囲を拡げても、五世紀代の中央では、韓地に派遣された族人の後裔と称する人々の帰朝譚やその後裔一族の応神陵をめぐる伝承、オケ・ヲケ両王子の播磨発見に絡む針間鴨国造の娘への妻問い伝承、などが史料に見えるくらいである。

こうした史料記載の乏しい時期でも、両毛地方各地には、規模が多少小さめになるものの、大古墳が営造され続け、毛野氏一族が着実にこの地域に大勢力を貯えていった。

## 「毛野」発祥の地―毛野県と毛野国

上野と下野の境界線は、古くから渡良瀬川あたりとされる。その沿岸部の下野国足利郡・梁田郡（明治中期に両郡統合して足利郡となり、現在は足利市域）には、「毛野」や「県」の地名が残る。「毛野」は、足利市東部の八椚《やつくぬぎ》町あたりの通称地名であり、後者の「県」は足利市西南部の県町で、八椚から渡良瀬川を挟んで西南近隣、渡良瀬川右岸で、その旧流路の矢場川左岸あたりとされる（八椚町と県町のほぼ中間に梁田町が位置）。

もっとも、前者の「毛野」のほうは、明治廿二年（一八八九）四月の町村制施行で、八椚村のほか鵤木《いかるぎ》・常見・山川など合計十村が合併し毛野村が成立した事情があるから、由来は新しいが、仮になんらかの伝承がこの地に永く遺っていてそれに因った名だとしたら、異なる意味ももつ。旧村域には、中期の勧農車塚古墳（同市宮北町。墳丘長約八〇メートルの前方後円墳で、管玉・滑石

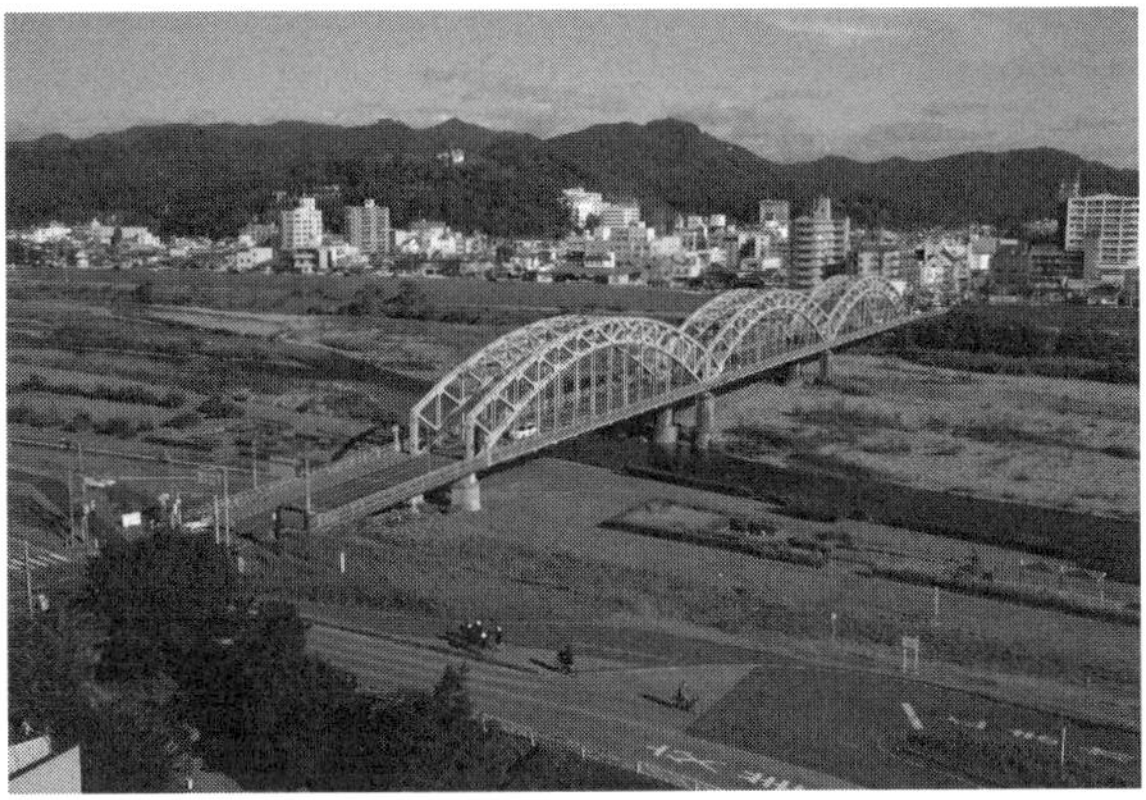

渡良瀬川（栃木県足利市内）

製模造品などを出土も、墳丘は殆ど破壊された状態）、後期の正善寺古墳（常見車塚。足利市常見町。墳丘長約一〇三メートルも半壊で、円筒埴輪V式を出土）、という前方後円墳もあるから、古墳時代でもかなりの勢力が居たことも知られる。

一方、「県」の地名のほうは古くからあった。平安後期以降の下野の豪族に**県氏**（縣氏）が見えており（『奥州後三年記』に先ず見えて、源義家に属し清原家衡を討ち取った縣小次郎次任など）、足利郡八幡村八幡社（足利市八幡町の下野国一社八幡宮（足利荘八幡宮）。県町の西北方近隣）の神主職を代々世襲して県氏館（足利市朝倉町）に長く居住し、また県地区を所領として上県城・下県城にあって治めた。同神主として県因幡が『下野国志』に見える。八幡社の境内社、門田稲荷神社は、江戸中期に創建の織姫神社（足利市西宮町）とともに、平安期以前からの伝統と歴史をもつ足利織物の守り神とされる。

中世の県一族では、貞和四年（一三四八）の四条縄手合戦における高師直の手勢のなかに、県下野守が白旗一揆の旗頭で『太平記』に見える。県氏は、源義家以降源氏に属し、鎌倉期は足利氏の家人で続いた。県の地域は高氏の領地にもなっていて、実質的に身分上位の足利氏執事の高氏に従属していたか。貞治元年（一三六二）十二月二五日付の足利基氏御教書には、これ以前に県下野入道（貞和四年の下野守と同人か）の所領であったが、本領還補の形で高陸奥守師有に与えられ、更に鎌倉の建長寺宝珠庵に寄進されたが、県下野入道は失地回復のため宝珠庵と相論している。

戦国末期には、県氏は足利長尾氏の家臣として後北条氏に属し、在地領主で続いた。「長尾顕長分限帳」には村上村阿形源内七〇貫文と記されるなど、足利長尾氏の所領宛行状や官途状に名が見える。県氏の館跡は上記の足利市朝倉町あたりという。戦国期の金山城主由良氏の配下にも県氏があり、県新次郎や県新左衛門尉が見える（『群馬県姓氏家系大辞典』）。

県町の西北近隣には藤本町の**藤本観音山古墳**もあり、足利市南部の県町・八椚町あたりから太田市東南部の石田川にかけての地域（上野の新田・山田郡から下野の足利郡にかけての地域）が、「毛野」発祥のなかでも中心地かもしれない。この地の「県」（首長の職名は「県造」か）が国造制に先行する毛野の国の前身（仮に「毛野県」という）かと思わせるものがある。関口功一氏は、「毛野県」の存在を認めて、その地点を中心に、一定の領域が上・下の毛野に分割された可能性を考える。足利市の「毛野」「県」を含む「毛野県」が六世紀の緑野屯倉とほぼ同時期頃に置かれたのではないか、とみるが（ともに、著書の『古代上毛野の地勢と信仰』）、それより遥かに古い、毛野開発期の設置とするのが妥当であろう。県町自体にも南部に県天王塚古墳という初期古墳があり、神獣鏡・銅鏃を出土した前方後円墳だが、現在は削平され消滅している。

足利市の「県」町あたりは、下野国簗田郡に属し、そのなかに大宅郷があった。この郷域を、『大日本地名辞書』は「足利市福居町・上渋垂町・島田町・百頭町付近一帯に比定」されるとみており、『日本地理志料』は「足利市福富町・上渋垂町・下渋垂町付近に比定」する。足利市県町は、百頭町のすぐ南に接してあるから、同様に大宅郷域に含まれたのであろう。そうすると、「県、大宅」はともに性格の似通った朝廷の御田ということになる。

太田亮博士は、諸国に散在する屯倉として、下野では緑野屯倉（上野国緑野郡多胡郡大屋郷）と梁田屯倉（下野国梁田郡大屋郷、足利郡田部郷）の二つをあげ、「万葉集梁田郡上丁大田部三成、火長大田部荒耳と云ふが見える」とする（『日本古代氏族制度』）。『栃木県の地名』（平凡社版）でも同様にみて、大宅郷は隣郡足利郡の「田部郷と同様に、屯倉に由来するものではないかと推測される」と記し、近隣に上渋垂古墳群や藤本観音山古墳があり、上渋垂から小曽根町・高松町付近にかけて条里遺構が存在していたとする。

## アガタの設置状況

東国の県や県主は、尾張・美濃・伊勢より東には設置されなかったと多くみられている（新野直吉氏の研究など）。しかし、遠江国浜名郡の英多郷の地名、英多神社などの存在や、信濃国の小県郡や埴科郡英多郷・佐久郡英多神社などの存在は、原初期段階の「アガタ」がこれら東国の地にも少数だが置かれた可能性を示唆する。出自不明だが、長徳四年（九九八）に上野大掾に任じた正六位上県連乙長もいる（『除目大成抄』。ただし、これは尾張国丹羽県君の関係者が任じたものか）。

アガタについてもう少し見ていくと、次のような事情もある。

足利市・太田市東部あたりに原初段階の毛野の「県」があって、それが毛野国に発展したもので、その当初の首長末流が下野居住の県氏だったのかもしれない。梁田郡の名は、豊城入彦命の御子、「八名田王」の居住に由来するという（『角川地名大辞典　栃木県』）。この名は他には管見に入っておらず、出典不明でなんら手がかりがないが、もしこれが実在した場合には、荒田別の近親子弟くらいにあたるものか。

信濃の小県郡には元は国衙がおかれた事情もあり、近隣の埴科・佐久両郡も含めた領域にアガタがあって、崇神朝におかれたと「国造本紀」に言う科野国造の原初段階かとも思わせる。遠江でも西部の浜名郡に英多神社・英多郷（敷智郡三ヶ日、現・浜松市北区三ヶ日の付近か）があって、浜名県主の存在がいわれており（太田亮博士）、氏族伝承もあって、中世以降もこの地域に後裔らしき県・縣・

安形氏の存在が知られる。

実は「国造本紀」を見ても、国造の前身が「県（県主、県造）」と示唆する記事がある。それが、山城国造（橿原朝御世、阿多根命を山代国造と為す）と山背国造（志賀高穴穂朝御世、曽能振命を以て国造と定む）とが並ぶ記事である。これは、同じ山代（山背、山城）のことであり、阿多根命の六世孫が曽能振命という系図もある（『百家系図』巻五五の山背忌寸系図）。要は、成務朝に国造とされた家柄のうち、それより古い時代の設置が伝えられるのは、当初は「県」の首長としての地位だったと解される。だから、毛野国造の前身が景行朝にあったのなら、それは国造ではなく、「県造」（ないしは県主）という名がその当時の組織の命名に合うことになる。出雲でも、県の存在を示唆する県神社が出雲郡に見られる。

東国でも、両毛の渡良瀬川下流域に当初は、毛野県が置かれ、それが成務朝の国造・県主制度の全国普及にあたって版図を拡大し「毛野国造」となり、更に仁徳朝に上毛野国造・下毛野国造に分割されたとみるわけである。「毛野国造」が統治した毛野国の存在を認めるかどうかの問題があるが、先駆者の尾崎喜左雄氏は、上毛野国・下毛野国両国のもとになった毛野という国がなかったとはいえないとして、「毛野国」の存在を推測した。前澤輝政氏や松島栄治氏もその存在を肯定し、版図を考えた。これらを受けて、金井塚良一氏もほぼ同様に「毛野国」の存在を推定したが、前期古墳の分布等を考慮して、「渡良瀬川下流域の政治集団」「矢場川政権」という表示をする（「東国の覇者「毛野国」と大王」）。

古代の氏姓国造について、例えば吉備は元の大吉備国が分割されて上道・下道などいくつかの国造に分かれたとみられ、東国でも元の海上国造が分割され上海上国造・下海上国造などになったとみられるから、同様に「毛野国」の存在を肯定したほうが自然である。

## ミワ神社とカモ神社

ここまで見てきた「毛野県」が両毛地方のほぼ中心部に位置したことになるが、主に利根川と渡良瀬川の流域には、「ミワ神社、カモ神社、ナガラ神社、雷電神社」という名の神社が集中する。

このことは、ふるくは尾崎喜左雄氏が指摘し、最近では関口功一氏が取り上げる。これに加え、倭文神社も上野にあることを考えると、奈良県南西部の葛城地方あたりに居た特定の氏族集団が移植した「外来の神」が、古来の毛野枢要部に主要神として鎮座する。これに留意すれば、この意味でも、毛野は在地に発生の氏族ではなかった。

ここまでに「ミワ神社」とそれに関連する三輪氏族関係の神々を見てきたが、「カモ神社」の存在も無視できない。新田郡はもとは山田郡と一体だった可能性があるせいか、延喜式内社が一社もないが、山田郡にはそれが二社だけあって、賀茂神社と美和神社である。この二社ともに、現在の桐生市域にある（各々、渡良瀬川右岸の広沢町と左岸の宮本町に鎮座）。

賀茂神社は、『上野国神名帳』に「従一位賀茂大明神」と見えており、いまの祭神は別雷神とされ、宇迦之御魂神（保食神）など二十神を合祀するという。全国でも、京都の上賀茂・下鴨

利根川（群馬・埼玉県境に架かる刀水橋より）

両社のように、カモ神といえば、祖神の鴨健角身命か別雷神を祀るのが殆どであるが、東国では鴨氏族の分布があまりないから、これらの祭神には奇異感もある。

そこで、検討してみると、常陸国新治郡の式内社に「鴨大神御子神主玉神社」（茨城県桜川市加茂部）があって、いま「主玉神、大田田根子命、別雷神」を祀るが、この祠官家が磯部氏と伝わる。磯部は毛野同族に見え、新治郡には矢田部造・車持君等も分布したから、この長い名前の古社も毛野氏族関係者の奉斎にかかるものかとみられる。その場合、「鴨大神（あるいは主玉神）」とは三輪氏族の祖・味耜高彦根命を指すとみられる。同神は出雲の大国主神（大穴持命）の父神で、奈良県葛城地方の御所《ごせ》市鴨神の高鴨神社に祭祀されており、「葛城迦毛《かも》大神」とも表記される。その御子神たる「主玉神」とは、櫛甕玉命とか玉櫛彦命の別名をもつ大物主神（事代主神）のこととみられ、これが三輪氏族の祖であった。

関連して言えば、毛野氏族には播磨の針間鴨国造があり、上毛野賀茂公という姓氏がある。後者は、『類聚国史』（『日本後紀』逸文）に見えて、天長三年（八二六）正月に外正五位下の叙位を受けた外従五位下遠田臣人綱・上毛野賀茂公宗継がいる。これらの居住地は不記載だが、他の叙位例から推して陸奥国遠田郡かその近隣とみられる。

新治郡の他の式内社には佐志能《さしの》神社（茨城県石岡市染谷。国史見在社「常陸国村上神」の論社か）もあり、豊城入彦命・高龗神を祀るが、同社は荒田別命の子孫の佐白公が新治国造（この職名は疑問）に任ぜられて祖神を鎮斎したと伝える。佐白公も不明だが、『姓氏録』和泉皇別に毛野一族で見える「佐代公」氏と関係があるか。同名の佐志能神社が笠間市笠間にもあり、建長年間に宇都宮氏一族、笠間氏初代の藤原時朝（宇都宮成綱の孫）が笠間城築城により祠を下市毛に遷し祀ったという。

毛野氏族の発祥の地か近隣にあたる桐生市及び太田市の辺りには、賀茂神社が多くある。関口功一氏は合計で九社（桐生市の①広沢町、②境野町、③④相生町〔二社〕、太田市の⑤竜舞町、⑥台ノ郷、⑦丸山町、及び足利市の⑧小俣町など）をあげて、葛木一言主神（鴨健角身命で、実体が少彦名神のこと）を祀るとみる。しかし、両毛の賀茂神社の祭神としては、海神族系の「葛城迦毛《かも》大神」こと味鉏高彦根命とするのが妥当である。豊城入彦命の勧請伝承はもちろん疑問だが、桐生の賀茂神社は毛野氏族の勧請・奉斎にかかることはたしかであろう。

こう考えてこそ、山田郡式内二社の祭神が三輪氏族や毛野氏族の祖神ということになる。

## 両毛地方の中期古墳以降の動向

ここでは、中期古墳を中心に両毛地方の古墳の動向を見ていこう。

前期古墳については、先に触れたが、四世紀後葉ごろには上野西部に高崎市南部の倉賀野浅間山古墳（墳丘長一七二㍍。佐紀陵山古墳に相似形）、同東部に太田市の宝泉茶臼山古墳（別所茶臼山。同一六五㍍。円筒埴輪のⅡ式・Ⅲ式が出土）が築造される。両墳とも明瞭な二重周濠を備え、定型化した円筒埴輪の樹立など、推定される築造時期はほぼ同じ頃とされる（白石太一郎氏『古墳とヤマト政権』も、両墳ほぼ同じ頃で四世紀後葉とする）。両墳は前期古墳の後期から中期古墳への境目頃の築造になるのであろう。

規模が大きい倉賀野浅間山のほうからいうと、前橋天神山と規模こそ違え相似形であって、古墳構築の技術的系譜は同一で、前橋天神山から浅間山に引き継がれた、と梅沢重昭氏はみる。この首長は、支配地域を前橋・倉賀野台地全域に拡大し、毛野の盟主的首長に成長したとする（「毛野国の形成と前方後円墳」)。しかし、上野東部の考古事情を考えると、あくまでも「西毛野」の範囲に勢力圏がとどまるとしたほうがよい。

一方、上野東部の太田市あたりに初期段階の上毛野本宗家が在ったとしたら、宝泉茶臼山の被葬者が荒田別命の可能性がある。その先代で毛野初代の御諸別命に相応しい墳墓は、諸伝様々にあるものの定めがたい（石田川式土器に着目して分布中心地に近い朝子塚古墳かということも考えられるが、規模的にふさわしいとは言いがたい）。種々検討すると、周溝まで含める総長では二一〇メートル超にもなって、この規模では前橋八幡山をも凌ぐ藤本観音山のほうが魅力的であり、その周溝部分から石田川式土器も出て、地域的・年代的にもつながる。

これらに続いて、中期古墳の時代になると、東日本最大の**太田天神山古墳**（太田市。墳丘長二一〇メートルで全国第二六位の規模）が築かれる。このほぼ同じ頃、五世紀前半の築造とみられる吉備の造山古墳は全国第四位の巨大古墳（墳丘長三五〇メートル）だが、吉備から遠く離れた毛野の最大規模の太田天神山古墳と殆ど正確に相似形だとの指摘がある（安本美典氏）。これら巨大古墳は、応神朝頃に活動した吉備及び毛野の族長の墳墓であった。太田天神山は奈良市のコナベ古墳（墳丘長二〇四メートル）と相似形とされ、コナベはその名が示す小《お》甂《なべ》媛（袁那弁郎女。応神天皇の后妃）が被葬者とみられるから、これも応神朝頃の築造を傍証する。

二重の盾形周濠を備える太田天神山古墳は、前述したが、円筒埴輪Ⅲ式や**長持形石棺**の出土でも知られ、被葬者は毛野氏の族長（竹葉瀬あたりか）とみられる。露出した長持形石棺の底石や水鳥埴輪などは、五世紀の畿内の巨大古墳に採用されるものと変わらず、こうした古墳文化の類似性などから見ても、毛野の中央王権からの独立性について過大評価すべきではない。これに肉薄するような規模の古墳が同時期の東国にはないから、関東の広域的統合に大和王権がお墨付きを与えたとみてよく、「大王の石棺」と呼ばれる畿内の長持形石棺とそっくりの石棺の存在も、これを裏付けると指摘される（『列島の考古学　古墳時代』の右島和夫・千賀久氏）。

太田天神山の東側近隣には、帆立貝形の女体山古墳（墳丘長一〇六メートルで、同型としては全国三位、関東では最大の規模）もある。天神山に近接して築造され、設計企画も同一で（主軸方向が同じで、その間隔・スケールに二五晋尺の使用もあり、ほぼ同時の設計になると『太田市史』に記述される）、両墳は密接な関係とみられるから、被葬者は太田天神山（男体山古墳）の妻にあたるか。帆立貝形古墳や円墳は、被葬者が女性という傾向があるようである。

これらの少し後に、佐位郡の御富士山《おふじやま》古墳（伊勢崎市安堀町。墳丘長一二五メートルで、総長が一九二メートルという。変形珠文鏡等を出土）も中期古墳にあって、長持形石棺が使用される。同形の石棺は東国では、確認されるのはこの二例のみ（類似例が房総に二例）であり、畿内から来た工人が制作に関与したものか。御富士山は五世紀中頃の築造と見られており、長持形石棺などの事情から太田天神山の後継者の墓だとしたら、規模の大幅縮小には下毛野国造分離の影響もあったか。ともあれ、毛野ではその後は大古墳は続かず、後期古墳では赤城山南麓の勢多郡のほうに前二子古墳などの築造が見られる。

さらに、六世紀代の王山古墳・総社二子山古墳と墳丘長九〇メートルの前方後円墳が続き、七世紀に入っても、愛宕山古墳・宝塔山古墳・蛇穴山古墳など終末期の大型方墳が築かれ続けたのが総社古墳群（前橋市総社町域）である。

このあたりに上毛野氏の後期の本拠地を求める説もある。この地には白鳳期の大規模寺院たる山王廃寺（放光寺）があり、これとの関係性が指摘されるほか、後世には上野国府が設置された。この総社古墳群を指標として、「中央政権を背景とした上毛野地域の一元的統括が顕在化するのは七世紀前半からとみなされる」とする前沢和之氏の見解（「豊城入彦命系譜と上毛野地域」）もあるが、これには疑問が大きい。そもそも上毛野地域に一元的統括があったのだろうか。そして、対比的に上野の東部・西部で共に巨大古墳が築かれた四・五世紀代をどのように考えるのかという問題もある。

一方、上州の西側の中期古墳を見ると、倉賀野浅間山古墳の後では緑野・碓氷郡のほうに地域が移る。白石稲荷山古墳（墳丘長約一七〇メートル）、上並榎《かみなみえ》稲荷山古墳（同一二一メートル）と、まだ大古墳が続く。

宝塔山古墳（前橋市総社町の総社古墳群）

山王廃寺跡（前橋市総社町）

白石稲荷山は、二基（竪穴式礫郭）のうち、内行花文鏡や刀剣類などを副葬する東棺が主体であろうが、西棺は滑石製の模造品・勾玉などの玉類や短甲形埴輪の出土があり、その妻が被葬者だったか。この古墳が太田天神山とほぼ同期で五世紀前葉の築造とされる（白石太一郎氏『古墳とヤマト政権』では、白石稲荷山が五世紀初頭、太田天神山が五世紀前半と記される）。そうだとしたら、上州東部の毛野本宗が特別に抜きんでて上野全体を掌握・統治していたとは言い難い。

しかも、後期古墳では、六世紀前半の緑野郡の七輿山《ななこしやま》古墳（同約一四六メートルで、継体朝頃では東国最大級。藤岡市上落合にあり、白石稲荷山の北側に位置。朝顔形埴輪V式、挂甲武人埴輪等を出土）につながるから、後期でも依然として上州西部は大きな勢力を保持した。同墳は緑野屯倉に関係する墳墓という可能性が指摘されるが、疑問も残る（築造の時期がすこし早い）。

七輿山古墳（群馬県藤岡市上落合）

古墳時代後期には、群馬郡の保渡田《ほどた》古墳群（高崎市域。二子山古墳が最大で、墳丘長一〇八メートル）の形成もあった。同古墳群には豊富な各種半島系金属製品や馬具などが副葬されており、多くの動物埴輪など形象埴輪が知られる。その南東一キロほどに位置する三ツ寺I遺跡は、同古墳群の被葬者の

保渡田古墳群（かみつけの里公園）内の復元・八幡塚古墳。背後に榛名山（群馬県高崎市）

居館である可能性が大きい。同古墳群などを含む榛名山の東麓から東南麓あたりでは、渡来系の人々が関わった可能性のある各種遺物が目立つ。この地域で古代に盛んであった馬産も、古墳築造氏族が関係したものか。ちなみに、古代の上野は信濃と並んで馬産が盛んで官牧が多く、「上野九牧」と呼ばれたが、「群馬」の地名はクルマ（←車持）ばかりでなく、むしろ五世紀頃からの馬産のほうに関係したものか。

　最近発掘された渋川市の金井東裏遺跡は、榛名山の東北麓で吾妻川西岸にあるが、火砕流堆積の下の遺跡から甲冑（小札甲《こざねよろい》という小鉄板を重ねたもので、乗馬に適する）をつけた武人と家族の遺骸が出土し、付近の金井下新田《しもしんでん》遺跡からは子馬二体分や別の馬骨も出た。武人の骨の分析からは、馬産地として著名な信州伊那谷付近からの移住（ないし交流か）もうかがわれる。これら遺跡は、六世紀初頭頃の榛名山の噴火に因るとみられる。

　さて、群馬県内では、墳丘長が八〇メートルを超す大型古墳が四五基、調査漏れや埋没古墳を含めると総数では一万基超もの古墳が築かれたとみられる（『群馬県の地名』総論など）。古墳時代の主な勢力には畿内のほか毛野、尾張・美濃、丹後、吉備、出雲、筑紫、日向が挙げられるが、墳丘長二百メートル以上の巨大古墳が築かれたのは畿内、吉備、毛野のみである。

五世紀中・後葉から七世紀初頭にかけての時期、東国では、各地で継続的に連綿と前方後円墳が多数築かれた。毛野関係では、上野西部の井野川流域や総社古墳群、太田市の東矢島古墳群、藤岡市の白石古墳群などが代表的である。こうした安定的な中規模前方後円墳の一定墓域の築造は国造制の成立を想起させるといわれるが、古墳時代後期の上野国では、他の国々と異なり、いくつかの勢力・系統の並立がある。ともあれ、文献に見られる上毛野・下毛野・武蔵などの大国造国と上総・下総・常陸などの小国造国との差は、古墳分布からは裏付けられない、と橋本博文氏が指摘する（『列島の古代史1　古代史の舞台』坂東）。

両毛地方では、中期古墳以降に上野国と下野国（除、那須郡）に巨大古墳の二系統が見られたが、早くも前期古墳の時期から、中心の上野国では東部・西部各々に巨大古墳の二系統での築造が見られた。

## 下毛野国造初祖・奈良別の位置づけ

仁徳天皇朝における下毛野国造の分置については、先に触れたが、これ以降の動向は、七世紀後葉の下毛野朝臣古麻呂の登場まで、史料にはまるで見られない（『書紀』持統三年〔六八九〕十月条に直広肆下毛野朝臣子麿と初出）。豊城命四世孫の奈良別が初めて国造に任じられたと「国造本紀」に記されるだけである。渡良瀬川の低地周辺の状況を踏まえると、難波高津朝に元の毛野国を上下に分かつとの当該本紀の記事は、何らかの歴史的事実を踏まえているようにも思われてくる、と関口功一氏も記される（『古代上毛野の地勢と信仰』）。

**奈良別**の具体的な親族関係は、史料からは確かめることができない。それでも、本宗上毛野君氏の竹葉瀬に近い一族、具体的には子か弟、甥とするのが割合、穏当そうである。私も当初はそのように思っていた。仁徳朝の国造設置の場合は、『姓氏録』の記事と同様に、子（の世代）とみる説がありうる（その場合の系譜は、国造本紀の「四世孫」の世代数では、例えば「豊城命―御諸別―荒田別―□□（竹葉瀬などか）―奈良別」か。『姓氏録』の六世孫と数える場合には、これに「八綱田―彦狭島」の二代が御諸別の前に入る）。奈良別の妻は、韓矢田部造の祖・現古命の娘の若多気姫とも一の系図に伝える。

その一方、次項で記す関係古墳の築造年代などを考えると、『皇胤志』などに記される竹葉瀬の弟という所伝も、なかなか捨てがたいし（その場合は、御諸別の父に彦狭島をおく形で世代計算をするものか）、太田亮博士や福田三男氏がいう田道の子という見方も考慮できそうでもある。なお、太田博士の『姓氏家系大辞典』シモツケ条には御諸別王の子に奈良別がおかれるが、これは「国造本紀」の記事にとらわれたものかも知れず、活動世代から見たら妥当ではない。むしろ、『姓氏録』の「六世孫」という位置づけを重視すべきである。実のところ、本稿にとりかかる前は、竹葉瀬の子弟くらいの近親の線しか考えなかったのだが、これを見直す必要も感じてきた。そこで調べてみると、意外なことに、奈良別の父について言及する史料が殆どない。そこで、改めて総合的に考えてみる。

先にも見たように、『姓氏録』の記事では、多奇波世君（竹葉瀬）の次世代が奈良君ということであり、この両者が親子として直接につながるかの問題である。中田憲信編の『諸系譜』十二所収の「上毛野君系図」は、竹葉瀬命から始まるが、その子に奈良別が掲載されない事情もある。そのため、次ぎにいくつかの点を具体的に考えてみよう。

①**大網公**は、『姓氏録』左京皇別では、「豊城入彦命六世孫の下毛君奈良」の弟に「真若君」がいて、

それが祖だと記される（真若君の父は記されない）。「大網公」（おおよさみ）とは、摂津の住吉郡大羅《よさみ》郷（依羅・依網の地）に起こる毛野同族とみられ、氏人は、『続紀』宝亀九年（七七八）十二月条に正六位上大網公広道が送高麗客使と見えており、広道はその後に外従五位下、主計助にもなった。もとは、上毛野君大河や田辺史・池原君など毛野同族を称する人々と共に、経典の校勘にもあたったことが知られる。次いで、弘仁六年（八一五）正月には无位大網公嶋刀自が見えて、他の女官と共に外従五位下に叙せられた（『日本後紀』）。このほか、写経関係や舎人でも姓表記のない大網が数人見えるが、三輪氏族系の大網との分別が困難である。

下野の地名では河内郡大網村（現・宇都宮市域）があるが、大網公は摂津・河内のヨサミの一連の地域（摂津国住吉郡大羅郷・河内国丹比郡依羅郷）にも居住した姓氏とみられる。また、先祖の「真若君」が佐伯有清氏の指摘のように、右京皇別の垂水公条に見える「豊城入彦命四世孫、賀表乃真稚命」と同人だとしたら（『皇胤志』も同じく、賀表乃真稚王を奈良別の弟に置く）、下毛野君の一族は摂津でかなりの拡がりを見せる。

②奈良別自体も、もとは畿内で菟道稚郎子皇子に近侍し、その霊（遺骸）を携えて下野に遷ったと伝える。菟道稚郎子の同母妹の八田皇女（矢田皇女）の御名代が矢田部であり、毛野同族にも韓矢田部造・君があって、矢田部の分布が両毛・常総に多く見える。奈良別の子も、履中の御名代・壬生部の管掌をして壬生部君姓を負った。

③どこまで信頼できるかは不明だが、奈良別の妻が車持君・韓矢田部造等の祖の現古命の娘だと一部系図に見え、車持・矢田部系統と深い所縁がありそうである。

④下野南部には、足利郡赤見駒場郷に足利氏家人として倉持氏や、寒川郡の式内社・胸形神社の

論社の一つ、網戸神社の神職として小山氏家人の久楽持《くらもち》氏がおり（上述）、これらは車持君末流とみられる。赤見村（現・佐野市赤見町）には鎮守の沼鉾神社があり、抜鉾神社（貫前神社）に通じる。網戸神社は奈良別が国造で赴任の時に創祀したとの伝承をもつ野木神社の近隣にある。足利郡に近隣する上野国山田郡（太田市域）には辛矢田部君に通じる矢田堀の地名もあり、下野東部につながる常陸西部には、辛矢田部君・車持君一族の分布も多い。上総国長柄郡にも車持郷があった（『和名抄』）。

これら諸事情を総合的に考えると、「奈良別」が「竹葉瀬の甥」と位置づけるとした場合は、竹葉瀬の弟の現古命（辛矢田部君の祖）の子とするのが妥当そうであるが、これにも引っかかりがある。これは、竹葉瀬の弟とされる田道の子だとみる福田氏の見解に近いのかもしれないが、田道のほうは後年に陸奥で活動したという点からは、やや肯けない。奈良別の父がこれまで知られる史料には見えないとするのも不自然で、本書では一応、竹葉瀬の子の位置においておく。鈴木真年が『史略名称訓義』で、竹葉瀬を「上毛野君下毛野君祖」、田道を「止美首村挙首祖」と註する事情もある（現存史料からは、奈良別の父が現古命の可能性もある。とくに大網公に関連する我孫子について、大野我孫という姓氏が宝亀四年の正倉院文書に見え、下毛野君と珍努県主との近縁性も窺われ、これは、現古の女婿が奈良別という縁由からか）。

このように考えると、五世紀初頭頃の築造かもしれない都賀郡の前方後方墳、大桝塚古墳が「奈良別の父」の墳墓の可能性もあって、この世代のころに下毛野分岐の兆しが生じ、その次の奈良別のときに朝廷から下毛野国造に任じられて下野国の大半を押さえ、河内郡に笹塚古墳（宇都宮市南部の田川流域左岸にあり、全長百メートル）を築造したことにもなろう。

## 田道の位置づけの再考

蝦夷方面で活躍した田道の位置づけについては、まだ気になるので検討を続ける。

下毛野国造一族が、浮田国造の領域たる陸奥国行方郡において下毛野公氏として存在が知られ、下毛野朝臣姓を賜った例がある。また、吉弥侯姓から下毛野朝臣姓や下毛野公姓を賜った例もある。前者の例としては、神護景雲三年（七六九）四月に陸奥国行方郡人の外正七位下下毛野公田主等四人が下毛野朝臣の賜姓をうけた。

後者の例としては、『続日本紀』に、

①天平神護元年（七六四）三月、外従五位下吉弥侯根麻呂等四人に下毛野公を賜姓。根麻呂は、後の宝亀五年（七七四）三月には外従五位下下毛野朝臣根麻呂と見えて出羽介に任じ、更に同年四月には下野介に任じた。

②延暦二年（七八三）三月、従五位下吉弥侯横刀《たち》及び正八位下吉弥侯夜須麻呂が下毛野朝臣を賜姓。外正八位上吉弥侯間人及び同姓総麻呂が並んで下毛野公を賜姓。下毛野朝臣横刀は、先に宝亀十年（七七九）に外従五位下に叙され、延暦二年（七八三）二月には従五位下で上野介に任じ、翌三月の賜姓では同族を上回る朝臣賜姓となった。

これら一族は、『皇胤志』の下毛野氏の系図にも見える。具体的には、子麻呂（古麻呂）の三代祖先（曾祖父）の加気君の弟、梶山は金箸《かなはし》宮朝（安閑天皇朝）に御子代となり君子代部を定め、三宅を下毛野国河内郡に造ったとあり、その孫の乙峯が陸奥国行方郡に居し、乙峯の兄の牛の子に伊賀麻呂・枝足兄弟をあげ、伊賀麻呂の曾孫が芳賀郡少領の根麻呂であり、弟の枝足の五世孫が横刀・夜須麻呂兄弟であって、同じく五世孫で横刀兄弟の再従兄弟にあたるのが間人・継麻呂（系図ではこの表記）の兄弟だと記される。

併せて、この系図によると、根麻呂の子に従五位下芳賀郡少領の豊継があげられるが、『類聚国史』巻五十四の節婦の項には、弘仁十四年（八二三）三月甲戌条に、下野国芳賀郡少領下野公豊継の妻の吉弥侯部道足女が夫の死後に節婦として賞され、少初位上の官位に叙せられ、終身田租を免じられたと見える。

こうして見ると、田道が、浮田国造とも下毛野君とも関係しそうである。あるいは、竹葉瀬の弟である田道が、下野国造の初代の父的な位置づけをもつとともに、浮田国造の跡も巫別から受け継いだものだったか。いろいろ考えても、この辺の見極めがつきにくい。

## 下毛野国造の関係古墳

那須地方を除く下野の古墳を見ると、前期古墳では、河内郡の田川流域にバチ形前方部をもつ中小古墳（墳丘長約五〇メートルの三王山南塚二号墳）など前方後方墳が数基あるものの、ほぼ同様な中小の規模での古墳築造がしばらく続いた。

五世紀中葉頃になって、**笹塚古墳**（宇都宮市東谷《とうや》町）が田川東岸の低湿地に突如、現れる。三段築成の墳丘長が百メートルで盾形の二重周溝をもち（総長で二百メートルほど）、円筒埴輪・朝顔形埴輪Ⅳ式を出す大古墳である。近くには、後続して築造の円墳・鶴舞塚古墳（径約五三メートルも、削平され消滅）などを随伴しており、下野の古墳規模の推移から見て支配領域の拡大が窺われ、これが下毛野国造の初代奈良別の墳墓かとみられている（福田三男氏『下毛野一族の興亡』）。仮に、これが築造年代などの事情から国造二代目ほどの者の墳墓としても、仁徳朝に下野国に国造設置という所伝は、ほぼ信頼してよかろう。

気になるのは、下野国の大勢力は初めは下野南部のほう、都賀郡あたりにあった可能性である。藤岡（現・栃木市域）の地の大前神社（祭神が大己貴命）や**山王寺大桝塚古墳**（前出。栃木市藤岡町蛭沼）にも留意される。藤岡の北方の惣社（同市域）の大神神社（都賀郡式内の大神社。下野国総社）は、倭大物主櫛瓶玉命（三輪神）を祀る。

大桝塚古墳の墳形が前方後方墳といい（しかし、後部は大きく削減で半壊し、後円墳かともいう）、四神像鏡や鉄刀剣、銅鏃・鉄鏃などを出土するのも、築造年代が四世紀末頃（ないし五世紀初頭）かと思わせる面があり、これなら築造が少し早いか。前方後方墳では、宇都宮市南部の茂原地区、田川流域右岸に大日塚・愛宕塚・権現山（全長が三〇～六〇メートル台）の諸古墳で現れ、西方近隣の文珠山古墳（方墳。削平）から三角縁神獣鏡片・銅鏃も出た。

藤岡の大桝塚古墳の南方近隣に鎮座するのが、寒川郡の大領惣社という野木神社（祭神は菟道稚郎子）であることも気になる。同社は寒川郡努宜《のぎ》郷（のち野木邑）にあるが、これと関係しそうな濃宜《のぎ》公という姓氏が六国史に見え、下毛野国造一族の出か。すなわち、神護景雲元年（七六七）二月に問者大学少允従六位上濃宜公水通が見え、外従五位下に昇叙、翌年に信濃介に任じた（『続紀』）。この族裔が野木神社祠官の野木氏か（『尊卑分脈』に秀郷流下河辺一族の野木氏も見える）。野木氏は後に海老沼氏となり（十五世紀中葉に神官野木常友が討死し、一時社領が没収）、江戸時代は海老沼氏と壬生朝臣姓の熊倉氏とが祠官をつとめた。

大前の小字には国造の地名が残り、古墳時代中期の国造遺跡があって、土師器・須恵器が出た。北方近隣の藤岡町太田という大字には、ほぼ同時期の上坪遺跡もある。

古代の地方の大古墳には、被葬者の妻などの近親女性の墳墓として円墳や帆立貝形古墳を近隣に伴う傾向がある。大桝塚古墳については、東方近隣で巴波《うずま》川向こうの小山市の中里・寒川地区に、毘沙門山古墳（もとは推定墳丘長約四一メートルの帆立貝形古墳）や鶴巻山（円墳）・茶臼塚・三味線塚などの古墳が点在して寒川古墳群を形成していた。これら大半は圃場整備などで墳丘削減や消滅に近い状態となっている。中里には、野木神社を総社とする中里神社があり、旧寒川郡七郷巡りの神社の一つで、菟道稚郎子を祀る。なお、寒川郡では式内社の阿房神社（旧郷社。栃木県小山市粟宮）も祭神を天太玉命・菟道稚郎子としており、俵藤太の戦勝祈願文を社宝とするが、当社の北二キロに子孫の小山氏の城跡がある。

話を元に戻して、笹塚古墳に続くのが北西に五キロほどの塚山古墳（墳丘長九八メートル）や塚山西古墳（同六三メートル、帆立貝形）であり、その後は、この地域にめぼしい古墳はなくなる。

六世紀代の後期古墳になると、下野南部で小山市北部あたりの思川・姿川流域の台地に大古墳が続く。摩利支天塚古墳（同約一二〇メートル。周溝まで含める総長では二百メートル弱）、琵琶

吾妻古墳（栃木市）

塚古墳（同一二四メートル）、吾妻古墳（同約一二八メートルで、下野で最大級。円筒埴輪V式）などである。

吾妻古墳や壬生車塚古墳などには、「**下野型古墳**」と呼ばれる特徴がある（墳丘第一段目が低平で幅広の基壇部をなし、石室が後円部ではなく前方部にあって、石室に大型の凝灰岩切石を使用）。この特徴は、同じ祖先祭祀で結ばれた下毛野君に関係すると指摘される（岩崎卓也・森田久男氏の記事、『小山市史　通史編1』）。上記三大古墳はほぼ墳丘長が一二〇メートル台で周囲と隔絶する規模だが、それら以下では、下野市の甲塚古墳（帆立貝形。墳丘長が八〇メートルで機織形埴輪の出土で著名）や国分寺愛宕塚古墳などがある。これらは、栃木県の小山市北部・壬生町南部・栃木市東部のあたりにある。下野初期段階の笹塚・塚山古墳とは、地域がかなり離れるから、築造者の関係は不明も、古墳の規模から見て下毛野国造一族の墳墓としてよい。

下毛野氏の氏寺としては、下毛野古麻呂が創建に関わって、七世紀後半に創建されたのが下野薬師寺である。八世紀前半には官寺に列し、東国授戒儀の中心となっており、戒壇は当寺のほかに奈良の東大寺と筑紫の観世音寺にしかなく、「本朝三戒壇」と総称された。道鏡がその造寺別当として左遷されたことでも有名である。その跡が下野市薬師寺の地（もと河内郡南河内町）にあって、国

下野薬師寺跡（栃木県下野市）

指定遺跡となっている。

## 下毛野国造の一族―壬生君と大野君など

奈良別以降の下毛野氏の歴代は、系図に一部見えるものの、全体像が不明である。そのなかで六世紀前葉までに壬生君、大野君という有力支族諸氏を分岐しており、これら諸氏に伝わる系図から次の諸事情が知られる。

**壬生君氏**は、奈良別君の子の八米乃君が負ったもので、五世紀前葉、難波朝七年の秋八月に大兄去来穂別《いざほわけ》皇子（後の履中天皇）のために壬生部を定め、その部を管掌したことに因る姓氏である。子孫は下野の都賀郡に居住し、同郡の郡領を出したが、奈良時代になって支族に上野国甘楽郡の郡領となる者を出し、この系統から出た群馬郡人の石道は、貞観十二年（八七〇）に壬生朝臣姓を賜った。その後裔は甘楽郡に繁衍して熊倉、佐野、高尾などの諸氏を出した。都賀郡の壬生公本宗からは、貞観六年（八六四）に寂した天台座主円仁（慈覚大師）を出し、族裔は長く同郡にあって宇都宮氏の有力家臣の壬生氏となった。

この一族は、思川流域に営まれた全国でも最大級の円墳、壬生車塚古墳（栃木県下都賀郡壬生町壬生甲）などを築造したものか。同墳は三段築成で直径八二メートルの円墳であり、周辺の牛塚（全長六〇メートル）、愛宕塚（同七七メートル）に後続して最後に築造されたと推定され、石室の構築方法・規模などから終末期古墳で七世紀前半代の築造と位置付けられる（大塚等編『日本古墳大辞典』など）。愛宕塚のほうは六世紀後半に造られたとみられ、最近の発掘調査などで二重の周溝を備えたことが確認されており、周堤上からは円筒埴輪や、盾持ち人（複数）などの人物、馬の形の形象埴輪が出た。

**大野君氏**のほうは、『姓氏録』には大荒田別命の後と記されるのみだが、継体・欽明朝頃の下毛野君尼古太君の子の若子君が、那須郡大野邑の居住に因み起こる、と系図に伝える（上野国山田郡にも大野郷があるが、下毛野一族なら系図の「那須郡」が妥当か。『和名抄』掲載の那須郡大野郷の位置は不明で、『栃木県の地名』は具体的な地域比定が困難とするも、那珂川町の三輪の北方地域か那珂川対岸の小口あたりか）。越前国大野郡説もあるが、この地での居住も知られず、無理か（太田亮博士は山城国愛宕郡大野郷が大野君関係地かとみるが、これも裏付けがない）。

この氏が現れるのは大野君果安からで、壬申の乱には近江朝廷の将となり、乃楽山《ならやま》で大伴連吹負を破ったが、敵が多いと見てそれ以上の追撃をせずに撤退し、後に赦されて、天武天皇・持統天皇に仕えた。飛鳥朝廷では糺職《ただすつかさ》大夫直広肆となり（『続紀』）、天武十三年（六八四）には大野朝臣を賜姓した。

その子の**大野朝臣東人**は長期にわたる陸奥出羽の経営が認められ、立身して参議、鎮守府将軍などを歴任し、天平十四年（七四二）の死去時には参議従三位であった。戦死した上毛野朝臣広人に代って陸奥按察使を引き継ぎ、事態の収拾につとめている。蝦夷開拓の根拠として多賀柵を築き、多賀から奥羽山脈を越えて出羽男勝を攻略し、出羽柵への新道を完成させたが、このときに協力したのが出羽守田辺史難波で、後に上毛野君を賜姓した。東人は、藤原広嗣の乱では広嗣兄弟を斬る軍功があって、これにより従四位上から三階昇進して従三位に叙せられた。この位階は、これまでの毛野氏族のなかで最高位である（その後でも、娘とされる仲仟《なかち》［後述］及び上毛野朝臣滋子の女性二人が正三位）。

東人の子の横刀（鎮守判官で産金に有功）・広立は各々従五位上、従五位下に叙したくらいだが、一族からは、恵美押勝の乱に軍功があった真本や、伊治城造営に功あり従五位上左大舎人頭に任じた石本も出た。仲仟（仲智）は左大臣藤原永手の妻で後宮の尚侍兼尚蔵として正三位まで昇進した。その天応元年（七八一）の薨伝には従三位東人の女とあるが、年齢的には系図に見えるように広立の娘とするのが妥当かもしれない。

子孫は平安時代中期頃まで官人として続いたが、九世紀前半に左・右近衛中将となる真雄・真鷹親子も出て武門の色彩をもちつづけ、大野朝臣真鷹は鷹・犬を好んだ。従四位下真鷹の妹・鷹子は淳和天皇妃として寛子内親王を生み、真鷹の孫で石見守従五位下鷹取の女子は清和天皇の宮人として源長淵を生んだ。鷹取の男・安雄は、石見掾正六位上のとき犯罪人となって追捕され（『三代実録』仁和二年、同三年条）、以降はこの氏も衰えた。

このほか、下毛野一族には**大麻績《おみ》部**・若麻績部がおり、六国史には下野国の郡領として見える。承和十二年（八四五）九月条に芳賀郡人の大麻績部總持、その男・足利郡少領外従八位下大麻績部嗣吉が共に本姓を改めて下毛野公を賜姓した。延暦元年（七八二）五月条には、安蘇郡主帳として外正六位下若麻績部牛養が軍糧を献じて外従五位下に昇叙した。『皇胤志』には、下毛野朝臣子麻呂の大叔父の菟君が大麻績部と見えており、これら両氏は下野に起こった。同国では、河内郡に大続（大績）郷、安蘇郡に麻続（麻績）郷、芳賀郡に若続（若績）郷が『和名抄』に掲載される。

東国から離れた伊勢の多気郡百姓に麻績部愚麻呂等十六人が居て、貞観五年（八六三）八月に豊城入彦命の後裔を称して中麻績公に復したが（『三代実録』）、系譜は不明である。

## 両毛地方における子代・名代の設置

壬生部に関連して、両毛地方における子代・名代を見ておこう。

佐伯有清氏は、「東国地方の名代と子代」という論考（『古代史の謎を探る』所収、一九七三年）等で東国の子代・名代を整理されるから、主にこれに拠って次ぎに記すことになる。

人名を見ると、上野では、矢田部（新田郡）、壬生公（甘楽郡・群馬郡）、石上部君（碓氷郡）、小長谷部（邑楽郡）、檜前公（那波郡）・檜前部君（佐位郡）、他田部君（新田郡）・他田君（群馬郡）・他田部が、六国史や「正倉院調庸絁布墨書銘」などの史料に見える。下野では、宇遅部（氏部。河内郡。芳賀郡の氏家郷も転訛か）、雀部（河内郡）、壬生（都賀郡）、軽部・白上部・三枝部（いずれも河内郡）があって、六国史や奈良時代の「上神主廃寺出土瓦銘」（栃木県河内郡上三川町の上神主茂原遺跡）などの史料に見える。

地名では、上野国の勢多郡に真壁郷、佐位郡に雀部郷、邑楽郡・多胡郡に各々八田郷、下野国では河内郡に刑部郷・軽部郷・真壁郷・財部郷、芳賀郡に真壁郷・財部郷が『和名抄』にあげられる。

これらは、他の近隣諸国（常陸、両総、武蔵）に比べ、やや少ないほうではあるが、五世紀前葉の応神・仁徳天皇以降の大和王権の勢力が両毛地方にも及んだことが知られる。

注目すべきことは、群馬郡の金井沢碑に他田君目頬刀自が見えたり、壬生公が後に壬生朝臣を出したり、碓氷郡の石上部君が後に上毛野坂本朝臣を出したりと、毛野氏のかなり有力な支族が子代・名代の管掌者となっていたことである。

## 田辺史の祖・百尊の誉田陵墓をめぐる伝承

『新撰姓氏録』の左京皇別下、上毛野朝臣条には渡来系の田辺史の由来が見える。それによると、この上毛野朝臣は下毛野朝臣と同祖で、豊城入彦命の五世の孫、多奇波世《たかはせ》君の後なりとされる。雄略天皇の御世に、努賀《ぬか》君の男・百尊《はくそん》が、娘の出産のため聟の家に行き、夜になって帰る途中、応神天皇の御陵の辺りで騎馬の人に出逢い、相語らって馬を取り換えて分かれたが、翌日にその換えた馬を見ると埴輪の馬であった。これに因つて名を陵辺《みはかべ》君とも言われた。百尊の男が徳尊で、その孫の斯羅《しら》が、皇極天皇の御世に、河内の山下の田（安宿郡資母《しも》郷の地か）を賜わり、文書を解するので田辺史となった。称徳孝謙皇帝の天平勝宝二年（七五〇）にはこれを改めて上毛野公を賜わり、弘仁元年（八一〇）には更に朝臣の姓を賜ったが、これは『続日本紀』の記事に符合する、と記載される。

この田辺史の祖の百尊の伝承は、『書紀』雄略九年七月の条にも見え、こちらが詳しい。そこでは、河内国飛鳥戸郡（安宿郡）の人、田辺史伯孫と記され、娘婿は古市郡の人、書首《ふみ》加龍で、誉田陵付近の出来事だと見える。書首氏は王仁の後裔、西文氏《かわちのふみ》一族に出ており、この一族が創建・保持したのが、大阪府羽曳野市に西琳寺《さいりんじ》である。

田辺廃寺跡（大阪府柏原市田辺）

田辺史も書首も、ともに百済からの渡来氏族で朝廷の文書事務を担当し、河内で近住して通婚していた。『書紀』には白雉五年（六五四）に遣唐使判官となった田辺史鳥が見え、これが田辺史の史料初見だが、系譜は不明である。大阪府柏原市田辺（旧・国分村）の春日神社の境内に残る白鳳期の寺院跡は、**田辺廃寺**の一部とされ、田辺史の氏寺とされる。この寺院跡の西方約一・五キロに鎮座する安宿郡式内社の伯太彦《はくたひこ》神社・伯太姫神社は、田辺史の祖先夫妻（伯孫夫妻？）を祀るとの説が多い。神社のある玉手丘陵の東側裾部に六、七世紀の横穴古墳が群集する（玉手山東横穴群）から、田辺史関係の奉斎社か。馬の関係では、甲斐国守田辺史広足が神馬を献上しており（天平三年）、田辺史宅主が左馬寮史生で官馬交換事件に関与した（貞観元年）、と六国史に見える。

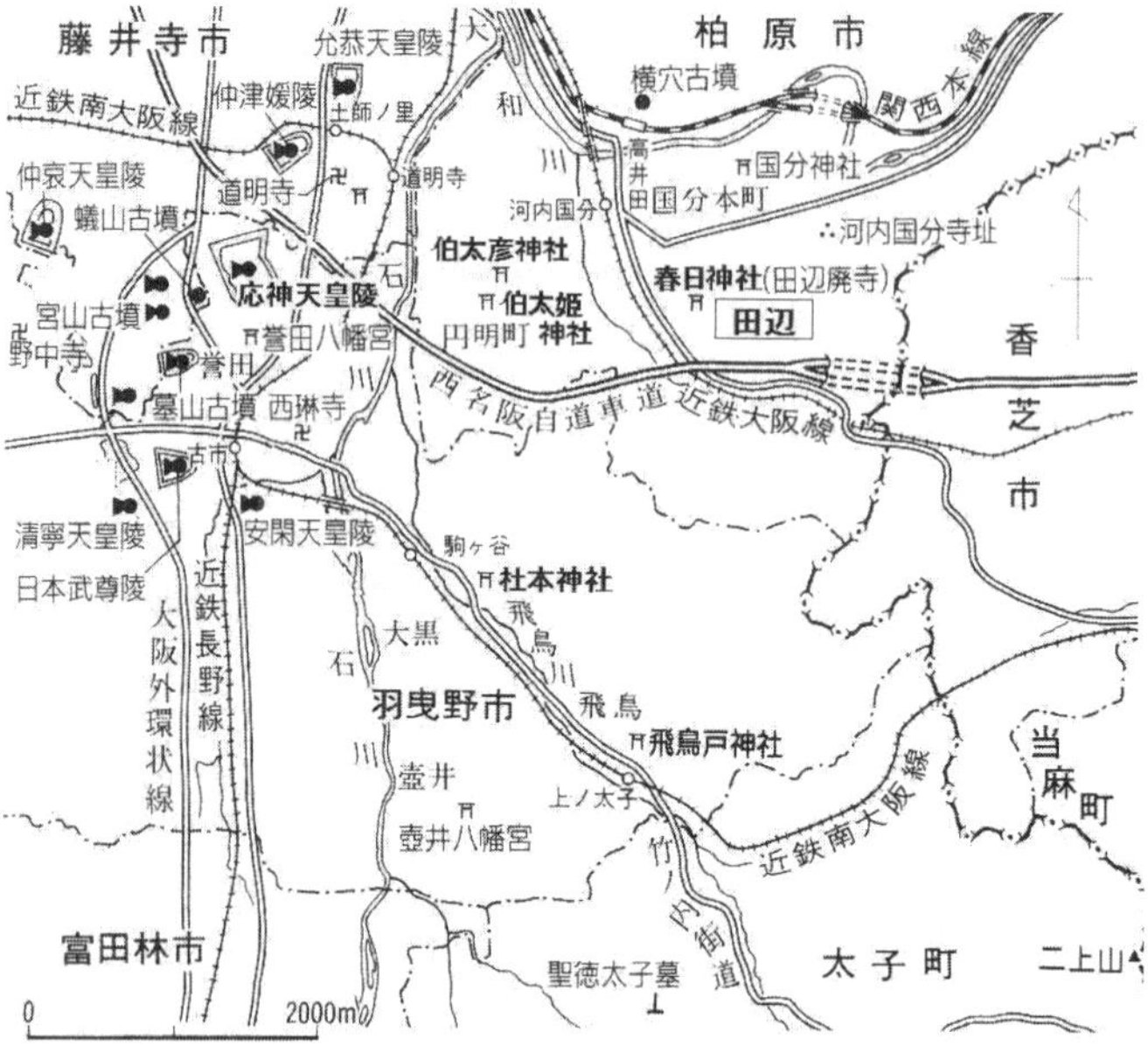

田辺史関係地図

なお、「田辺史」には、別の流れもあって、『姓氏録』右京諸蕃上の漢の部には「田辺史　漢王之後、知惣之後也」と見える。こちらは、匈奴系で漢王（いわゆる前趙）初代の劉淵（在位三〇四～三一〇）の後裔であり、和薬使主《やまとのくすしのおみ》氏（左京諸蕃）の同族である。匈奴系の田辺史の系図では、初祖の永宗（知聡の子。孝徳朝頃の人）しか知られず、史料にその動向が見えないから、毛野同族を称する田辺史との関係は不明である。

さて、田辺史の先祖は、『書紀』仁徳紀五三年条（実際には、その前代の応神朝か）に韓地活動が見える上毛野君竹葉瀬《たかはせ》の後と称される。『日本書紀私記』弘仁私記序には、田辺史・上毛野公・池原朝臣・住吉朝臣等の祖、思須美《しすみ》・和徳の両人が大鷦鷯（仁徳）天皇の御宇に百済より化来して、己らが祖は貴国の将軍上毛野公竹合なりと言うので、天皇は憐れんで彼《か》の族に混せしめたと記される。この記述が信頼できる場合には、竹合（竹葉世）の後裔、竹合の子か孫の世代が早くも仁徳朝中期頃の時期に百済から来朝したということである。竹葉瀬・田道の遠征が応神朝とみられるから、それからさほど間をおかないで来朝して毛野氏の一族として扱われた事情は、その称した系譜は当時の王権のもとで一応信頼できるものであったのだろう。朝鮮表記では「多奇波世君」と書かれて、『姓氏録』にも「豊城入彦命五世孫の多奇波世君」と見える（左京皇別の上毛野朝臣・住吉朝臣等の条）。

なお、百済国の人、和徳の後とする氏が『姓氏録』右京諸蕃に見え、それが**大県史**とされる（大県郡は安宿郡の北隣に位置）。『続紀』神亀二年（七二五）六月に和徳史竜麻呂ら卅八人の大県史の賜姓記事があり、神亀五年九月頃の平城宮跡出土木簡に少初位下大県史万呂も見える。和徳史は祖先の名を氏にしたもので、阿直岐史の類だという粟田寛の指摘に佐伯有清博士が同意しており、和徳は上記の和徳と同一人となる。和徳史では百済からの渡来は言っても、毛野同族を主張せず、『姓氏録』では右京諸蕃の百済部に記載される。

こうした経緯などがあるから、田辺史系の諸氏が実際に毛野同族かどうかの確認には至らない。田辺史の祖・百尊（伯孫）の父が努賀君だと『姓氏録』に記されるが、名前の連続性から考えるとこの両者のつながりは不自然な感があり、世代的に考えると、百尊の父は上記の思須美に当たりそうである（努賀君の猶子の形で百尊がおかれて、田辺史系統が毛野系に組み入れられたのかもしれないが）。これら諸事情で、本来の上毛野君系と田辺史系のそれと峻別することは無理に近いが、どのような流れの者かを踏まえて考える必要がある。

竹葉瀬の弟という田道のほうも、『書紀』に韓地での活動が見えて、これまた百済に子孫を遺したと『姓氏録』（河内皇別の止美《とみ》連条）に見える。

それによると、荒田別命の男、田道公は百済国に遣わされ、止美邑（応神八年紀に引用の『百済記』に見える「枕弥多礼《トミタレ》」で、全羅南道の康津郡に比定）の女性を娶って持君を生み、その三世孫の熊次・新羅が欽明朝に来朝した（こちらは、百数十年の間隔がある）。この新羅の男の吉雄が韓地の居地に因み止美連の姓氏を賜った。止美氏の一族で止美邑に残った者もまだおり、こちらは遅れて百済滅亡の際に来朝して、延暦十八年（七九九）十二月に石川姓を賜った。上記の所伝とほぼ符合しよう。すなわち、『日本後紀』に甲斐国人の止弥若虫・久信耳鷹長ら百九十人が賜姓の対象であって、来朝当初は摂津に置かれ、後に甲斐に移された百済の遺民のなかに見える（太田亮博士も、止弥若虫は「止美氏と同族か」と記述）。このとき、信濃在住の高句麗の遺民に対しても、氏の名がいくつか賜与された。

止美氏は、もとは首姓で見え、トミは「迹見、登美」とも書く。用明朝の崇仏廃仏論争の時、迹見首赤檮《いちい》は彦人大兄皇子の舎人で仕え、廃仏派の中臣勝海連を斬り、物部守屋大連を射殺する功があった（『伝暦』など）。物部支族にも登美連があるが、赤檮は毛野出自とみる説が多く（佐伯有清氏など）、この同族は韓地からの帰朝伝承をもつものの、田辺史の系統とは異なり、内地的な軍事性格が強い。

止美連の同族の登美首が『姓氏録』和泉皇別にあげられ、八綱田命の後で佐代《さて》公・珍県主等の同族とされる。これらトミ氏の居地は不明だが、大阪市平野区の長原遺跡から「冨官家」と墨書の土師器が出たことから、この辺を「迹見ミヤケ」とみる黒田慶一氏の見方（「長原（城山）遺跡出土の『冨官家』墨書土器」）があり、これに説得力がある。河内・大和の**尋来津《ひろきつ》公**（広来津公）なども、その同族か。

河内国丹比郡人の尋来津公関麻呂が、天平宝字七年（七六三）九月に母殺しに坐して出羽国小勝《おかち》柵に配戸され（『続紀』）、延暦十五年（七九六）には箏や方磬《ほうけい》の楽器に優れるとのことで外従五位下を授かったが（『類聚国史』）、居地事情も併せて渡来系かとみられている。

上毛野君一族では、このほかにも韓矢田部造の先祖が神功皇后の遠征に随行して筑紫の橿冰《かしい》宮におり、そのときの出来事に因み姓氏を賜ったと伝える（『姓氏録』摂津皇別）。

## オケ・ヲケ伝承と播磨への逃亡伝承

応神王統の時代になって、その前半の期間はさほどの事件が毛野一族には起きなかったようだが、仁徳即位の際に下毛野君の祖が関わった伝承も下野には残る。五世紀後半の雄略天皇の即位から顕宗・仁賢両天皇の即位の経緯までの記紀等の記事には、王族も含め多くの人物が登場・活動するが、そのなかに毛野一族からは**針間鴨国造**が出てくる。これらの関係人物を取り上げて具体的な検討をすることで、同王統後期の政治動向記事は、記紀編者の造作ではないことも示される。

オケ・ヲケ伝承の概略を述べると、安康天皇が眉輪《まよわ》王によって殺された後、大長谷皇子は、かつて安康が市辺皇子に国事を託そうとしたことを恨みに思って、謀略を巡らせて近江で市辺皇子を射殺した。この父の殺害の変を聞いて、オケ・ヲケ兄弟は大和を逃れ、山代、丹後を経て、更には針間の国に至った。兄弟を保護したのは、父皇子の帳内《とねり》の日下部連使主・吾田彦父子や丹波国造、そして播磨国明石郡の縮見《しじみ》屯倉（『風土記』に志深村）の首長であり、縮見の長の名は顕宗即位前紀に忍海部造細目《いとめ》とされる（『風土記』に伊等尾《いとみ》として姓氏を記さない。この名は「糸目」で、鍛冶屋の目か）。これらは、みな同族であって、彦坐王（崇神天皇の弟と記紀に見えるが、この系譜が疑問なことは既述）の子孫たちである。同族を頼って、使主がまず丹後に避難し、更に播磨に転じた逃亡事情がはっきりしてくる。

針間の志深《しじみ》村・縮見屯倉とは、兵庫県三木市の中央部を西流する志染《しじみ》川流域を中心とする一帯、いま志染町吉田の以東で「志染町」を冠する地域とされる。オケ兄弟が日下部連使主とともに隠れ（『風土記』）、使主が経死した縮見山の石室とは、三木市志染町窟屋にある窟屋山麓の石室が擬定される（縮見山石室。高さ三間、幅八間、奥行六間の大きな石室という）。

縮見の里（兵庫県三木市志染）

オケ・ヲケ兄弟を見つけ出して大和の朝廷に奏上したのは、伊予来目部小楯《おたて》（またの名は磐楯）である。もとは播磨にある朝廷の料地の宰として遣わされていたが、兄弟発見の功績により山官《やまのつかさ》に任命されて姓氏を山部連と賜り、吉備臣を副官として、山守部を部曲とされた。天皇の寵愛が格別で、富も並ぶ者がないほどだと記される（顕宗紀元年四月条）。上州多胡郡の山宇郷は、時代により山名とも山部ともいうから、山部連に関係したものか。

## 針間鴨国造の娘・根日女への妻問い

山部連小楯は、『播磨国風土記』にもう一回、登場する。同書、賀毛《かも》郡の玉野村（現・加西市玉野町・玉丘町一帯）の条には、意奚・袁奚二皇子が美嚢郡志深里の高野宮に坐したとき、山部小楯を遣わして国造許麻《こま》の娘・根日女《ねひめ》命を妻問いしたところ、彼女は応諾したが、二皇子のほうがお互いに譲り合って結婚をせずに日数を重ねたため、根日女は年老いて死去してしまった。時に皇子たちはおおいに悲しんで、「朝日夕日が隠れない地に墓を造り、その遺骸を納めて、玉で墓を飾ろう」と言われた。この墓があるので、その地を玉丘と呼び、その村を玉野と呼ぶ、と記される。

この国造許麻の家柄は、地域から考えて、毛野氏族の針間鴨《はりまのかも》国造とみられる。同国造は、「国造本紀」に「志賀高穴穂（成務）の御世、上毛野同祖御穂別《みほわけ》命の児の市入別《いちりわけ》命を国造に定め賜う」と記されるが、年代的に「御穂別＝御諸別」だとして、それ以下の子孫の具体的な系図は知られない。『風土記』賀毛郡楢原里条に見える品太（応神）天皇御世の国造黒田別は、年代から推して市入別命の子で、許麻の祖先ではないかとみられる。

根日女命の伝承は、雄略記に見える引田部ノ赤猪子という女性の話に類似して、応諾はしたものの死ぬ（年老いる）まで天皇に召されなかった点は共通する。しかし、オケ・ヲケ兄弟が播磨に居住した期間は比較的短く、しかもヲケ王自体が若死しているため、実態は、二人の男性に求愛されて入江に身を投じたという真間《まま》の手児名《てこな》（『万葉集』歌番四三一～三、一八〇七～八、三三八四～五）や葦屋の菟原処女《うないおとめ》（同、歌番一八〇一～二、一八〇九～一〇、四二一一～一二）の伝承にも似ている。とはいえ、そうした類似事情をもって、根日女の伝承が作り話だとされるべきものでもない。

　根日女命の墓は、加西市の玉野新家に所在の「玉塚」という前方後円墳とされる。大塚初重等編の『日本古墳大辞典』には、この古墳は玉丘古墳と記載され、川（加の誤記）西市玉丘町にあり、主軸全長一〇五メートルで、円筒埴輪列を巡らせ、鉄剣及び玉類の出土が伝えられ、五世紀中葉から後半の築造と考えられる、と記される。長持形石棺の出土もある。櫃本誠一氏は、針間鴨国造が支配した地域にあたる加古川中流域の玉丘古墳群は、「全長一〇七メートルで周濠を配した玉丘古墳をはじめ、三基の前方後円墳と五基の大形円墳を中核とする中期の古墳群である。後期の前方後円墳は、全長四五メートル程度の寺山古墳および女鹿《めが》山古墳があげられる」と記す。根日女命なる女性が実在であった場合には、年代的にも玉丘古墳群のうちの一基がその墓に比定される可能性がある（玉丘古墳よりも、墳丘長四五メートルの帆立貝形古墳の玉丘カンス塚古墳あたりのほうが妥当かもしれない）。こうして見ていくと、根日女命の伝承もかなり実在性が強いと言えそうである。

　オケ・ヲケ二王子の逃亡と発見に関与した人々についても、別途、伝承の検討を加えてみたが、その逃亡経路は従者の縁故からみて合理的である。関与者として記紀や風土記にあげられる人々についても、その系図が具体的に知られる者はそのなかで確固たる位置を有したことが分る。従って、オケ・ヲケ二王の伝承がいかに「劇的な要素の強い特異な物語構成を示して」いても、それ故に史実ではない、とは決して言えるものではない。

　針間鴨国造が毛野氏一族であり、毛野氏自体も彦坐王に近縁の氏族であったのなら、オケ・ヲケ伝承はすべてが一連の同族繋がりをもったことになる。なお、針間国造の系譜のなかに「御諸別命」が見えるのもあるのは、針間鴨国造の系からの混入であろう。

## 針間鴨国造の一族と祭祀

針間鴨国造は、御穂別命（御諸別同人とされる）の子、市入別命が成務朝に国造に定められたのに始まり、播磨北部の賀茂郡・多可郡をその領域とした。毛野一族の諸国分布のなかでは西端に位置する初期の分岐支族である。この地に毛野一族がなぜ置かれたかという事情についても不明だが、韓地への外征に絡む可能性もあるかもしれない。

『播磨国風土記』賀毛郡条には、上鴨里・下鴨里・鴨坂・鴨谷という地名が記されるが、鴨川という河川もある。「太古鴨族の占拠せし地」（太田亮博士『姓氏家系大辞典』カモ条、一七八八頁）であるが、この針間鴨国造を含む氏族が太田博士のいう「鴨族」（ただし、山城の鴨県主族とは異系で、海神族三輪系のほう）であると考えられる。『和名抄』には、賀茂郡九郷のなかに上鴨・大神・住吉という三輪氏族と由縁の深い郷名があげられる。

針間鴨国造についてもう少し言えば、同国造の後裔は殆ど知られない。『姓氏録』の河内・未定雑姓には、佐自努公・伊気・壬生部公・鴨部という毛野氏族の四氏が一群で見えるが、そのうちの鴨部条には、「御間城入彦五十瓊殖天皇謚崇神之後也」という記事があり、この氏が針間鴨国造の流れではないかと考えられる。

『姓氏録』には「崇神天皇の後裔」と記されるが、①崇神天皇の後裔氏族は、『姓氏録』では毛野氏族と能登国造に限られており、②『姓氏録』逸文に所載の神別の賀茂朝臣本系に諸国の鴨部があげられる中に河内の鴨部がなく、③加東郡社町（現・加東市）東実の佐保神社（式内の坂合神社の論社）の社伝には宝亀十年三月に託宣をうけた鴨直守がいたことが伝えられ、針間鴨国造一族の姓氏が鴨部と考えられるからである。

ところが、河内国の鴨部は、速須佐雄命の後苗裔として散位鴨部船主等が賀茂朝臣を賜姓している（『続日本後紀』承和三年五月十九日条）。針間鴨国造を含む毛野氏族がスサノヲ神の後裔と称する三輪氏族の一大支族であれば矛盾はなくなるが、『姓氏録』の編纂段階では毛野氏は皇別とされており、毛野一族を称しながら、一方でスサノヲ神の後裔という伝承をもった故で、河内国の鴨部が「未定雑姓」に整理されたものか。初期の分岐支族は、往々にして、実は正しいのではないかとみられる貴重な異伝を保持することがある。そうした貴重な異伝を保持した例を『姓氏録』からあげると、八木造（右京神別。大倭国造支族）、若倭部連（右京神別。尾張連支族）、掃部（大和神別。同上）などの記事がある。

播磨国賀茂郡には、『延喜式』神名帳は式内社を八社（全て小社）あげる。その代表的な神社は住吉神社であり、奉斎者は針間鴨国造とみてまちがいない。これは、太田亮（『姓氏家系大辞典』三一一四頁）、吉田東伍（『大日本地名辞書』）の両氏も言うが、二人は同名の別の社の比定を考えている。同郡の式内八社のうち、住吉神を祀るのが配祀も含めて五～六社（東播磨には住吉神社が多数分布する）、宗像三女神を祀るのが一～三社、大己貴命を祀る神社も重複するのが一

石部神社（兵庫県加西市上野町）

～三社あり、三輪系の海神関係の祖神を祀るのが大部分であり、賀茂郡の海神系諸神の祭祀に針間鴨国造一族が関与したとみられる。

これら関係社には、**石部神社**（兵庫県加西市上野町）、平疑原《おぎはら》神社（兵庫県加西市繁昌町）や**垣田神社**（同県小野市小田町。県社）なども考えられる。石部神社は、現在の祭神は宗像三女神であり、他の毛野諸氏族でも石部・磯部という名の神社を奉祀したことに留意される。

垣田神社のほうは筒男三神を祀り、大阪の住吉大社の神領に組み込まれた際、郡内東条地方の管理を依託されて東条別宮とも称え、江戸時代は垣田住吉大明神といった。祠官家の垣田家は神社の草創の古代から今日まで奉仕したといい、当地方を含む加古川流域で最古の家系を伝えるというから、針間鴨国造の末流か。式内社比定では、住吉神社という論社もある。なお、大阪府泉佐野市鶴原にある加支多《かした》神社は、もと市杵島神社（市杵島女神を祭祀）といい、南方近隣の貝田の村社「加支《かき》多《た》神社」（品陀別命を祭祀。『和泉国神名帳』に「垣田神社」と見える）を合祀した。いずれかが和泉国日根郡鎮座の式内社に当たるか。

## 武蔵国造家の内紛

安閑天皇元年（五三四年頃か）になって、武蔵国造家の笠原直使主と同族小杵《おき》とが国造の地位をめぐって相争う事件が起きた。『書紀』の記事では、小杵に朝廷に対する逆心があって、秘かに上毛野君小熊に援助を求め、使主を謀殺しようとし、これに気づいた使主は朝廷に訴え出たので、小杵を誅して使主を武蔵国造に任じ、これに感謝した使主は、横渟・橘花・多氷・倉樔の四か所の屯倉を設置して朝廷に献上した、と見える。

これに先立つ少し前の継体天皇朝末期に、筑紫君磐井が反乱ということで大和王権に打倒された事情があり、安閑朝には全国的に広く多数の屯倉の設置がなされた。安閑二年五月条の諸国に多くの屯倉を設置した記事のうち、上毛野国には緑野《みどの》屯倉の記載もあって、この乱の懲罰との関係も指摘される（甘粕健氏の「武蔵国造の反乱」、『古代の日本7』所収）。緑野屯倉は上野西部の緑野郡、現在の群馬県藤岡市付近に置かれたとされるから、上毛野君の本拠地からは少し離れており、懲罰の可能性はあるとしても、関連づけには多少疑問がある。上毛野君小熊については、その後は見えないから、中央の王権に対しての姿勢やその後の毛野氏の動向なども含め不明である（身分は国造ではなく、その一族か）。

笠原直使主と同族小杵との関係も不明であり（両者が従兄弟という系図もある）、「笠原」の地名（『和名抄』には埼玉郡笠原郷。現・埼玉県鴻巣市域）からは、北方の埼玉郡を本拠としたのが使主とみられ、むしろ小杵のほうが南方に居た国造家本宗筋であって（姓氏は无邪志直か）、亀甲山古墳や芝丸山古墳などがある南武蔵の多摩川流域を本拠とし、乱後に供出された橘花・多氷・倉樔の三屯倉も小杵の勢力地域から出されたものであろう。橘花屯倉が武蔵国橘樹郡で、現在の神奈川県川崎市北部や横浜市港北区日吉あたりとするのは、『和名抄』に橘樹郡御宅郷があるからよいとしても、他の二屯倉の所在地も確定がしにくい。一応、多氷（多末か）が多摩郡、倉樔

芝丸山古墳（東京都港区の芝公園）

が久良郡（横浜市南部）に関係しそうだと考えておく。

ともあれ、いわば南・北武蔵の同族抗争とみる説のほうが妥当な模様であり、それまで、多摩川下流域の勢力が亀甲山古墳、蓬莱山古墳、野毛大塚古墳などと四、五世紀代に大古墳を築造してきたが、築造主体が北武蔵に移ったことになる。武蔵国造の系図では、使主の子孫には、聖徳太子に対し舎人で仕え国造となった物部直兄麻呂（『伝暦』。連と誤記あり）が出た。この武蔵のほうの地域動向は是としても、五世紀後半以降では、上毛野の古墳が小型化する傾向につながるとの見方については、この事件の直接的影響をそこまで見ることができるのだろうか（全国的に見て、六世紀代の古墳規模は総じて小さくなる傾向がある）。

武蔵国造一族の争乱が起きた六世紀前半には、上野国の古墳築造地の中心が従来より西方の伊勢崎市及び前橋市周辺に移動しており、郡域程度の地域を基盤に前方後円墳が分立する傾向が見られる。この辺は先に見たように、突出した規模の太田天神山の後では、五世紀後半に伊勢崎市安堀町の御富士山古墳につながるくらいだから、武蔵動乱より前に上毛野国造の勢力は数系統に分かれ、総じて弱まっていたとするのが自然であろう。

## 佐野三家の設置時期─山ノ上碑と金井沢碑

上野の屯倉に関連して、「佐野三家《みやけ》」が**山ノ上碑**にその名が見えており、近隣にある金井沢碑の記事「三家子孫」もこれに関係するとみられている。

山ノ上碑は高崎市山名町山神谷にある古碑で、国の特別史跡に指定されており、近隣の金井沢碑（同市山名町金井沢）、及び多胡碑（同市〔旧多野郡〕吉井町池。後述）とともに「上野三碑」と称される。三碑のなかでは山ノ上碑が最古で、建碑が「辛巳歳」、これが天武天皇十年（六八一）とみられ、輝石安山岩に四行五三文字が刻まれ、日本でも最古の墓誌である。碑の東側近くに山ノ上古墳（終末期の円墳で径十五メートル）があって、古墳築造年代から考えて、同墳への追葬者（長利の母が被葬者とはみない）の墓誌とされる。放光寺の僧侶・長利が母の黒売刀自《くろめとじ》の供養のため墓誌を建てたもので、記事は長利母子の系譜である。

すなわち、僧長利は、「佐野の三家」の管掌者に定められた健守命の子孫の黒売刀自が、新川臣（現・桐生市の新川に関係か）の子の斯多々弥足尼《したたみのすくね》の子孫の大児臣（現・前橋市の大胡に関係か）に嫁いで生まれた子だ、と記される。その勤仕の放光寺は、「放光寺」の文字瓦が出土した前橋市総社町（旧・群馬郡）の山王廃寺と推定されており、「佐野三家」は高崎市南部の烏川流域（現在の佐野・山名地区一帯）に

山ノ上碑㊤、山ノ上碑の東側にある山ノ上古墳㊦
（いずれも高崎市山名町神谷）

あったとみられている。碑文に見える「孫」の文字を「子孫」の意味（東野治之氏などの説）とうけとったのが、上記の記事だが、これは金井沢碑の記事とも内容が符合する。

多く「三家」（ミヤケ）は朝廷の屯倉だとみられてきたが、どうみればよいのだろうか。というのは、いわゆる「屯倉」の両毛における設置のはじめが六世紀前半の安閑朝として、健守命という名がその時代にそぐわないからである。これら関係者の姓氏も碑文では不明（新川臣及び大児臣も、姓氏か名前かが不明）であるため分かり難い面も多々あるが、おそらく「県・評」と同じような性格の地方組織で、健守命は命名から見て応神朝以前の時期に活動した人であろう。「三家」を六世紀以降に設置の緑野屯倉の性格と同一視できない。ミヤケ（屯倉、屯家、御宅、三宅、三家、官家などと表記）は時代により性格が変遷した模様で、古くは垂仁・景行朝から記紀や『風土記』にも見え、一応、五世紀後葉の顕宗・仁賢朝頃までのものを前期ミヤケ、継体朝後期以降を後期ミヤケ、とみて性格を分ける見方がある。

一方、**金井沢碑**については、神亀三年（七二六）二月の建碑で（山ノ上碑の四五年後）、願主の居宅は「上野国群馬郡下賛郷高田里」とあり、「賛」は佐野で、現・高崎市の佐野地域辺りと推定される。記事では、「三家」の子孫で、七世の父母と現在の父母のためと記されており、現在の家刀自（家長たる主婦）の他田君目頬《めつら》刀自《とじ》、娘の

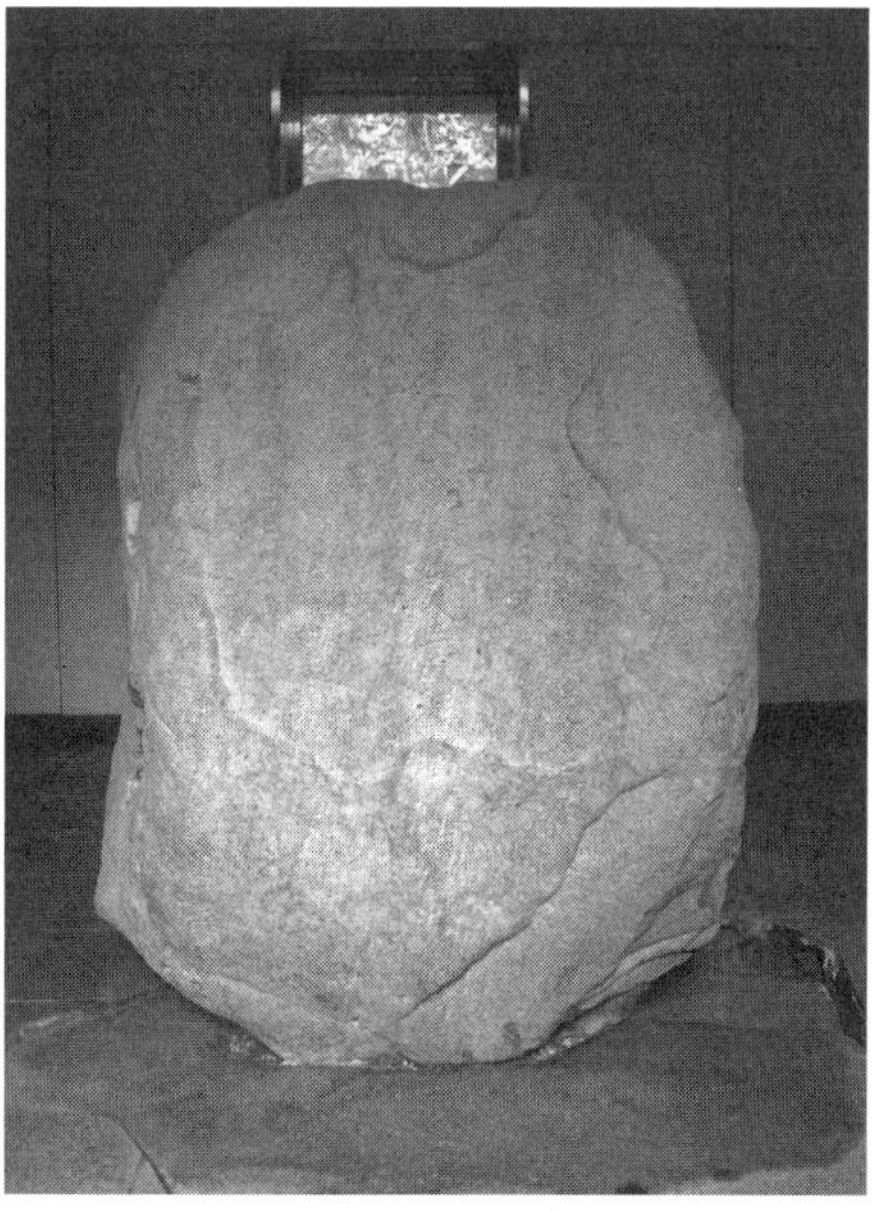

金井沢碑（高崎市山名町）

加那刀自、孫の物部君午足《うまたり》・⿰馬爪刀自《ひづめ》・乙⿰馬爪刀自の合計六人に加え、仏の教えで結縁の三家毛人《みやけのえみし》・同知万呂及び鍛師の礒部君身麻呂の合計三人が、仏の教えにより（家・一族の繁栄を願って）祈り申し上げる、とされる。

　半世紀弱の期間のうちに建てられて近隣に所在（ともに片岡郡〔後に多胡郡〕山郷〔山部、山宇〕の郷域）の両碑文は、別個ではなく、併せて考える必要がある。両碑文のある山郷領域には山名伊勢塚古墳（墳丘長七五メートル《メートル》の後期の前方後円墳）もあり、同墳からは円筒埴輪V式・須恵器や勾玉、頭椎大刀も出た。

　これら諸事情により、健守命の子孫は三家氏を名乗り、他田君・物部君との通婚もあったと分かる（他田君を「池田君」と受けとる見方もあるが、誤解と思われる）。この後ろの両氏は上野西部系統の毛野一族であり、礒部君も同族だから、三家氏も含めて皆が毛野一族で、西の物部君系統の流れかと推される。他田君目頬刀自の祖先が初祖も含め七世代あったと言うから、遡った初祖は、仁徳朝頃（ないしそれ以前）に活動したのであろう。この意味でも、「三家」は新形態の屯倉（後期ミヤケ）そのものではなかった。こうしてみると、「佐野」の領域に六世紀後半頃に出現した漆山古墳（群馬郡）や山名伊勢塚古墳（片岡郡）の被葬・築造

大鶴巻古墳（高崎市倉賀野町）

者候補に健守命をあてる見方（若狭徹氏「古代多胡郡を歩く」）は無理がある。それより一世紀半ほど早い五世紀前葉頃の古墳で、例えば大鶴巻古墳（高崎市倉賀野町。墳丘長一二三メートルで円筒埴輪Ⅱ式が出土）あたりの可能性のほうがあるかもしれない。

関連して、筑前国早良郡には三家連氏がいたと史料に見える（天平宝字三年十二月の観世音寺文書）。これが、「筑前那津官家の首長」の家かと太田亮博士はみており、上野の佐野三家はこれと同様な前期ミヤケなのであろう。若狭でも遠敷郡に三家里があり、現在の三方上中郡若狭町（旧・遠敷郡上中町）の大字に「三宅」（旧・三宅村）という地名がある。その辺を中心に三家首・三家人と名乗る人々が大勢、平城宮跡出土木簡に見える。これらは、「いずれも七、八世紀の史料ではあるが、屯倉の設置は六世紀にさかのぼるものであろう」と『福井県史』通史編1は記述する。しかし、おそらくはそれより早い初期段階のミヤケであって、佐野三家に通じるものではなかろうか。遠敷郡の東隣の三方郡能登郷（現・若狭町東部（旧三方町）の大字能登野）にも三家人□麻呂など三家人の人々が見え、遠敷郡には谷田部・車持関係の地名があるから、これら地名から若狭の三家は毛野との関係も考えられる。なお、三家人の系譜で知られるのは『姓氏録』摂津皇別に見える阿倍氏族だけで、若狭国造は阿倍氏族から出たが、全国がすべてその一族だとは、一概に決めきれない。

舘野和已氏は、ミヤケの機能・目的は多様であるが、その本質はヤマト王権の政治的軍事的拠点だとみており（「ミヤケ制再論」、『奈良古代史論集』2所収）、その形態の拠点が緑野屯倉の設置より前に上野国のなかにあったことに留意される。

## 上代政治における毛野氏の役割—とくに外交・対外軍事の任務

海神族の後裔たる阿曇・和珥の一族は、古代に対外交渉の任務に携わる氏人を多く出し、その分野での業績は著しかった。なかでも顕著なのが、小野妹子・同石根・同篁や粟田真人など小野氏・粟田氏の遣隋使・遣唐使への起用例である。これも、海神族が『後漢書』等にみえる倭の奴国王の後裔として、先祖以来の任務・職掌を長く伝えたものであろう。

毛野氏が海神族出自の広義の三輪氏族（崇神前代の磯城県主も含めてという意味で）の分岐であれば、六国史や『姓氏録』に多数記される毛野氏族の韓地での軍事・外交や征夷等の事績伝承はこれらと符合する。『姓氏録』には、左京皇別の**商長首**《あきおさ》の祖先・久比は崇峻朝に呉国（おそらく朝鮮半島か）に派遣され、種々の宝物を天皇に献じたなかに秤《はかり》もあり、交易を管掌したが、その子の宗麻呂が舒明朝に商長姓となったと記される。この辺の所伝は、後世の造作などではないと考えられる。商長首の居地は不明だが、職掌から見て摂津あたりか。奈良時代の一族氏人には、経師の商長首智麻呂、駿河の防人で商長首麻呂が見える。

三輪山の神が東国平定、蝦夷討伐ばかりでなく外征の神としての役割を担ったのも、この関連で理解される。なお、神功皇后に関する記事では、神功皇后摂政前紀九年九月条、『筑前国風土記』大三輪神条があり、奈良時代には『続紀』天平九年四月乙巳朔条が興味深い（伊勢神宮・大神社・筑紫の住吉・八幡二社及香椎宮に遣使して、新羅無礼の状況を告げ奉幣）。

群馬県前橋市の山王二子山古墳（金冠塚）は六世紀後半頃の築造とされる前方後円墳（墳丘長は現存五二メートルで横穴式石室）であるが、甲冑・馬具、鉄刀・鉄槍や鉄鏃多数のほか、新羅と同じ系統の金銅製天冠が出土した。ほぼ同じ頃の高崎市の**綿貫観音山古墳**（墳丘長九七メートルで横穴式石室）でも、貴重な金属製品などを多量に副葬する。これら製品には、銅水瓶（国内最古の水容器）や三累環頭大刀、多角形袋部鉄矛、金銅製鈴付大帯などがあげられる。出土の獣帯鏡は、同型鏡が滋賀県三上山下古墳（二面）・百済武寧王陵（一面）に見られる。

その少し後の六世紀末～七世紀初とされる高崎市の八幡観音塚古墳（墳丘長約九七メートル）からも、承台付銅鋺・多角形袋部鉄矛など渡来の高級金属製品が多く出て、画文帯神獣鏡・内行花文鏡の鏡類や馬具も出た。同墳の東方近隣に、馬土壙をもつ剣崎長瀞西遺跡がある。

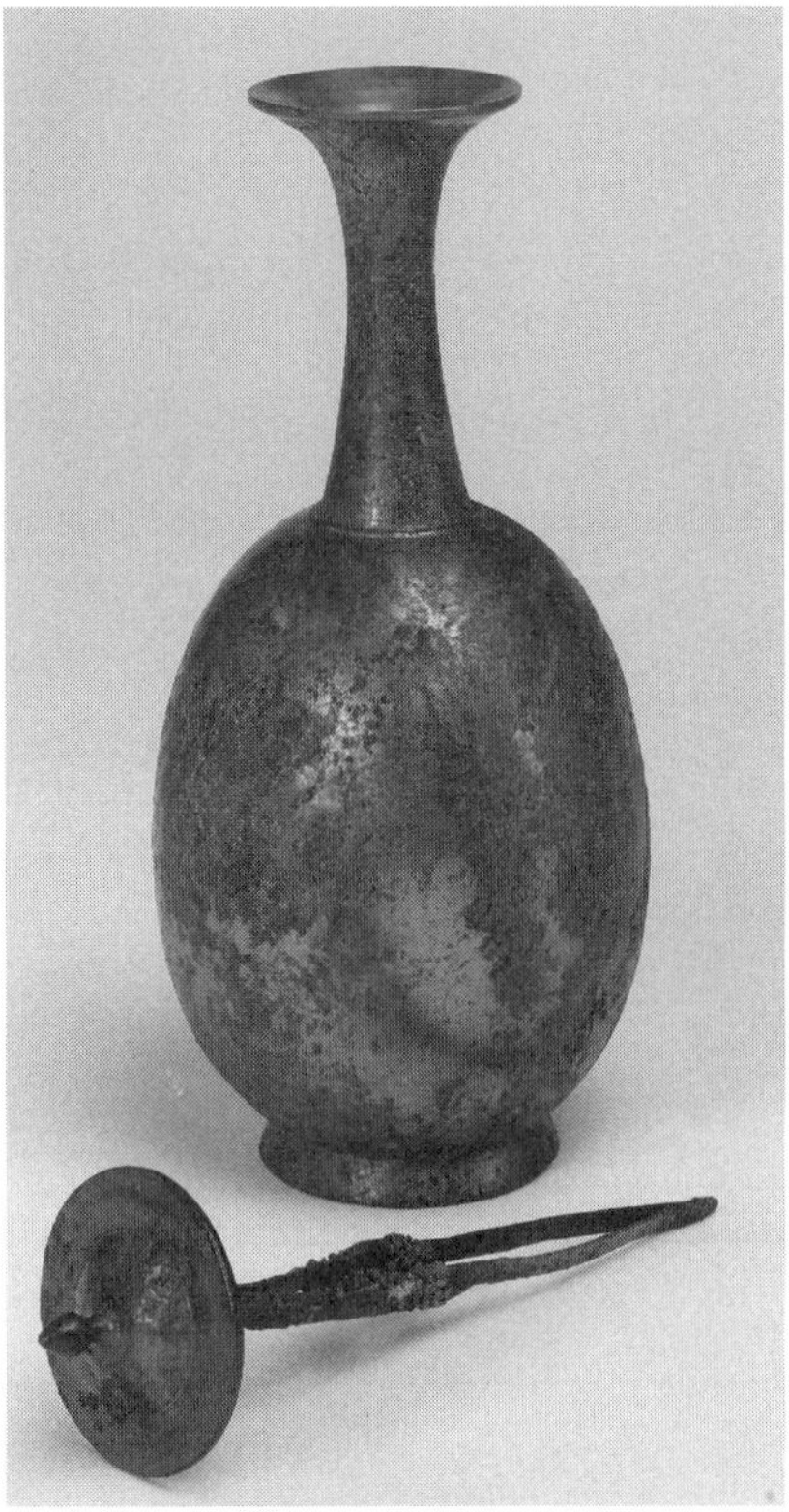

㊦綿貫観音山古墳（高崎市綿貫町）と㊤同古墳出土の国宝・銅製水瓶（文化庁所蔵、群馬県立歴史博物館提供）

『書紀』の記事では、六世紀後葉の雄略朝に大和王権が韓地出兵で活動したことが見えるが、この時には両毛関係者の記事がない。さらに、継体天皇三年条には、百済への遣使として「久羅麻致君」がおり、これが「車持君」にあたると解されているので、山王二子山などのこうした外来物が群馬郡の車持君に関係するのかもしれない。

さらに、『肥前国風土記』の三根郡物部郷条には、推古朝に久米皇子が新羅征討の将軍として筑紫に赴いたときに、物部若宮部が経津主之神を奉斎し供奉したと見えるが、先に物部君氏の枠人という者に関して触れた。この神が「物部貫前大神」で、枠人の曾孫の甘楽郡人物部蜷淵が天平神護元年（七六五）に物部公を賜姓し、貫前神祝部の尾崎氏の祖となった。その翌年には、同郡人の磯部午麻呂らも物部公を賜姓している。

これら諸事情に注目すると、海外関係にあまり記事が見えない時期にあっても、毛野一族ではそうした対外関係の役割を引き続き担っていたと推される。

# 五　毛野氏族の来た道

毛野氏族が大和の三輪氏族と同族の出ではないかとみる拙見は、一九八〇年代後半頃から次第に強まり、その五、六年ほど後に素盞嗚神や彦坐王の位置づけの再検討を行うなかで、毛野氏族の系譜について見直しの必要を感じた。この見直しの結果を次ぎに記す。

毛野氏族についての問題点にあっては、①畿内からどのような経路で上野国に到達したのか、②毛野氏族のなかでの大族・佐味朝臣氏はどのような系譜をもち、東国から離れた北陸道の越前国（主に丹生郡）になぜ繁衍したのか、という諸点が検討未済であった。これら問題点も念頭におきつつ、以下に検討したい。先に石田川式土器が東海地方西部に源流をもつと多くみられると記したが、だからといって、毛野開拓の人々の主な移動が、東海道ないし東山道を経て上野に来たとは限らないということでもある。

## 能登国造との同祖関係

神功皇后の祖先に関連して、『記・紀』に崇神天皇の兄弟とされる彦坐王の係累を検討するうち、**大入杵命**なる皇子の系譜に疑問が出てきた。『書紀』にはこの皇子の記事が見えずに、『古事記』のみに崇神天皇の皇子と記されるが、その後裔とされる能登国造が、毛野同族ではないかという推測が浮上してきた。

この皇子は、「国造本紀」では「大入来命」として活目帝（垂仁）の皇子とされ、その孫の彦狭島命が能登国造の初祖と記される。諸事情を考えると、毛野・能登ともに系譜の実態は海神族大己貴神の後裔に位置づけられる。大入杵命は、毛野氏族の祖とされる豊城入彦命に重なるかその近親という可能性がある。毛野氏族とされる佐味君（後に朝臣姓）氏は、毛野本流からの分岐過程が不明であり、後になって東国や畿内から越前に進出したのではなく、毛野の初期分岐氏族で、能登国造の同族ではないかとみられる。

毛野氏の初期三代とされる豊城入彦命・八綱田命・彦狭島命は、実際には豊城入彦命・彦狭島命という親子の二代であった。この辺は先にも触れたが、八綱田命を除いた二代だけの系譜は、毛野氏族でも垂水君氏の系統が『姓氏録』で伝える（左京皇別・垂水史で「豊城入彦命男彦狭島命」と記し、右京皇別・垂水公では豊城入彦命からの代数を少なく記す）。八綱田が垂仁朝初期の狭穂彦の叛乱鎮圧に功績があったとする垂仁紀の記事を否定することではなく、「八綱田命」は彦狭島か御諸別のどちらかに重なる可能性がある（おそらく後者か）。

こうした系譜関係が浮かんでくると、景行紀五年条の記事に、「彦狭島王を以て、東山道十五国の都督《かみ》に拝した」とあるからといって、文字通り、後の東山道の道程を現実に進んで毛野氏族の祖先が上野国に至ったわけではない。具体的には、「大和―伊賀―近江―越前―能登―越中―越後―信濃―上野」という北陸道の道筋には、毛野の同族分布が多い。これが、毛野氏族の主な移動経路とみられる（東山道を経路とした場合も時にあったろうが）。「東山道十五国の都督」は、後世の表現にすぎない。「都督」を重視したり、上毛野国造はなかったとの考え方も一部にあるが、疑問が大きく、地域総括者の存在の裏付けはない。

基点にあたる近江では、奈良時代後期の蒲生郡に「毛野乙野」という者が見える。これは太田亮博士も指摘するが、正倉院文書の天平宝字二年（七五八）二月廿四日付け「画工司移」に見えており（同文書に見える者は皆、姓は不記載）、その移送を受けた「造東大寺司召文」でも同様に「毛野乙野」と表記されるから、「上、下」の文字の欠落は考え難い。とすると、毛野氏は初期段階はたんに「毛野」を氏の名としたとみられよう（ただし、カバネの時期からみて、「毛野君」はない）。どこまで祭神の伝承が信頼できるか不明だが、高島郡の式内社に大荒比古神社（高島市新旭町安井川）があり、大荒田別命・豊城入彦命を祀ると共に、相殿に佐々木氏奉斎の諸神を祀るという。

蒲生郡には式内社で石部神社があり、蒲生郡竜王町七里及び近江八幡市安土町下豊浦の同名社（かつては共に「磯部大明神」と称）が論社とされる。後者の祭神は「久斯比賀多命」とされ（『特選神名牒』）、この神は磯城県主の祖・櫛日方命のことである。祭神を「大己貴神、櫛日方命」とするものもあり、安土の里の旧名が磯部里と伝え、下豊浦のごく近隣の浅小井町には三輪明神がある。石部神社の名では、近江の愛智郡及び甲賀郡（石部鹿塩上神社）にも式内社が各一社ある。前者のほうは現在、愛知郡愛荘町沓掛に鎮座し、天日方奇日方命を主神で祀り、大己貴命を配祀する。二座のうち、上社は旧磯部村（現・石橋で下社の南方近隣）にあったが、いま下社の境内に合祀され、旧社地は御旅所となつている。

このほか、石部神社という名の式内社が北陸道にも六社もあり（越前一社、加賀三社、越後二社が式内。現地名では鯖江市、小松市や加賀市大聖寺の菅生石部神社）、ほぼ同じ神を祀る。加賀国一宮が能美郡の石部神社で、白山八宮の中の一社、加賀国総社ともされて小松市古府町に鎮座するが、櫛日方別命を祀ること、能登国造の系図の初期（『皇胤志』）には大入杵命の子に能美津彦命という名の者が見えることに留意される。磯部では、越中国射水郡の磯部神社や越後国頸城郡の水嶋磯部神社もある。近江の「石部・磯部」は毛野に関係しそうでもある。近隣の神崎郡でも、能登の地名に興味深いものがある（次項）。

## 地名が示唆する毛野氏族の移動経路

毛野氏族の移動の経路・地点を示唆するものとして、北陸道にある「能登、佐味」という二つの地名があげられる。これらの地名は、大和国の磯城・十市地方に見られるとともに、それが北陸を経て上野・下野地方まで点々と続いている。

まず、**能登**については、

①大和国磯城郡能登……いま奈良県桜井市桜井字能登であり、この辺は長髄彦など磯城県主一族の居住地であった。鳥見山《とみやま》西麓の能登山には城上郡式内の等弥《とみ》神社が鎮座し、俗に能登宮という。上ツ尾社（上の宮）が本社で大日孁貴《ひるめむち》命等を祀り、下ツ尾社（下の宮）は春日大神・八幡大神を祀るというが、上・下社と

等弥神社（桜井市桜井字能登）

もに日神・八幡神である素盞嗚神を祀ったのが本来の祭祀かもしれない。
②近江国神崎郡能登川……いま滋賀県東近江市（もと神崎郡）能登川町能登川。近隣の佐野には神崎郡式内の乎加《おか》神社が鎮座し、宇迦之御魂命すなわち保食神を祀る。
③若狭国三方郡能登郷……いま福井県三方上中郡若狭町（旧・三方郡三方町）能登野。この地の八幡宮が三方郡式内社の能登神社に比定され、祭神を大入杵命とする。
④能登国能登郡……能登郡に加島（鹿島とも書く）郷があり、後に中世では同郡は鹿島郡と呼ばれた。いま石川県の七尾市（旧同郡の殆ど）及び鹿島郡となる。七尾市所口の気多本宮には、同郡式内の能登生国玉比古神社が鎮座し、主神に大己貴命を祀る。同社は羽咋郡式内の能登国唯一の名神大社気多神社（羽咋市寺家町）の本宮といわれ、能登国造が奉斎した。同国造の領域には当初、羽咋郡も含んでいたとみられる。

『書紀』仁賢紀四年条に獄死したことが見える蚊島《かしま》君穂瓮《ほみか》は、おそらく能登国造の一族であろう。

能登に関連する**カシマ**については、加賀国石川郡にも鹿島邑があり、石川県の旧・松任市西端あたり（現・白山市鹿島町）の大慶寺用水の流域とされる。近在に白山神主の上道一族の居住地がある。この上道一族は、本来は吉備氏族（上道臣）の出ではなく、当地の越道君の後裔で、能登国造とも広義の同族ではないかとみられる（拙著『越と出雲の夜明け』参照）。北陸の鹿島神社には、綿津見神や建御名方命など海神族系の神を祀るものがある。

中世の上野国にも賀島氏があり、「円覚寺文書」には応永二三年（一四一六）に上野国片岡郡長野郷内に賀島左衛門太郎闕所跡があると見える。上野国佐位郡には鹿島の地があって、後の佐波郡（現・

伊勢崎市）赤堀町東部に位置し、多胡郡にも鹿島村（現・群馬県藤岡市上日野字鹿島）がある。伊勢崎市街地の北方にも鹿島町があり、近くに三和町・豊城町が見えるが、その由来は不明である。下野国にも都賀郡に鹿島（下都賀郡壬生町の西部）があり、足利市域の同市街地西方にもあるが、ここの鹿島の由来は新しそうである。

越後国三島郡式内の御島石部神社の鎮座地も、鹿島（柏崎市東部の大字北条字鹿島）である。いま祭神を久斯比賀多命（奇日方命）・武甕槌命とするが、後者の祭神は鹿島に因んで追加されたものか。同社の社家がもと三輪氏といい、三輪朝臣神六殿を祖とするとの所伝があって、同社に出雲系の大和神楽が伝来する事情と符合する。信濃でも大町市平に鹿島の字が見られて鹿島川が流れ、その東方の上水内郡信州新町大字新町にも鹿島の地名がある。

## 越前などの佐味の分布

「佐味」の地名についても、次のように大和から近江・北陸道を経て上野までつながるが、とくに越前には注目される。佐味朝臣虫麻呂は、天平元年（七二九）に衛門佐で長屋王宅を包囲し、同十七年には越前守に任じられ、最終官位は中宮大夫従四位下であった。

①大和国十市郡佐味……いま奈良県磯城郡田原本町佐味で、環濠集落の遺構もある。佐味の北の大字の大網《おおあみ》は大依網《おおよさみ》の二字化した地名とみられ、毛野氏族にも大網公がある。

②近江国伊香郡に式内社の佐味神社……鎮座地はもと伊香郡片岡郷（現・長浜市余呉町今市）といい、その小字が佐味で、祭神は佐味朝臣の祖、豊城入彦命とされる。この地に佐味朝臣少麿が壬申の乱の後に住んだとの伝承があるが、居住記録はないという。

近くの同市高月町柏原にも同名の論社があり、両地ともに北陸に抜ける北国街道に沿っている。伊香・片岡の地名は、上野国には群馬郡伊香保、片岡郡と見える。余呉町今市の西近隣にある池原も同じ片岡郷域で、当地にも式内社の大水別神社（祭神は天之水分神）があり、境内社の大浴神社は同名式内社の論社で、豊城入彦命・大己貴命・倉稲魂神を祀る。「大浴」は「おおあみ」と訓むようで、これが正訓なら、江北でも佐味と大綱が近隣する。

なお、近江ではこれらのほか、野洲川の河口近くにある野洲郡式内の下新川神社（守山市幸津川町）が豊城入彦命を祀るというが、祭神の根拠が確認できない。

③越前国には佐味君・佐味氏が史料に多く見え、丹生郡及び足羽郡伊濃郷に居住した（天平神護二年〔七六六〕十月の『越前国司解』など）。天平初期に丹生郡の郡司で見えるほか（後述）、天平三年（七三一）に岡本郷の戸主で佐味公入麻呂がおり、芹川郷戸主の佐味礒成の戸口にも見える。日野川東岸域の越前市の村国遺跡からは「佐味」「佐印」「佐□」などを墨書の土器も出たが、丹生・足羽両郡では佐味の地名が見えない。

④加賀国能美郡佐味……いま石川県小松市佐美町。佐味は佐美・佐見とも書き、柴山潟の北方、日本海沿いの地である。能美郡の「能美」は、能登国造の祖・能美津彦命と関係あるのか。この地域には、源平争乱期に佐味氏という武家が見える。

⑤能登国能登郡佐味……いま石川県七尾市佐味町で、ここも佐美・佐見とも書く（現在も、七尾あたりに佐味の苗字が多く、全国的に見ても密集地域）。能登国造の本拠地域のなかにあって七尾市街地の東方近隣に位置し、能登一宮気多社の神田があり、白山宮・八幡宮が鎮座する（どこの郷域か不明も、能登郡神戸郷か）。佐味町の南方近隣に矢田町・佐野町がある。矢田町から八田町にか

けての地域が『和名抄』の能登郡八田郷とみられる。矢田には後期の矢田古墳群があり、南西近隣には古府・千野・八田の地名もあって、このあたりが古代能登の主要部とみられる。矢田町の西方近隣の所口町には、気多本宮（能登生国玉比古神社）が鎮座する。

能登でも能登郡式内社の余喜比古神社（現在は合祀で羽咋市東北端部の大町に鎮座ともいうが、実際には廃絶の模様）では、江戸前期の寛文年間頃まで祭神として豊城入彦命を配祀していたという（『神社明細帳』）。一に入杵命（能登国造の祖）を祀るともいい、能登郡与木郷に元は鎮座したとみられるが、与木郷は旧の鹿島郡余喜村に比定される（現在の羽咋市大町のなかで、余喜をつけた小学校・郵便局がある）。

⑥越中国新川郡佐味郷……近世の三位郷・大三位郷であり、富山県下新川郡の朝日町から入善町にかけての黒部川下流扇状地にあった。この地に平安後期に宮崎党があり、吉備氏族の射水国造の後という系譜をもち、佐美太郎も一員であった。宮崎氏は鹿島神社（佐味郷の総氏神）を奉斎したが、式内社神度神社（保食神が祭神か）の論社とされる。宮崎城近隣の鹿島神社の南西方近隣、朝日町沼保には佐味神社も鎮座する。

⑦越後国頸城郡佐味郷……新潟県中頸城郡の柿崎川流域（現・上越市柿崎区・吉川区）から旧同郡大潟町（現・上越市大潟区）の犀潟にかけての一帯。鎌倉期に佐味庄で見える。

⑧上野国緑野郡佐味郷・那波郡佐味郷……前者について群馬県藤岡市平井一帯とする説もあるが、両者がもと一郷で烏川の流れで二つに分けられ、南側が緑野郡（旧・多野郡新町〔現・高崎市〕付近）、北側が那波郡（現・佐波郡玉村町南部）とみる説があり、こちらが妥当か。また、那波郡佐味郷について、佐波郡玉村町北部の樋越一帯とみる説もあって、玉村町あたりとするのがこの意味

でも妥当そうである。

このほか、全国では備後国葦田郡にも佐味郷が見えるが（『和名抄』。吉備氏の影響か。備中の倉敷市に沙美海岸あり）、佐味の地名が集中的に分布するのは、近江から北陸道・上野にかけての地域である。とくに**越前国丹生郡**には、佐味君浪麻呂が天平三年（七三一）に外正八位下勲十二等で少領、同五年に従七位下大領で見え、有勢だった（『大日本古文書』など）。

丹生郡の佐味氏が居住した芹川・加茂・酒井・岡本という『和名抄』掲載諸郷の地名が、すべて能登国造の領域たる能登郡・羽咋郡に見える。すなわち、芹川は能登郡（いま鹿島郡中能登町〔旧・鹿島町中央部〕の芹川）、賀茂は能登国に賀茂荘、酒井は羽咋郡（いま羽咋市酒井町）、岡本は羽咋郡岡本郷（いま羽咋郡宝達志水町〔旧・押水町北部〕か）としてあり、佐味君と能登国造の密接な関係がうかがわれる。丹生郡には磯部の地名（鯖江市東部の大字）もあり、今立郡（丹生郡から分岐）の式内社の石部神社が鎮座する。どこまで関連するか不明だが、磯部とその付近の丘陵部には、磯部古墳群・弁財天古墳群や、バチ形前方部をもつ今北山《こんぼくやま》古墳（同じ鯖江市乙坂今北町。丹南地域最大規模の墳丘長約七五メートルの前期古墳で、県内でも最古級）も含む多くの墳墓がある。佐味朝臣氏からは、奈良時代に二度、越前守に起用された事情もある（天平十七年に補任の虫麻呂、神護景雲二年に補任の宮守）。

佐味君氏の起源地は確定しがたいが、上野の那波郡佐味郷が主要候補だとしたら、その場合は、玉村関連で、池田君とも同族の可能性があり、上州西部に繁衍した物部君の流れだったか。しかし、氏人・後裔など関係者の分布が東国には見られないので、北陸道（越道）の能登郡佐味に起こった能登国造一族とするのが割合、無難か。越前には毛野一族居住の史料があって、越前出身とみる説もあるが、ここにはサミの地名が見当たらない。

越前には上毛野公の居住もあった。『類聚国史』八三正税（『日本後紀』巻卅八逸文）に拠ると、平安時代初めの天長七年（八三〇）二月に「鹿□保嶮道」（□は蒜か）を作るため、百姓上毛野□□山（上毛野公□山か。これを国史大系本のように「上毛野陸奥公□山」と読解するのは疑問）に対し、越前国正税三百束と鉄一千廷を与えた。この嶮道とは、敦賀から木の芽峠を越えて、鹿蒜《かひる》郷に至る険しい道とみられている（『福井県史』通史編1）。鹿蒜郷は越前南部、南条郡南越前町の敦賀郡式内社・鹿蒜田口神社や鹿蒜神社のあたりとされる。

## 越・信濃の毛野氏族と関係神社の分布

古代での毛野氏族の分布を見ると、畿内以西では播磨北東部の針間鴨国造以外は殆どなく、畿内以東が主である。畿内から東側では、伊賀・伊勢に若干分布が見られるものの、北陸道から信濃を経由し両毛とその周辺地域に至る路程に多く見られる。東海道諸国（武蔵はもと東山道に属したので、ここでは東海道から除く）や美濃には、毛野同族は殆ど見られない。わずかに駿河国に、防人として商長首麻呂が『万葉集』巻廿に見えるくらいである。

越後国頸城郡から信濃国北部の水内・小県郡、さらに上野国西部の碓氷・甘楽・緑野郡、武蔵国北部の児玉郡にかけての地域では、毛野氏族（なかでも古い初期分岐とみられる諸氏）の分布や、それに関係するとみられる神社の分布がある。これを具体的に見ていこう。

まず、越後では頸城郡の式内社居多《こた・けた》神社（上越市五智）であるが、これは先に取り上げた。同郡の水島磯部神社や三島郡の御島石部神社など、石部・磯部の分布にも留意される。その西の越中にも、射水郡に式内の礒部神社（氷見市磯辺）があって、三輪氏・磯城県主の祖・天日方奇日方命（櫛日方命）を祭神とする。
神護景雲三年（七六九）三月の「砺波郡司売買券文」（東大寺文書）に見える蝮部《たじひべ》公千対も、毛野一族であろう。これより先、天平勝宝三年（七五一）六月に同郡少領利波臣虫足と共に主帳外大初位下（後に主政外大初位上）の蝮部北理（「比理」〔ヒロ〕と読むのが妥当か。『万葉集』巻廿にも、天平勝宝二年に砺波郡主帳多治比部北里で、荊波の里〔砺波市池原あたりとの説あり〕に居住と記載）、神護景雲元年（七六七）三月に副擬主帳蝮部公諸木も、「石山寺文書」（越中国官倉納穀交替帳）などに見える。砺波郡式内の荊波《うばら》神社は論社が数社あって、砺波市池原や南砺市の岩木、松島（井波八幡宮）、谷（大森神社）などにあり、祭神もマチマチだが、主に利波臣氏の祖の日子刺肩別《さしかたわけ》命や水神の菊理姫《くくりひめ》命（罔象女神）、綿津見三神を祀る。その奉祀氏族は、利波臣や蝮部公かとみられ、利波臣の実際の系譜は吉備氏同族であった。

次ぎに、信濃では毛野氏族で注目すべきものがいくつかある。

### (1) 信濃国水内郡の善光寺と若麻績君氏

長野市長野元善町の名刹善光寺の創建には、毛野氏族が関与した。同寺の創設者は、『善光寺縁起』『源平盛衰記』などに水内郡人の本田善光とも伝えるが、これは後世の俗説的な名前であり、平安末期に編集された古辞書「伊呂波字類抄」に見える若麻績《わかおみ》東人のほうが適切である。同書には、信濃国伊那郡の麻績《おみ》里（飯田市座光寺あたり。元善光寺がある）の人と記すが、「善光寺本願系図」では、信濃国水内郡誉田里に住む若麻績部君東人と記される。現在でも、若麻績を名字とする人々が、善光寺の寺務職や宿坊の住職に多く見える（なかには明治期の改姓〔元が高橋、穂谷という〕もあるようで、古代から系譜でつながるかは不明）。

この若麻績東人を善光寺初代別当として、第十六代別当に当たる女性（麻司女）の夫が丈部豊範であり、その子孫が同寺別当を永く世襲した（『善光寺本願系図』）。この系統では途中に清和源氏村上一族から入嗣があるものの、水内郡の宮川・栗田（中世の戸隠別当、善光寺別当をつとめる）・布施田などの諸氏を出した。「若麻績」について、鈴木真年翁は若麻績公として毛野一族のなかにあげており、伊勢にも多気郡に毛野一族の麻績部・中麻績公があったから（『三代実録』貞観五年八月条）、丈部も毛野同族の丈部公とみられる。大麻績部・若麻績部が六国史に下野の郡領として見えることは先に述べた。

水内郡に毛野氏族が居住したとすると、同郡式内社の美和神社を奉斎した可能性もある。同社は長野市三輪に鎮座し、大物主命を主神に相殿に国業比売《くなりひめ》命・神服部神を祀る。前者は大物主命の母神といわれ、後者は織物管掌部として若麻績部とも関係しよう。郷村としての「三輪」の一帯からは、縄文期から平安期に至る多くの遺物が出土し、地区全体に条里的地割が最近まで残っていた。同社には大和の大神神社のご神体が移ってきたという伝承もある。毛野氏族の本拠・上野国にも、山田郡式

善光寺（長野市長野元善町）

内として美和神社（桐生市宮本町）があって、大物主命を祀る。長野市を流れる犀川は、越後国頸城郡の佐味郷がその地の犀潟につながる関連からいえば、元来が佐味（佐位）川で、その転訛の可能性も考えられる。

### (2) 信濃国小県郡の子檀嶺《こまゆみ》神社

先に少し触れたが、陸奥で浮田国造が奉斎した子眉嶺神社に、当社が通じる可能性がある。いま祭神ともされる木俣神（御井神）は天孫族の祖であるが、古来、駒弓神（『三代実録』）を祀るといい、子檀倉嶽（標高一二二三メートル）の山頂を奥宮とし、小県郡青木村田沢の字細久保（立谷《たてげ》遺跡）に中宮、宇宮下に里宮（旧県社）がある三宮祭祀の形態は、宗像神社など海神族の奉斎社に類例が多い。同社は、和銅五年（七一二）に武石郷の宇賀魂《うがたま》神を奉遷したという。宇賀魂神は保食神と同じ神で、元の鎮座地の武石郷は、豊城入彦命の父祖として推されるタキシヒコ（多芸志比古）に通じ、同人は『書紀』懿徳天皇条の分注に武石彦奇友背命と表記される。こうして見ると、もとは毛野氏族に関係の神社だったか。その後は、信濃各地で馬牧を多く経営した大伴氏一族が馬の神として奉祀した模様である。

### (3) 信濃国更級郡の頤気《いけ》神社など

子檀嶺神社に関連して、駒弓神を祀る**駒形嶽駒弓神社**がある。当社は、長野市街地の北方、大峰山東麓の地附山に本宮があり、善光寺の奥殿とされる。本宮は善光寺の北一キロ余の地で、若宮は同市上松二丁目にあるが、善光寺とも縁が深い。善光寺と同じく毛野氏族との関連が考えられるが、信濃全域で馬牧経営にあたった大伴氏族との関連も無視できない。ともあれ、長野市周辺には、ほかにも関係する地がありそうである。

長野市南部の頤気神社は、毛野氏族の伊気《いけ》氏が奉斎した可能性もある。伊気氏は『姓氏録』未定雑姓河内国のなかにあげられ、「豊城入彦命四世孫の荒田別命の後」と記されるが、氏の名の由来も発祥地も不明である。『和名抄』所載の伊勢国度会郡の伊気郷（度会郡二見町付近）との関連を考える見方もあるが、この地では毛野氏族との関連がない。

いま長野市域となる更級郡の地に池郷があり（『和名抄』。市域南部の小島田町頤気沖一帯で、川中島古戦場を含む）、ここに頤気神社が鎮座する。犀川と千曲川に挟まれた地域には、論社が近隣に二社（花立と西寺尾字柳島で、前者のほうが式内社とみられている）あり、いずれも諏訪神族の池生神（建御名方神の御子神）を祀るとし、相殿に建御名方命・事代主命を祀る。しかし、これは後年に諏訪神信仰の影響を受けて祭神が変更された可能性がある。その場合、本来の主祭神は水神の瀬織津姫神（保食神）ではなかったろうか。

「池」という地名で主なものは、大和国磯城郡と上野国多胡郡にあり、後者の地には有名な多胡碑が建つことを先に見た。大和の池のほうには、式内名神大社の池坐朝霧黄幡比売

池坐朝霧黄幡比売神社（奈良県田原本町法貴寺）

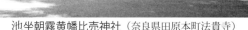

神社（磯城郡田原本町法貴寺）がある。いま祭神は天萬栲千千比売命とされるが、原型の瀬織津姫の転訛であろう。静岡県小笠郡浜岡町佐倉の池宮神社が瀬織津姫神を主神とし、相殿に武御名方命・事代主命を祀るという事情もある。

瀬織津姫はその名の通り紡績の女神であり、豊受大神（保食神）・白山神でもあり、水内郡から更級郡にかけて居住した若麻績部君氏一族が奉斎したのであろう。更級郡には麻績郷があって、いまの東筑摩郡麻績村一帯であり、犀川の支流・麻績川の作る麻績盆地には麻績・駒形という地名もある。この駒形から東南に七キロほど行くと、先にあげた子檀嶺岳である。駒形の地名は上野国勢多郡（現・前橋市南部）にもあり、駒形明神（いま駒形神社）の叢祠がある。先にも触れたが、駒形神社の代表的なものは、陸奥国胆沢郡にある式内社であり、駒形神を毛野氏の氏神とみる説（太田亮博士）もある。

伊気氏は、君などの姓をもたない事情から、発生の古さも窺われる。その場合、早くに分岐した毛野氏族で、更級郡の頤気神社を奉斎し、その近辺に居住した若麻績部君氏の一族かと推される。越後国頸城郡にも「池」（上越市東南部の大字）の地名があり、毛野や能登国造の同族の高志池君（彦坐王の後裔氏族の範囲か。後述）の発祥地と考えられる。

頤気神社の地から東北に十キロほど、千曲川の下流方向に進むと、高井郡井上郷がある。古代末期から中世にかけて信濃源氏と称する井上氏（源頼信の三男頼季の流れと称）が本拠とした地である。孝徳紀の大化二年条には井上君が朝倉君とともに見え、ともに毛野一族かとみられるが（太田亮博士に同旨）、両毛地方に「井上」という顕著な地名がないことも考えると、井上君の起源の地は信濃国ではないかと推される。

## (4) 磯部・石部と関連する神社・地名

三輪氏族に類似して、毛野氏族にも同様に、磯部（石部）・磯部君や石上部君があった（既述）。これに関連する地名・氏族や神社が、伊賀・伊勢から近江、越（越前、越中、越後）、さらには信濃、上野にかけての地域に陸続として、顕著かつ多数で分布する。これらは、多くが毛野氏族や三輪氏族とその同族に由来するとみられる。

信濃国埴科郡の磯部郷（現・千曲市東南部の磯部一帯で、千曲川東岸に位置）が毛野関連だとしても、残りは彦坐王後裔氏族（これも広義で毛野同族となるが）に関連する可能性も考えられ、どの程度が毛野氏族の移動経路に関連するのかは不明でもある。例えば、甲斐三宮の玉諸神社（国玉明神）の宮司は磯部氏が近世まで世襲した（信玄時には磯部竜淵斎が活動し、磯部臣姓を称）。甲斐国造には彦坐王の子の狭穂彦の後裔という系譜があり（『国造本紀』や『古事記』開化段）、これが妥当そうである（その場合、臣姓は疑問で、君、直ないし無姓か）。

近江に多い石部神社や加賀国能美郡の石部神社（石川県小松市古府町）、越中国射水郡の磯部神社（富山県氷見市磯辺）などが**櫛日方命**（櫛御方命、奇日方命）を祀ることに注目される。この神は三輪の大物主神の子であり、毛野氏族から見れば遠祖にあたる「磯城津彦」の実際の父祖とみられる者である。越後国頸城郡式内の水嶋礒部神社（上越市清里区梨平）にも留意される。祠官の綿貫氏は磯部臣を称したが、「臣」は訛伝か。「綿貫」は上野国群馬郡綿貫の地が著名で、綿貫観音山古墳があり、南北朝期以降に綿貫氏の活動が知られる。

越中国射水郡では、現・富山県氷見市北部の白川（磯辺の東方近隣）の楯鉾神社にも注目される。群馬県安中市磯部の南方近隣で道がつながる上野一宮の貫前神社が抜鉾神社ともいわれるが、陸奥国磐城郡の立鉾鹿島神社（いわき市平中神谷字立鉾）ともども、通じるものがある。射水郡式内では物部神社（高岡市東海老坂）もあるが、神別物部氏の系統が奉斎したかは不明である（むしろ別系統の物部か）。氷見市の矢田部には矢田部神社、堀田には多胡神社もある。射水郡が能登国能登郡と隣接する事情を踏まえて見る必要があろう。

### (5) 武蔵国児玉郡の金佐奈神社

同社は、武蔵では足立郡の氷川神社とならんで式内名神大社であり、同国二ノ宮（一に五ノ宮）とされる。旧社格は官幣中社であり、いまは金鑽神社と書き、埼玉県児玉郡神川町二ノ宮に鎮座する。祭神を金山彦命とし、平安後期以降は、周辺の武士団たる武蔵七党の児玉党・丹党の厚い崇敬をうけたが、創祀時の奉斎氏族は不明である。毛野氏族の遷住経路をたどると、発生期の段階の毛野氏族が創祀、奉斎に関与した可能性も考えられる。

同社は御室山《みむろ》（標高三〇〇メートル）を神体として、本殿がなく、典型的な神体山信仰を残している。御室山の背後の御獄山（同三四三メートル）の頂部には磐座状の巨岩が露出し、中腹には鏡岩という名の天然記念物もあって、大和の大神神社と同様の特徴がある。この近くには金屋（児玉町）・穴師（いま阿那志と書く。美里町）という製鉄・鍛冶関連で大和国磯城郡と類似の地名も見え、砂鉄産出の伝承もある。こうした諸事情からみて、同社の本源には御諸別命を祖とする毛野氏族による祭祀も考えられる。森田悌氏も、磯城県主等が郷里磯城の地名をもたらした、とみられるように思われると記される（このほか、倭建命東征のなかで創祀という伝承もあり、天照大神・素戔嗚尊を祀るから天孫族関係の奉斎の可能性もあろう）。

以上のような毛野に関連しそうな信濃などの地名を見ていくと、毛野氏族は、大和から伊賀・近江を経て越に入り、越後南部あたりから信濃北部に入り、水内・佐久郡から上野国に入って、碓氷郡を経て甘楽・緑野郡あたりに至った。そこから、少し北へ進んで前橋・高崎周辺に落ち着いたグループと、少し南下して武蔵北部の児玉郡金鑽神社の地を経てから、東へ利根川を越え上野国新田郡の太田辺りに落ち着いたグループとに二つに分かれたかとみられる。上野国の諸古墳を見ても、国の西部と東部にほぼ同規模で二系列の古墳分布があり、古墳時代前期から引き続いて築造された。毛野氏族では、当初から内部に大きく二系統があったと考えるのが自然である（この辺は、備前と備中の吉備氏族と同様）。

金鑽神社の神体たる御室山が御諸別命の名に対応し、新田郡の地名が新たに開いた土地という義に因み、新田をアラタと訓んで荒田別命に対応するかという見方もある。毛野かつ関東での最大の古墳が太田地方にある中期古墳の太田天神山古墳ということも併せてみると、毛野（上毛野君）本宗家は上野国南東部の太田地方を中心に、新田・山田・佐位・勢多郡あたりに在った。上野西部の系統のほうは、貫前神社を奉斎した物部君や朝倉君が主体で、景行天皇西征に随行した夏花命（御諸別の近親一族）が始祖であった。古墳築造の状況などから見ると、西部系統がまず上野に入ってきた可能性もあろう。このためか、系譜の不明な毛野一族諸氏の多くが、初期の分岐か物部君支流かとも考えられる。

金鑽神社（埼玉県児玉郡神川町）

## 両毛の若田部氏と勝道上人

能登と両毛地方を結ぶ氏族が見つかったので、その若田部氏を検討する。

日光山の開祖として知られるのが**勝道上人**（生没が天平七年〜弘仁八年〔七三五〜八一七〕という）という僧で、俗姓は若田氏といい、下野国芳賀郡の高岡郷（現・真岡市域）に下野介若田高藤麿の子として生まれたと伝える。

少年期から山林修行を行い、下野薬師寺の如意僧都に師事して授戒した。神護景雲元年（七六七）に日光山（補陀落山）へ最初の登頂を試みたが失敗し、三度目の試みで延暦元年（七八二）に登頂に成功した。このとき、勝道は、日光山の神霊を礼拝し、衆生の幸福を願い、善神・毒龍・山魅に登頂の手助けを願い、山頂にて菩提の境地に至りたいという誓願をしたという。その後、再度日光山に登り、中禅寺湖に立木観音（千手観音）を感得して中禅寺を開き、桓武天皇から上野国の講師に任じられた。四本龍寺（現・輪王寺）や二荒山神社の創建に関わったという伝承もある。

さて、若田氏は、『補陀洛山建立修行記』では、活目入彦五十狭茅（垂仁）天皇の第九皇子・池速別命が祖で、東国に下向して病疾で一目を失い、下毛野国八島（一に高岡の里）に居住したといい、高藤介はその十八代の子孫とされる。同様な社伝が真岡市南高岡の鹿島神社にもある（鹿島神社の立て札、『下野神社沿革誌』巻六）。『日光市史』では、上野国片岡郡若田郷（高崎市若田町・八幡町あたり）から東に移った一族とされる。

先にも触れたが、「国造本紀」では能登国造の先祖が「大入来命」として活目帝（垂仁）の皇子とされ、その孫の彦狭島命が初代とされる事情があるから、垂仁皇裔の伝承や鹿島神社は能登国造との関連を思わせる。「池速別命」という者は、伊賀の阿保君・健部君等の祖とされるが、この系統が東国に在ったことは考え難く、名前は転訛があるかもしれない（「池」の名に拘りありか）。

若田氏というのは、原型は若田部とみられるが、それは若旅村（いま真岡市若旅）の地名と、この地に居住した伊達入道念西の孫・経家（四郎為家の子）について、下野国若田部に住むと「駿河伊達系図」に見えるからである。この北隣に芳賀郡中村庄（栃木県真岡市南西部の大字中の一帯）があって、中村八幡宮や遍照寺は、下館市中舘の伊佐城址の僅か九キロ北方という近隣に位置する。伊佐城に居たのが伊達氏の元となる伊佐氏である。

太田亮博士は、『元亨釈書』等に釈勝道が姓若田氏で下野芳賀郡の人と記され、これを毛野氏族と考えた。正倉院天平勝宝三年（七五一）の文書には「若田部廣足」が経師で見え、また武蔵にあるとする。このほか、東国には、上総国周准郡額田部郷に戸主若田部荒馬、戸口若田部黒麻呂も見える（「大日本古文書」）。また、十四世紀初頭に僧天目上人がいて、下野国唐沢城主佐野氏を教化したときに、家老の若田部源五郎光盛も帰依して安蘇郡奈良淵村（現・佐野市奈良渕町）に一宇を建立したという。時に嘉元二年（一三〇四）とされる。現在でも、両毛では佐野市の奈良渕町・堀米町に若田部の苗字が集中する。

片岡郡若田郷の推定地付近には、先にも触れた**八幡観音塚古墳**があるから、僧勝道の観音信仰も想起される（毛野一族には観音信仰が見られ、菊理媛祭祀にもつながる）。こうした有力豪族の居住地でもあり、若田部氏が毛野氏族である場合は物部君の一族と推定される。八幡観音塚古墳は、六世紀末～七世紀前半頃の終末期古墳で、墳丘長約九六メートルであり、円筒埴輪Ⅴ式、画文帯神獣鏡（同型鏡は埼玉稲荷山など）、五鈴鏡・獣形鏡・内行花文鏡等を出土した。石室の用石は、飛鳥の石舞台古墳と対比されるほどで、わが国最大規模とされる。

この古墳がある高崎市西端の八幡台地上には、ほかに平塚古墳（墳丘長約一〇五メートル）・八幡二子塚古墳など大古墳があり、数多くの遺跡が点在する。高崎市の縄文時代を代表する若田原遺跡（柄鏡形敷石住居等が出土）はともかく、剣崎長瀞西遺跡は渡来系の人々に係わりそうな遺跡で、日本最古級の轡《くつわ》装着のまま埋葬された馬の骨や、朝鮮半島との関連がある鉄製馬具・韓式系土器などが出土した。八幡中原遺跡は、観音塚古墳と同時期の集落遺跡で、百軒超の古墳時代の竪穴住居跡の集合で、祭祀用の子持勾玉なども出た。

八幡観音塚など八幡古墳群は、石上部氏関係の墳墓とみる説も尾崎喜左雄氏らにある。この辺は確かめがたい面もあるが、傾聴すべきようで、保渡田古墳群とは烏川を挟んで、西南方近隣に位置し、石上部君などを含む物部君一族に関係するものであろう。

## 高志の池君

最後に、能登の気多大社にもつながる名をもつ越後国頸城郡の**居多神社**について、もう少し触れておく。これが新潟県上越市五智に鎮座して大国主命等を祀る。『神道大辞典』も、但馬・能登・越中等の気多神社と系統を同じくするものであろうとする。

神主家は歴代、毛野一族の商長首・商長宿祢姓を称する花ヶ前（花崎）氏が世襲して、現在に至る。平安後期の保延七年（一一四一）五月の「越後国留守所下文」（東大寺東南院文書）に「官人散位商長宿祢」が見えており、気多神社神主家が名乗る「商長宿祢」との関係が考えられる。ただ、この姓氏には疑問もあり、実態は毛野・能登氏族の初期分出かその同族という可能性もある。『姓氏録』では、左京皇別に**商長首**をあげて毛野一族とされており、この後裔という系譜を花ヶ前氏ではもっている。

社名は、現在慣用的に「コタ」だが、本来は「ケタ」と訓むといわれ、もと日本海近くの身輪山に鎮座したのが、明治になって現在地に遷座したとされる。身輪山が三輪山に由来し、本来は「ケタ」と訓むとしたら、能登国造に系譜がつながりそうである。

花ヶ前氏の系図は東大史料編纂所などにも謄写本があるが、商長首宗麿の五世孫という盛香から始まる。この辺は、年代的に問題があるとともに、名前のつながりに不自然さがあり、かつ、毛野氏族とはいえ、商長首氏がなぜ越後に居住なのかという疑問がある。そのため、様々な検討をしてみたところ、一族に「五十公介」を名乗る者が何人か見えるなどの諸事情で、同じ頸城郡の近隣にある式内社、**五十君神社**（上越市三和区所山田）を奉斎した高志池君の一族というのが実際の出自かとみられる。同社の六キロほど北方に花ヶ崎（上越市頸城区）の地名もあり、その西方約十二キロに居多神社が位置する。また、上越市の関川東岸域には池、池部、今池の地名が見える。

居多神社から五十君神社へは東南方十四キロほどであり、所山田を含む地も旧名が三和村で、三輪に関係する。社名の「五十君」は「五十公」とも書かれ、今は「いぎみ」と訓むが、古来「いそきみ、いちきみ、いほきみ」などとも訓まれた模様である。そうすると、五十君神社の祭神が五十日帯日子命（五十日足彦。垂仁天皇の皇子で、春日山君・高志池君等の祖と『古事記』に記される。五十嵐氏等の祖）とすることにも検討の必要性が出てくる。蒲原郡五十嵐（三条市飯田あたり）発祥の五十嵐氏の伝説には、五十嵐小豊治が池の蛇神の子とあるという（『姓氏家系大辞典』イケ条）。五十公野の地名も蒲原郡にある。また、正倉院文書の天平神護二年（七六六）十月付けの「越前国足羽郡少領阿須波東麻呂解」には「五十公諸羽」なる者が申し状を出したことが見える。

これら諸事情も、高志池君の系譜を考えることにつながるが、この氏が皇別で垂仁後裔と称することにも疑問が大きくなる（能登国造にも垂仁後裔の系譜伝承がある）。五十君神社の創祀の伝承では、景行天皇の御宇に建てられ、当初は五十王神社と称したという。同社社司は池氏が長く続けたから、高志池君の後裔となろう。

池氏は、中世の越後国蒲原郡の雄族にあり、後に山吉氏を名乗るが、池大納言平頼盛の後裔というのは、勿論こじつけの系譜仮冒である。五十君神社の地が『和名抄』の頸城郡五公郷として、その近隣に佐味郷があった（五公郷の北西方の犀潟のあたりか）。五十嵐の地名（上越市頸城区域）も近隣にある。五十君神社の南方約八キロの地が上越市清里区梨平で、この地や同区青柳には水嶋礒部神社の論社がある事情も考慮される。

以上の諸事情から、高志池君は能登国造や磯部の同族ではないかという推測もできよう（そうすると、「五十日足彦」とは能登国造の祖・大入杵命の近親一族か）。越後には頸城郡などに大己貴神（大国主神）が国土平定のため高志に来たとか、角鹿国造の奉じた気比大神が北部の村上市、西奈弥神社の地まで来たという所伝が残るから、能登・越前方面からの勢力進出を窺わせる。

イケは、毛野氏族のなかに『姓氏録』河内未定雑姓の伊気があり、これが信濃国更級郡の池郷、頤気神社の地に起るかと見れば、上野西部の多胡碑がある多胡郡の池の地（現・高崎市吉井町池）にもつながる。下野にも池氏があり、『東鑑』に池次郎が小山朝政の郎従、小山政光入道の郎等として見え（養和元年閏二月条など）、太田亮博士は伊気氏の後裔かとみる。寒川郡に池辺郷があり（『和名抄』。河内郡にも同名郷が掲載）、この地に起ったか。

先に大和国城下郡の池坐朝霧黄幡比売神社（池社）に触れたが、鎮座地の磯城郡田原本町法貴寺が池の故地と思われ（神社西方に興福寺領池辺庄があった。『奈良県の地名』）。法貴寺の北隣には八田の地があり、少し離れて南西三・五キロほどの近隣に矢田、その西側近隣に佐味の地があり、中世武士の佐味氏が田原本町の佐味あたりに起った。このように毛野氏族関係の地域らしい要素があり、『令集解』には相嘗祭の使いとして当社に池首が官幣を奉ったと見える。「池首」は池地域の豪族であろうが、系譜不明でも、上記の「伊気」氏と同族の可能性があり、毛野氏族には商長首、村挙首、登美首といった首姓の氏がある。

磯部・石部のみならず、佐味・岡本も、越前国丹生郡あたり及び能登国能登郡あたり（そして、越後国頸城郡あたり）という幾つかの要地を経て、両毛に至っている。それぞれの地に地名・神社や氏人・関係部民を後世に遺したという大きな特徴がある。

# 六　茅渟の毛野氏族諸氏

毛野氏族の淵源とその系譜の広がりを考えるとき、和泉の茅渟地方、後の和泉国和泉郡の一帯を発祥地とする毛野氏族諸氏を無視できない。この点は、郷土史家茜史朗《あかねしろう》氏によっても早くに示唆されており、その研究なども踏まえて、様々な観点から検討を加える。

## 茜史朗氏の毛野研究

毛野氏研究については、従来は、尾崎喜左雄・志田諄一両氏の学説に良きも悪しきも左右されてきた。ところが、昭和六十年（一九八五）夏に、『古代東国の王者—上毛野氏の研究—』（ここ本章では当初のペンネーム・茜史朗氏の名で記述。後に「熊倉浩靖」氏の名で、同書の改訂増補版が二〇〇八年に刊行）という注目すべき研究書が刊行された。著者は高崎市在住の在野の郷土史家であるが、ともすれば視野が狭くマンネリに陥りがちな従来の毛野研究に対して、新しい視点から果敢に切込みを図っており、示唆深い内容を含んでいる。

同書の特徴は、史料に見える律令国家完成前後の上毛野関係氏族の動向を解明しようとして、上毛野氏とその同族とみなされた氏族を大きく三つのグループに分けて考えたことである。この三グ

ループとは、

①「東国六腹の朝臣」（『続日本紀』延暦十年四月五日条。上毛野・下毛野・車持・佐味・大野・池田の朝臣姓六氏）と呼ばれる中級貴族官人グループ、

②豊城入彦命の五世孫「多奇波世《タカハセ》君の後裔」を称する渡来系グループ（田辺史が中心的存在で、池原朝臣、住吉朝臣、桑原公など）、

③大阪湾沿岸地帯に集中して住み続けた「紀伊・和泉グループ」、

であり、これらのグループ毎に詳細な検討を加える。こうした接近方法は基本的に適切であり、かなりの成果をあげるが、一方で看過できないほど疑問の大きな結論に到る諸点もある。これらを順不同であげると、次のようなものとなろう。

その第一の問題点としては、上毛野氏関係氏族の活躍年代を大きく三つに分け、第一期（西暦五〇〇年前後の以前）は、紀伊・和泉を中心として勢力を張り、倭王権中枢との緊密な関係を保ちながら氏族群の母胎を形成した時期、次の第二期（六～七世紀）は、東国での活動、氏族形成に重心を移した時期で、同時に朝鮮から再渡来した多奇波世君・男持君の後裔を称する人々が広義の河内地方に定着を図った時期であり、最後の第三期（西暦七〇〇年以降）は、東国六腹の朝臣が中央の中央貴族として国家中枢部に登場するとともに東国在地との関係を薄くしていった時期であり、多奇波世君・男持君の後裔グループ、紀伊・和泉グループが改めて東国六腹の朝臣との同族性を主張するようになった時期、とみて、各々の時期を把握する結論があげられる。

上毛野君がその勢力を最も盛んにするのが六世紀からだとする茜氏の見方は、両毛地方の多数の巨大古墳が示す様相と明らかに反する。東国第一の規模を誇り群馬全域の頂点にあるとさえ思わせ

る太田天神山古墳は五世紀前半の築造とみられることは先にも触れたが、これ以前にも四世紀中葉ないし後葉に築造された全長一〇〇㍍超の規模の大古墳が数基あって、五世紀になると更に巨大な古墳が多く築かれたからである。こうした古墳築造時期を茜氏は認識しているにかかわらず、どうして先のような結論に導かれるのだろうか。茜氏の前提からして疑問だと言わざるをえない。

毛野氏族の母胎が和泉にあったことは、私見もほぼ同様であり、既に述べた。畿内の和泉と東国の両毛という両地域で、ほぼ同時併行的にこの氏族が発展しており、毛野氏族の活動は四世紀中葉頃から既に始まっていた。しかし、和泉に紀伊を加えることは疑問もある。紀伊には毛野氏族が殆ど見られないことがその大きな理由であり、史料には毛野氏族の紀伊分布がかなり少ない（伊都〔一東〕郡の無位上毛野君大山が長屋王家に出仕し〔平城京出土木簡〕、『日本霊異記』には同じ伊都郡人の上田三郎〔文忌寸〕の妻に上毛野公大椅之女が見えるくらい）。茜氏の見方では、紀伊は母系たる紀国造族の荒河戸畔に因るとみることが大きそうである。

また、擬制的血縁関係という見方で三グループ間やグループ内の諸氏を茜氏がとらえることにも、疑問が大きい。毛野氏族諸氏において、スサノヲ神・大己貴神系の諸神の奉斎が見られるとしても（スサノヲ神奉斎は疑問か）、実態のない擬制的な血縁を考えるのは推論の飛躍といえよう。「擬制的血縁」（擬制的同族、擬制同族）という概念は、戦後古代史学に見られる特徴ないし傾向の一つであるが、総じて観念的な思込み・決めつけにすぎず、根拠が薄く、無理があることが多い。要は、実証的説得的な論証なしにそう断じる傾向があって、これは問題が大きい。

次に、多奇波世君・男持君の朝鮮関係伝承は五世紀後半と考え、その後裔と称する氏族のわが国への渡来を六世紀のこととする見方は、『書紀』『姓氏録』など各種史料の示す記事と大きく異なる。

毛野関係者の誰がが本来の伝承を後に覆して、時期を遡上させるほどの影響をもっていたと考えるのだろうか。特別の事情がないかぎり、史料改編や記事造作が軽々にできると考えるべきではない。これが、わが国古代史研究の基本姿勢であろう。

なお、「男持君」を田道君と同一人とする茜氏の見解はきわめて疑問である。「男持」を「タヂ」と訓むのは、古代でも現代でも困難であり、かりに男持から田道という名前を作り出したとして、毛野氏になんのメリットもない（「男持」という珍妙な名前は古代には他に見えない）。これは、そもそも「田道の男とされる持君（あるいは特君）」の読解誤りである。

さらに、上毛野君・下毛野君は国造として遇されなかったと考えることが史実に近い、とみる茜氏の見解もあるが、これも疑問が大きい。この根拠としては、『旧事本紀』「国造本紀」の上毛野国造条の書式の特異さ（「彦狭島命、初めて東方十二道を治平し封と為す」と書かれ、「国造に定め賜う」という一般的な書き方とは異なること）、及び記紀における上毛野君・下上毛野君の取扱い方をあげ、中級貴族官人となった国造など他に見当たらないという見解も併せてあげられる。しかし、これらの見解・根拠には、いずれも疑問が大きい。「国造本紀」には明確に上毛野国造（一部に「造」を記さない書もある）、下毛野国造（「定賜国造」という一般的な形で記される）をあげるからである。毛野氏族にはほかに浮田国造・針間鴨国造という氏姓国造もあり、景行紀五五年条に見える「東山道十五国都督」（とくに「都督」）という後世的表現に惑わされるべきではない。

奈良期に中級貴族官人となった国造（国造級）の地方豪族はほかにもいくつかあり、例えば吉備の笠国造笠臣氏は、毛野の東国六腹の朝臣と同じ時期の天武十三年十一月に、同族の下道国造下道臣氏とともに朝臣賜姓をうけた。地方の国造ないし国造級の豪族出自の中級官人では、下道臣後身の吉備朝臣のほか、伊勢朝臣（伊勢国造）、賀陽朝臣（加夜国造）や和気朝臣（吉備の磐梨別君や讃岐の凡直の出）、綾朝臣（讃岐の綾君）などもあり、毛野氏族に限らない。古墳の築造規模などから見ても、東国で巨大古墳を残したのは毛野氏族のうち上毛野氏一族だけであり、下毛野氏（国造）の築造した古墳規模は、近隣の那須国造・茨城国造など他の東国諸国造の関係する大古墳の規模とあまり変わらない。

上毛野君・下上毛野君が中央の貴族・官人となることで、自らが拠って立つ基盤たる両毛地方から切り離され、八世紀以降、有力な在地勢力を形成しなかった、という茜氏の見解も問題も大きい。両毛地方における毛野氏族の後裔については、史料では不明となるが、実態を見ると、藤原朝臣・中原朝臣などの姓氏仮冒のなかで、毛野氏族は平安後期以降でも姿を変えた有力な武士団を両毛地域を中心に長く残した。これは、他地域の古族とほぼ同様であり、毛野後裔諸氏が平安後期以降、系譜を仮冒して藤・中原などの姓を称した外面に惑わされてはならない。この辺は、後ろで具体的に検討を加えるが、「秀郷流藤原氏」など両毛を中心に繁衍した武士団諸氏のなかに毛野族裔が混入した可能性が大きい。

豊城入彦命を象徴的な人格とする「荒河戸畔」の勢力が、崇神〜垂仁という初期倭王権を擁立した集団として優遇されていたという茜氏の解釈も、想像が大きく、根拠がない。このほか、人名（例えば吉弥侯部、現古）などの固有名詞の訓み方も、茜氏には問題がある。

これら幾つかの問題点ないし難点にもかかわらず、大きな利点を茜史朗氏の研究はもっている。それは、毛野氏族に関する史料を網羅的に取り上げて、全体展望をしたことに因る。そこでは、従来の見方と異なって、次のような重要な指摘を行っている。

①七世紀前半以降、上毛野君（朝臣）が中央政府から有力な貴族の家と扱われていたことは認められ、そうした地位をもって上毛野君ら東国六腹の朝臣は、東国に君臨していた（↓ただ、上毛野君の勢力が倭王権中枢との対立者として把えることは疑問が大きく、「東国に君臨」というのも、他の東国諸国造に比較して突出は確かだとしても、大和と対立ないし独立して東国諸国造を支配下においていたという意味であれば、これまた疑問が大きい）。

②上毛野氏関係氏族、とくに東国六腹の朝臣の関連地域として、上毛野・越・大阪湾沿岸地帯が指摘できる。すなわち、①八世紀半ば以前においては、従来考えられていた以上に、上毛野氏関係氏族は、越地方（北陸道）と深い関係をもった、②和泉地方に集住したグループは、従来学界からはほとんど関心をもたれないが（東国との縁が薄く、渡来の伝承も持たず、奈良朝において殆ど活動が見えないという事情に因る）、上毛野関係氏族全体の成立を考える上で無視できない。とくに、この第二の点は重要である。

## 車持朝臣の一族と動向

東国六腹朝臣の一にあげられる車持朝臣が、茜史朗氏のいわゆる和泉グループに出自することは、鈴木真年関係資料からも知られる。この「和泉グループ」（地域的にいえば、むしろ「和泉・摂津グループ」としたほうが適切か）は、神功皇后朝に韓矢田部造姓を賜ったと伝える現古《うつしこ》命を祖とするが、その曾孫が雄略朝の射狭《いさ》君であり、氏の名は乗輿を進めたことに因る。平安前期の『姓氏録』には、左京皇別と摂津皇別に「車持公」二氏をあげ、その記事には、この者が車持君の祖だと見える（左京皇別下のほうに「豊城入彦命の八世孫射狭君」が雄略朝に賜姓と記載）。なぜか、朝臣姓の記載がないが、左京のほうはカバネの誤記か。

　この氏族は車持部の伴造であり、宮内省主殿寮の殿部を構成する五氏の一である。職務を世襲する、いわゆる「負名《なおい》の氏」で、『延喜式』践祚大嘗祭条にも、車持朝臣が菅蓋を取る役割をしたと見える。菅蓋を取る役割は長く続き、『愚昧記』の仁安三年（一一六八）十一月条の記事にも「車持取菅蓋」と見える。上記『姓氏録』の記事に見えるように、氏族の名が職務に由来するものであり、地名に由来の他の東国五腹氏族とは性格が異なる。

　車持朝臣姓の人物として史料に先ず見えるのは車持朝臣益であり、和銅三年（七一〇）正月に従五位下に叙位、養老四年（七二〇）十月に主税頭となって、天平元年（七二九）に正五位下に達した。次ぎに、車持朝臣国人がおり、天平十二年（七四〇）正月に従五位下に叙位し、主殿頭や伊予守を歴任した。また、支族の正八位下車持君長谷が天平九年（七三七）正月に朝臣姓を賜っている。

　藤原鎌足の妻として、鏡王女及び車持与志古《よしこ》娘が知られ、後者は定慧・不比等の母と「藤氏家伝」に記される。与志古娘は、『尊卑分脈』に「車持国子君之女」と見える。不比等落胤説をふまえてか、『竹取物語』には、かぐや姫求婚者の一人、車持皇子が不比等に擬せられることもある。この辺に関して言えば、中田憲信編の『各家系譜』七所収の「四条家系譜」には、定慧と不比等との間に斗売媛をあげ、定慧と同母で与志古娘が母で、中納言中臣朝臣意美麻呂妻とあり、定慧には「実天萬豊日天皇御子也」（天智天皇の御子）と記される。鎌足が鏡女王を妻としたのは天智天皇の口利きがあったとも伝えるから、先に与志古娘についても、「天皇」からその宮人を下賜された可能性がないでもない。なお、「天皇」については、『多武峰略記』は孝徳天皇だとし、これが妥当であろうか。

　一族には、車持朝臣千年が知られ、元正・聖武天皇に宮廷歌人として仕え、各々の行幸に従駕したときの歌八首が『万葉集』に所収される。

これらの人物関係は、「小池系図」に拠ると、与志古娘の三人の甥（麿、豊足、鳥人）の子に各々、益、国人、千年があげられ、益の子女の諸成・塩清（女）も『続紀』に見えて、従五位下に叙された。諸成は主殿允に任じたと系図に見え、その後の歴代も同職に続けて任じ、諸成五世孫の広真（次ぎに広貞と六国史に記され、系図では広貞と表記）は貞観元年（八五九）の正六位上主殿允のときに従五位下に叙され、後に大炊頭に補された（『三代実録』）。広真（広貞）の後も長く続いて摂津の在庁官人にあり、国府（国分）や豊島郡小池に因む小池を苗字とする武家となった。この辺の系図はほぼ信頼してよさそうである。

東国への分岐過程は、同系図からは知られないが、雄略朝の射狭君から推古朝頃の国子君までの間が一代しか記されず、中間におそらく二世代ほどの欠落が考えられるから、この初期段階で東国系統と摂津系統とに分かれたものか。上野国と関係する史料としては、寛弘三年（一〇〇六）十二月に正六位上車持朝臣孝節が上野大掾を望んで補された（『魚魯愚鈔』）。ほぼ同時代人として車持有福がおり、主殿属の任にあったが、御湯殿のことで懈怠があったと『権記』に見える。『二中歴』には、その少し前の天元五年（九八二）に主税頭にあった車持実光が記載されるが、この辺の人々は「小池系図」に見えない。これらより古い時期、平城宮跡出土木簡に近江国に関係する車持君百足が見え、「殿部」関係かと推されている。

## 摂津の毛野一族

現古命を祖とする一族に韓矢田部造と車持君があり、毛野氏族では、この二氏だけが『姓氏録』

摂津皇別に掲げられる。

韓矢田部造の一族とみられる人物が、天平十五年（七四四）九月付の「摂津職移」、及び天平勝宝元年（七四九）付の「大宅朝臣可是麻呂解」という史料に見える。前者には、摂津国嶋上郡野身《のみ》郷戸主の辛矢田部君弓張、同姓で戸口の法麻呂・大国・枳波美・衣屋女・姉女・飯刀自女が見え、後者には嶋上郡濃味《のみ》里戸主の辛矢田部君川内が見える。野身郷と濃味里は表記が異なるが、訓は「ノミ」で同じ地域であって、『和名抄』の嶋上郡濃味郷にあたり、嶋上郡式内の野身神社の鎮座地一帯とされる。同社は現在、JR高槻駅の北方、高槻市天神町一丁目の上宮《じょうぐう》天満宮の境内社となっており、同社東方の古曽部《こそべ》・安満《あま》（ともに高槻市域）が濃味郷の中心地だと推定されている。

ここであげた辛矢田部君姓の合計八名が全て記載される系図が、鈴木真年関係資料にある。それが、静嘉堂文庫所蔵の『百家系図』巻五九所収の「寺井系図」であり、現古別命の後裔として嶋上郡の評督・郡司を世襲する有勢の一族で、その支族で東成郡の郡領家の後裔から寺井氏が出たとされる。同系図は、難波長柄豊碕大宮御宇（孝徳朝）の三嶋上評督であった豊庭の前代において二世代ほど世代の欠落があるようだが、総じて信頼性が高いとみられる。そうすると、『姓氏録』摂津皇別の韓矢田部造と辛矢田部君とはカバネが異なるものの、「カラヤタベ」で同じ氏をさすことになる。韓矢田部君と車持君の一族では関東に居住したものもあり、常総に関係地名もあるが、分岐過程や系譜は不明である。

上記の「摂津職移」には、野身郷の戸主として軽部造弓張が辛矢田部君弓張と並んであげられており、その戸口として同姓の古麻呂・広女なども見え、軽部造は韓矢田部造と同族とみられる。軽部造には左京神別で物部連の同族もあるが、この史料の軽部造弓張は和泉皇別の毛野同族、軽部・

軽部君の同族とみたほうがよい。和泉皇別で毛野同族とされる茨木造も、起源の地は摂津国嶋下郡茨木邑の茨木神社（茨木市元町）の一帯とみられる。

## 珍県主家の系譜

先に車持君と韓矢田部造について記したのは、鈴木真年などの系図収集により現在まで系図が伝わる事情があるからである。和泉の毛野氏族の長ともいうべき珍《ちぬ》県主（茅渟県主）については、真年による系図が残るものの、祖先の系譜が必ずしも明確とは言えない。

史料にチヌ県主が見えるのは、雄略朝の根使主の反乱のときで、根使主の子孫の一部を茅渟県主に与えて負嚢者とした、とされる。この県主の本拠に関して、後世、和泉国和泉郡の郡領に珍県主が見える。すなわち、天平九年（七三七）の「和泉監正税帳」に（和泉郡の）少領外従七位下珍県主倭麻呂、主帳無位珍県主深麻呂が見え、『日本霊異記』中巻第二に「禅師信厳は、和泉国泉郡大領の血沼県主倭麻呂なり。聖武天皇の御世の人」で、行基の弟子とされる。『続紀』には天応元年（七八一）に珍努県主諸上が見えて、三月に外従五位下、同年六月に外従五位上に叙されている。

この一族の居住地は、『泉州志』に「珍県主居地　国府」と見え、これに拠れば現在の大阪府和泉市の府中町に当たる（吉田靖雄氏の「行基集団と和泉国」）。和泉郡式内社で和泉市域にある丸笠神社（和泉市伯太にあり、いま伯太神社の飛び地境外社）や五社総社には、祭神のなかに御諸別命をあげるのもある。上泉郷を旧地とする和泉神社等をいま境内社にする式内社・泉井上神社の神主家（五社総社の神主も兼帯）で在庁官人の田所氏は、現在まで続き、珍県主末流とみられる（社伝は不正確だが、珍県主倭麻呂の子の諸上の後裔のように伝える）。戦国期の府中城主田所大和守は大鳥明神の神職を務め、和泉三十六郷士の一人とされる。

珍県主の系譜は、『姓氏録』和泉皇別・珍県主条に見え、「豊城入彦命三世孫、御諸別命の後」とある。それ以前に「血沼別」という古氏族があって、それとの関係はどうか、御諸別命の後にどのように毛野氏から分岐したのか、という問題がある。

鈴木真年編の『百家系図』巻五五に所収の「珍努県主」系図には、その祖を「豊城入彦命後　頬垂《つらたり》君」と見えて、平安後期頃の子孫まで廿二世代が掲載される（上記の倭麻呂・諸上親子も系図に見える）。頬垂君の父祖は不明だが、子孫の世代等から推して、頬垂君の活動時期が仁徳朝頃とみられるから、辛矢田部君の祖・現古命（御諸別の孫）の子で、武額乃君（辛矢田部君・車持君の祖）の兄弟におかれよう。名前でも、「頬と額」という対応関係もあって、これが自然である。そうすると、仁徳朝頃に珍県主が分岐したことになるが、おそらくそれ以前に血沼別があって、その跡を同族から襲ったのではなかろうか。珍県主からは藤原部（和泉皇別の葛原部）、軽部（和泉皇別の軽部）が分かれたと系図に見えるが、同様に丹比部（和泉皇別）もこの一族から出たとみられ、軽部郷も和泉郡にある。

泉井上神社（大阪府和泉市府中町６丁目）

鎌倉期、十二世紀前葉の和泉郡池田郷（府中町の西南近隣の岸和田市下池田町あたり）の田地相論に珍判官代為光・舎人光時父子が関与した。同郡山直郷内（下池田町の東南近隣の山直北～山直南あたり）の中村新庄は、寛平二年（八九〇）に主殿貞恒が開発した私領で、それが鎌倉期の弘安年間の珍姉子まで十数代伝領された（「弘安二年七月日珍姉子申状」）。こうして見ると、和泉市から岸和田市東部にかけての地域に珍県主一族の足跡が残る。この辺りには、巨大な摩湯山古墳（柄鏡式の前方後円形で、墳丘長約二〇〇メートル。四世紀後半築造）がある。

## 垂水君と大津造の一族

摂津の嶋上・嶋下両域を包括する三嶋郡の西隣は豊島《てしま》郡で、この地にも毛野一族が居た。

豊島郡垂水《たるみ》邑に鎮座の式内名神大社、垂水神社（吹田市垂水一丁目）を奉斎したのが**垂水君**氏である。千里丘陵の南端に位置する垂水神社の現祭神は、豊城入彦命・大己貴命・少彦名命とされ、垂水君が同社を奉斎した経緯は、『姓氏録』右京皇別上の垂水公条の記事に見える。それによると、豊城入彦命の四世孫、賀表乃真稚命の後で、六世孫の阿利真公が孝徳天皇の御世、天下旱魃のときに高樋《たかひ》（水を通すため地上に設けた樋の設備）を作り、垂水の岡の水を宮中（難波長柄豊碕宮か）まで通して御膳に奉仕したので、天皇はその功を賞して垂水君の姓を賜り、垂水神

摩湯山古墳（大阪府岸和田市摩湯町）

垂水神社（大阪府吹田市垂水１丁目）

の社を司らしめたとされる。

この伝承からは、垂水神には文字通り雨師神・水神の性格があり、垂水社の祝は天皇の食膳に水部として奉仕したことが示唆される。『延喜式』臨時祭条では八十島祭の祭神として垂水神二座をあげ、同祭に参加する神官として垂水社の祝も見え、垂水の清泉の水を供御し祭に奉仕した（同祭の主祭神については、後ろでも触れる）。

水神としての垂水神は、大水上神という別名をもつ五十猛神（すなわちスサノヲ神）とみられ、宮廷の食膳奉仕には御食津神スサノヲ神の後裔諸氏が多く関与した。もともと垂水神は同地に在った皇別・多氏一族の豊島連氏が奉斎した神で、これに毛野氏族も関与するようになったのであろう。垂水神社の北東二キロ余には、古代の草創と伝える佐井寺という寺名に因む地名も見られ、これも毛野一族（佐位郡、上毛野佐位朝臣など）に関係するか。

垂水君の同族には**大津造**という氏があり、『続日本紀』大宝元年（七〇一）四月条に遣唐大通事の大津造広人に垂水君の姓を賜うと見える。この「大津」については、「難波大津を氏に負ひたるなるべし」とみる太田亮博士の見解もあるが（『姓氏家系大辞典』オホツ条）、和泉国和泉郡の大津（現・

泉大津市の西南部で、近世に宇多大津村・下条大津村があった。ともに我孫子の近隣）のほうが魅力的である。

平安中期の『更級日記』には、菅原孝標の娘が和泉国府から帰京の際に「大津といふ浦」で乗船したと見える。現在の下条大津・穴田・豊中・池浦・虫取などを含む地域には我孫子荘という荘園がおかれ、もとは宮内省内膳司の料所、網曳《あびこ》御厨であった。この地には、毛野氏族で珍努県主の一族とみられる**我孫公**《あびこ》（『姓氏録』未定雑姓摂津）が居住して、朝廷に食膳奉仕をした。その一族の我孫も同じ未定雑姓摂津に記載される。食膳奉仕という職掌からみて、我孫氏の摂津での居住地はおそらく垂水付近で、垂水君と同族であろう。

大津造の族人の沙門義法は、和銅七年（七一四）閏二月、占術に優れることから還俗させられ、大津連の氏姓と意毘登《おびと》（「首」とも書く）の名前を賜り、従五位下に叙せられた。意毘登は八世紀初頭に新羅に留学し、慶雲四年（七〇七）五月に遣新羅大使美努《みぬ》連浄麻呂に同行して帰朝した。還俗後は、官位は従五位上陰陽頭まで昇り、天平二年（七三〇）三月には陰陽・医術及び七曜頒暦は国家の要道として、吉田連宜《きちだよろし》ら六人とともに各々弟子をとって業を習得せしめることとされた。

その一族（意毘登の子か族子）に大津連大浦がいて、陰陽の知識によって恵美押勝の信頼を得ながら、その挙兵を密告した功で正七位上から一挙に従四位上にまで昇り、姓も連から宿祢を賜り左兵衛佐兼美作守に任じられた。後に和気王の謀反に連座して左遷され、位封や宿祢姓も奪われたが、宝亀元年（七七〇）に罪を許され、翌年には陰陽頭に任じ、後に安芸守を兼ね、宝亀六年（七七五）五月に卒した。意毘登に四か月遅れて大津連を賜った従七位下大津造元休・従八位下同姓船人もおり、これらは意毘登の近親にあたる。

我孫子荘を含む大津川下流北岸の泉大津市から和泉市にかけての和泉郡の地は、珍努県主・軽部君など毛野氏族のいわゆる「和泉グループ」の本拠地であり、摂津国三嶋郡を中心とする地域と密接な関係をもっていた。摂津の垂水君・大津造の一族も、このグループのなかに包摂されよう。

垂水君の一族として、史姓をもつ垂水史が『姓氏録』左京皇別にあげられる。この「史」のカバネから見ても、垂水史は韓地関係ないし渡来系とみられ、朝鮮半島からの渡来伝承をもつ田辺史か止美連とも同族ではなかったか（とくに後者か）。大津造広人の遣唐大通事、沙門義法の新羅留学など、この一族が海外と密接な関係を有したと示している。垂水君の祖とされる「賀表乃真稚命」とは、父祖が神功皇后遠征のとき韓地へ随行した韓矢田部造の祖・現古命やその兄弟の田道命かにつながる可能性もある。

賀表乃真稚命が「竹葉瀬・現古・田道」の世代（一に『皇胤志』などで兄弟とされるが、そうではなさそうな面もあり、いずれにせよ同一世代に属する）と近い世代に属した。このことは、毛野氏系譜の古い所伝を垂水氏系統がもった事情（『姓氏録』左京皇別の垂水史条）からもいえよう。すなわち、その条で豊城入彦命の四世孫とされる賀表乃真稚命は、「国造本紀」に同じく四世孫と記される奈良別と兄弟とも考えられ、奈良別の弟という真若君と重なるとの指摘がある。毛野氏族には、奈良別を①四世孫と伝える場合（八綱田・彦狭島を歴代のなかにカウントしない場合であろう）と、②六世孫と伝える場合とがあって、前者の場合には、豊城入彦命の五世孫とされる多奇波世君（左京皇別下の上毛野朝臣・住吉朝臣などの条）や田道君（河内皇別の止美連条）らの子の世代に、賀表乃真稚命や奈良別が置かれる。

毛野氏の初期段階の歴代計算は氏によって異なっており難解だが、ほかにも、佐太公なる者について、豊城入彦命の十一世孫（左京皇別の池田朝臣条）とも、十世孫（同・上毛野坂本朝臣条）とも伝えていて、これでは所伝の世代数が一世代異なる例がある。この世代数の差異は、元来は同一人の八綱田命と御諸別命とが、後に二人の名前に分離されたことに主に起因するのではないかとみられる。

## 車持氏の分布の軌跡

和泉国和泉郡と摂津国三嶋郡の毛野氏族の検討を通じると、辛矢田部君と韓矢田部造、軽部・軽部君と軽部造とが同族であり、子代・名代管掌の毛野氏族には、「造」の姓をもつ氏もかなりあった。

そうすると、類推していえば、和泉皇別にあげられる葛原部（久須波良部）の前身たる藤原部と藤原部造も、毛野同族とされよう。藤原部造は、天武十二年（六八三）九月に連姓を賜姓しており、「藤原部」も、皇室の外戚藤原氏の氏名を避けて天平宝字元年（七五七）三月に久須波良部（葛原部）と改姓させられた。天平神護元年（七六五）正月紀に見える久須波良部連浄日（宮人で叙従五位下）は毛野一族であろう。藤原部は允恭天皇の妃の衣通姫《そとおり》（藤原之琴節郎女《ことふしいらつめ》）のために定められた名代であり（允恭十一年三月紀）、この妃が茅渟《ちぬ》の宮室に居住したこと

衣通姫ゆかりの茅渟宮伝承地（大阪府泉佐野市）

は『書紀』に見える。

和泉・摂津の毛野氏族諸氏のなかで宗族的な地位にあったのが、珍努県主と車持君であった。車持氏には無姓・連姓・首姓もあるが、いずれも同族とみられる。『姓氏録』摂津皇別の韓矢田部造の記事からみて、車持君をその支族的な存在と当初みていた。ところが、車持氏の分布のほうが韓矢田部造に比べてむしろ広汎であり、韓矢田部の宗族が奈良朝期に君姓をもったことから、『姓氏録』に見える記事で、その祖の現古命が神功皇后朝に賜ったという「韓矢田部造」とは姓氏ではなく、韓矢田部の管掌者（伴造）としての地位とみざるをえない。同書・左京皇別下の車持君の記事では、雄略朝に車持公姓を賜ったとされるが、それより早く既に履中紀に車持君・車持部が見える事情も、この考えを裏付ける。

車持氏は北九州の豊前国仲津郡にもその分布が見られる。大宝二年（七〇二）の豊前の丁里戸籍に車持君泥麻呂等三名が見られ、族裔が永祚二年（九八九）二月の豊後国柞原《ゆすはら》八幡宮文書に「判官代倉持」との記載がある。これを除くと西日本には殆ど見えず（福岡県糸島市に蔵持の地あり）、分布は近畿から北陸道を経て関東に及ぶ。畿内では、天平年間の河内（戸主車持連竜麻呂など）と播磨国賀茂郡に車持連員善が見える。後者の地は毛野一族の針間鴨国造の領域であったから、連姓の事情は不明も、国造一族かもしれない。

関東への軌跡は、先に佐味等の地名や毛野関係神社の分布を通じて見た毛野氏族の移動経路と合致する。車持氏はこの経路上を和泉・摂津の同族とともに移動した模様であり、近縁の同族関係にある諸氏は次のようなものか（順不同。無姓は省略）。

車持（君・連・首）、軽部（君・造）、藤原部（造・連）、久須波良部（連）、韓矢田部（君・造）、我孫（君）、珍努県主、丹比部（君）、茨木（造）。

摂津・大和から伊賀・近江を経て北陸道に至る地域には、次のような車持関係地がある。

①伊賀国阿拝郡柘植《つげ》郷の車持首　天平勝宝三年（七五一）の『伊賀国阿拝郡司解』。平安後期の保安三年（一一二二）四月、同郷戸主に車持牛麻呂もいた（『平安遺文』）。

②近江国志何郡古市郷の車持君　神亀元年・二年（七二四、五）の『近江国志何郡計帳』で妻の名に車持（車以）君支麻須売。平城宮跡出土木簡にも近江国の人らしき車持君百足が見える。

③若狭国遠敷郡の車持邑（いまの大飯郡高浜町東端部の上車持・下車持あたりか）　平城京跡出土木簡には遠敷郡に車持郷、車持小角（塩二斗を貢進）が見える。遠敷郡遠敷郷億多里の人、車持首多治比も同地出土の木簡に見え、御調で塩を三斗貢進した。

④越前国の車持・葛原部・我孫　足羽郡の草原・野田郷などに無姓の車持の分布が奈良時代後期の史料（東大寺の東南院文書）に見えるが、同国には丹生・足羽両郡に佐味君氏が繁栄した。延暦二年（七八三）には、越前の秦人部武志麻呂が本姓の車持を賜った（『続紀』）。天平神護二年（七六六）の「越前国司解」には、礒部郷（福井県坂井市丸岡町礒部）のある坂井郡高屋郷戸主で「吾孫石村」が見え、同郡海部郷の戸主で「葛原部長浜、葛原部石持、葛原部豊嶋」が見える。この吾孫・葛原部はともに毛野氏族とみられる。越中にも婦負郡に葛原の地名があり（現・富山市域）、下総国相馬郡に久須波良部が見え、藤原部を同一とするなら下総・武蔵にも分布する。

⑤越中国新川郡の車持郷　新川郡には佐味郷・佐味駅とならんで、車持郷が見えるが、この地名は早くに廃絶したようで、所在地は不明である（一に富山市東南部という）。

⑥但馬国衛士の車持足月　平城宮跡出土木簡に見える。

東国では、本拠地の両毛地方とその周辺に車持氏関係の地があるので、次ぎに見ていく。

## 東国の車持氏と関連地名

上野国の群馬郡群馬郷は、もとは「クルマ」と訓まれて、これが車持氏との関係を考えられている。藤原京跡から出土の木簡にも「上毛野国車評（くるまのこおり）桃井里大贄鮎」と見える（桃井の地には、後に物部公姓物射氏が起こり、中世に源姓足利一族の桃井氏に替わる）。

平安時代中期の成立とされる『上野国神名帳』には群馬西郡の条に従五位車持明神、正五位車持若御子明神があげられ、榛名山の南麓にはこれら神々が鎮座した。この『神名帳』記載社に関係する社として、高崎市十文字町にある車持神社（元は榛名神社で、満行宮と称。所在地旧名も久留馬村、次ぎに榛名町となる）や、その東方近隣の同市箕郷《みさと》町善地の月波神社（両車持明神を合祀という）が考えられている。車持神社の祠は、かつては来留末《くるま》の里の「治尾の牧」（上野九御牧の一で、地名は榛尾野に由来という）の湧水、治尾の泉の上にあったという。これら諸事情から、車持氏の本拠が群馬郡にあったとする見方もある。

神名帳所載のこれら社の神階が低いこと及び群馬郡にお

車持神社（群馬県高崎市十文字町）

ける車持郷・車持姓の未検出と考え併せれば、八世紀以降、車持氏がこの地に有力な在地勢力を形成しなかったことを意味するのであろうとの見解（茜史朗氏）もある。車評・群馬郡から割合早い時期に他地へ転居した可能性もあり、同郡には正一位の伊香保大明神・榛名大明神があって、相対的に車持大明神の神階が低いが、車持氏が両毛に残らなかったわけではない（後述）。

ところで、鎌倉期の足利氏の有力家臣に**倉持氏**がおり、古代の車持氏の後裔とみられる。倉持・蔵持という地名は、東国では上総・下総・常陸・磐城などにあり、「多くは古代車持氏のありし地にして、直接間接に関連あるが如し」と太田亮博士が指摘する。倉持の名字も、現在は茨城県が最も多く（とくに坂東市・常総市）、埼玉・千葉や栃木が次ぎに多い。

倉持氏が伝えた一連の「倉持文書」（東北大学附属図書館原蔵）が『栃木県史』史料編に収録されるが、そのなかの「足利氏所領奉行人注文」に倉持新左衛門尉が見える。鎌倉時代後半の動向で、文永三年（一二六六）に足利家時（尊氏の祖父）は陸奥国加美郡殻積郷などの地頭代職に倉持左衛門尉忠行を補任したが、忠行は正応五年（一二九二）に所領を子の家行に譲与し、これが更に子の左衛門次郎師経・左衛門三郎師忠兄弟に譲与された。その後も所領関係が文書に見え、南北朝期をこえて室町期に及んだ（『宮城県史1』参照）。

倉持氏の所領は、足利荘内の赤見駒場郷（佐野市西部の赤見町あたり）を本拠とし、同荘内の国府野・木戸郷・加子郷などにもあった。赤見駒庭郷は、佐野市西北部の赤見町からその南方の足利市東端部の駒場にかけての地とされ、乾元二年（一三〇三）の足利貞氏下文案で、倉持師経は同郷半分を安堵された。その後も足利氏麾下で倉持氏は軍忠を励み、元弘の乱で討死の師忠の功で建武二年（一三三五）に嫡子胤忠が尊氏により信濃国香坂村を授かった。倉持氏は幕府奉公衆にあり、三河の額田郡（岡崎市域の便寺屋敷）にもあった。

この倉持氏の発祥地はどこだったのか。豊田武氏は上総国長柄郡車持郷（現・長生郡長南町西部の蔵持）を考え、鈴木真年は『苗字尽略解』で豊城入彦命の苗裔諸氏のなかに倉持（当該足利家臣かどうかは不明）をあげ、「車持朝臣姓、常陸国人」と記している。

真年のいう常陸国とは、具体的に真壁郡倉持村（現・茨城県筑西市〔もと真壁郡明野町〕倉持）とみられる。『大日本地名辞書』でも真壁郡の倉持について、「倉持祠（俗に鹿島神に混同す）あり、三代実録、郷造神、蓋是なり」と記して、郡郷考に「仁和二年（八八六）六月、授常陸国正六位上郷造神、従五位下」とあるのは、今倉持村の神祠なりというと引用し、車持公の祖の射狭君の「射狭《いさ》」は、真壁郡及び新治郡に見える伊讃郷に通じるとして、その子孫もこの地に居て射狭君を郷造神と祭ったのではないかと記している。

これらの車持郷（村）が車持君氏に関係あることは否めない。ところで、足利氏家臣の倉持氏の発祥地とするには、上総国車持村は遠すぎるので、常陸の真壁郡倉持（筑西市）のほうが重要な地域とみられる。その地の倉持祠は雲井宮郷造《くもいのみやくにのみやつこ》神社（『三代実録』に郷造神で見えて神階授与）といい、祠官家を倉持氏という。同社の氏子はもと真壁・筑波・新治の三郡に及んだといい、八田・小田氏一族の尊崇が厚かった。建久四年（一一九三）に小田城主八田知家が社殿・玉垣・神門を造営し、永正元年（一五〇四）には小田成治が再建したと伝える。倉持の東北方三キロほどには車という地名（筑波山西麓）、その北方には中村という地名も見られる（ともに旧真壁町の町域で、いま大字にはない）。

同社の社伝では、新治国造の祖・毘奈良須《ひならす》命や大国主命・事代主命を祀るというが、新治国造関係の神社には疑問がある。現在の祭神を武甕槌命とするが、常陸の鹿島神と混同されたのは、毛野氏族の鹿島（能登）縁由を意味するものか。毛野氏族を追いかけると、中臣氏系の鹿島神とは、別の鹿島神が頻出するが、これが著名な前者神による影響の結果で、祭神が変化したものではなかろうか。

真壁郡の倉持村は、『和名抄』の同郡大村郷に属しており、その東隣の同郡伊讃郷（桜川市真壁町伊佐々を中心とする一帯）なども含む地域は、筑波山の北麓から南西麓にかけて位置しており、毛野氏族に関係が深かった。このあたりの地名には、倉持のほか、池田（池田君。つくば市で、南隣が磯部）、磯部（磯部君。つくば市及び桜川市）、遠田（上毛野遠田公。桜川市）という毛野一族諸氏に通じるものが多く見られる。

茨城県久慈郡大子町の近津神社も、赤城山麓に多い同名社との縁由もあり、宮司の磯部氏が鴨大神御子神主玉神社の宮司も兼ねた。旧新治郡、現・桜川市磯部字稲置の磯部稲村神社は、景行天皇朝に東国平安の分霊を移して祀ったという所伝もあり、神主として磯部氏が室町時代の永享年間に知られ、現在まで世襲する。久慈郡の式内社に稲村神社があって、常陸太田市天神林町の同名社が比定されるが、論社として、久慈郡大子町大字下野宮の近津神社（ただし、陸奥国所属）や桜川市の磯部稲村神社（ただし、旧新治郡域に留意）もあげられるから、これらは相互に所縁があったのかもしれない。下野宮では、奥州合戦出征の源義家ゆかりの鉾杉（県天然記念物）や都々母《つつも》杉という古木が有名である。

筑波山は元々は東毛野を象徴する信仰の山だったという指摘もある。鎌倉期以降の筑波山別当は、宇都宮氏同族の小田一族から出た。祖の知家が常陸守護となり、その八男・家致（又、為氏）が筑波氏の名跡を継ぎ、出家し明玄（大輔法眼）と名乗って中禅寺（筑波山神社の別当寺院）の別当と

㊤筑波山遠望と㊦筑波山神社（茨城県つくば市）

なり、庶流は筑波氏を名乗って別当の後見であった。筑波山神社の祭祀は、筑波国造の筑波命以降続けられたという。上記の郷造神は、八田知家により社殿・玉垣・神門の造営がなされ、子孫の小田氏一族の尊崇が厚く、小田成治により十六世紀初めに再建されている。

　上記の「郷造」とはこの地域の郷の長であって、県造にやや劣る程度の地方豪族で、その中心的な存在が車持君氏ではなかったか。新治郡式内の鴨大神御子神主玉神社（桜川市〔旧・西茨城郡岩瀬町〕加茂部。祭神を主玉神〔神玉で大物主命のことか〕、配祀に太田田根子・別雷神と今はいう）の祠官家に磯部氏が見える。同じ新治郡式内の佐志能神社は、論社がいくつかあるが（笠間市、友部市、石岡市）、いずれも祭神を豊城入彦命とする。

　真壁郡の倉持邑の南西十六キロの地に、下総国岡田郡の蔵持邑（現・常総市〔もと結城郡石下町〕蔵持）がある。この地に鎮座の香取社の棟札には「文明十五年、大旦那倉持慶俊」と見え、この地が足利家臣倉持氏の発祥地であった可能性もある。室町期の倉持氏は蔵持邑から南方十数キロの猿島郡矢作邑（現・岩井市南部の矢作一帯）に、応仁文明の頃より龍見前城を築いて拠った。下総国岡田郡の蔵持邑は常陸国真壁郡の倉持邑の中継地だったか。これら倉持絡みの地域と関係が深い伊達氏は、その族裔の可能性がある。

伊達氏の初期段階、鎌倉時代前期からの老臣に**只木氏**《ただき》がある。只木はのちに但木と書き、先祖は只木伊賀守重信といって伊達念西に仕えた老臣五人の一人という。念西が伊達郡に移った際、伊達郡徳江村（現・伊達郡国見町徳江）に移った。その子孫は伊達氏の宿老をつとめ、伊達郡梁川の亀岡八幡宮の応永年間（一三九四〜一四二八）の棟札には「大檀那藤原朝臣兵部少輔持宗、只木伊賀守橘顕行」と伊達氏当主と並んで見える。幕末の仙台藩家老で執政の但木土佐成行は、政宗重臣の但木重久の弟・惣右衛門久清の後という分家の出で、奉行に挙げられて兵制・財政の改革を行い、奥羽越列藩同盟で薩長軍に対抗した。

只木氏は下野国足利郡只木村、いま足利市東端部の多田木町に起った。同氏は、橘姓で橘・圏内井字の家紋を用いるというものの、重信より先の具体的な祖系は知られない（『伊達世臣家譜』）。発祥地の多田木は、赤見駒庭郷の駒場のすぐ南隣に位置し、筑波山神社が鎮座し、伊達郡国見町には鹿島神社がある事情も考えて、実際には足利郡の倉持氏の同族（ひいては伊達氏の遠い同族）の出なのであろう。只木の地名が、遠州の浜名湖北岸、海神族系の神服部連の勢力圏（浜名市北区三ヶ日町只木）にも見えることに留意される。

車持君の対外交渉では、朝鮮半島の百済へ使節として派遣された者もいる。『書紀』継体三年二月条の割注には、「百済本紀に云はく、久羅麻致支弥《くらまちきみ》、日本より来ると、未詳なり」と記されており、この「久羅麻致支弥」の表記が車持君にあたると解されている。同氏や辛矢田部君の祖でもある先祖の現古命の故事に因む海外派遣かもしれない。

## 韓矢田部の分布

和泉・摂津と東国の両毛・常総地方との深い結びつきが、毛野氏族諸氏について認められる。この関連を、韓矢田部氏についても考えてみよう。

韓矢田部氏は、全国では摂津と播磨国揖保郡に見えるのみで、古代の東国にあっては史料に見えない。しかし、たんなる「矢田部」なら全国的に広汎に分布があり、しかも物部氏族と称する矢田部氏（造、連、首、宿祢の姓）や鴨県主同族の矢田部など別系の矢田部もいくつかあって、これらと毛野氏族の矢田部との判別が困難である。それでも、毛野氏族が濃密分布した東国・北陸地域の矢田部（八田部）は韓矢田部との関連が考えられる。

北陸の矢田部関係としては、まず若狭国遠敷郡に谷田部邑（現・小浜市谷田部で、高浜町車持の東方約九キロ）があり、加賀国江沼郡の八田郷、能登国能登郡の八田郷が『和名抄』に見える。能登の八田郷は、七尾の市街地や能登生国玉比古神社（気多本宮）を含む加島郷の東南に隣接して、いま矢田・八田の地名が残り、近くに佐味や千野（茅渟に通じるか）という地名も見える。能登郡に隣接する越中国射水郡にも矢田部は、地名・神社名がある。

東国では、上野国の多胡郡及び邑楽郡に八田郷があり（『和名抄』）、ともに現在は矢田の地名が残る。山田郡にも矢田堀村、矢部村（ともに現・太田市域）がある。足利一族の矢田氏が起こったのは多胡郡のほうである。上野国における河内源氏の拠点は、上野国碓氷・多胡郡あたりの八幡荘で、現在の高崎市八幡町や安中市板鼻の付近にあった摂関家領の荘園であった。信濃と結ぶ交通の要衝に位置し、源頼信が上野介任官時に荘園が立てられ、以降は「頼義―義家―義国―新田氏初代義重」と相続されて、新田荘とともに新田氏の根拠地であった。荘内の里見郷・山名郷から、新田一族の里見氏・山名氏が発祥した。

義重の猶子・娘婿の矢田判官代義清の所領の矢田郷も八幡荘内で、多胡郡山名郷の隣にあった（高崎市吉井町矢田あたり）。矢田・山（山宇）などの六郷が多胡建郡のときの郷名で、羊大夫伝承の舞台である。義清は、義重の弟・足利義康の長男で、源平争乱では当初、源三位頼政と行動をともにし、その敗死後は木曽義仲に従い、平家軍との備中水島の合戦で討死した。義清の子、義実は山田郡広沢郷（現・桐生市域）に居て広沢判官代と号し、その子の代に細川・仁木（共に三河の地名に因る）の系統に分かれ、支族に戸賀崎・荒川・上地などの諸氏を出した。足利嫡流は弟の義兼の流れとなり、義清の子孫は足利一族のなかでも身分が低かったが、細川・仁木両氏は南北朝期に大活躍して台頭し、室町幕府では管領家などでおおいに勢力を振るった。他の一族も幕府奉公衆などにあった。

常陸国には矢田部が多く、『和名抄』では河内郡・那珂郡・久慈郡の三郡に八部郷が見えており、各々が、つくば市谷田部（もと筑波郡谷田部町）、東茨城郡茨城町谷田部、常陸大宮市（もと那珂郡大宮町）八田の一帯に比定される。中世になって、河内郡八部から小田一族（八田知家の後裔だが、源流は毛野同族か。後述）という岡見氏、那珂郡八部からは桓武平氏常陸大掾一族という谷田部氏が起こった。これら上野・常陸のヤタベの地名が毛野氏族の韓矢田部氏に関係することはまず間違いない。

とくに留意されるのは、中世の大族、宇都宮氏の初期段階で、頼朝の老臣ともいえる宇都宮朝綱の父の名が『東鑑』に「故八田武者宗綱」と書かれており、この八田とは、常陸国小栗御厨内の八田（もと真壁郡。現・茨城県筑西市の大字八田で、東隣が大字小栗）とされる。小栗御厨に起こった武家大族が平姓常陸大掾一族の小栗氏（大掾繁幹の子、重義〔重家〕が祖）であるが、室町中期に平姓小栗氏が滅びると、宇都宮明綱がこの地を併せ、紀清両党の芳賀禅可の子孫となる景時を置いて小栗城を守らせたことで、小栗蔵人と号している。

真壁郡には矢田部に関してもう一つ留意したい地域がある。先に車持氏に関して、筑波山の北麓から南西麓にかけての地域（真壁郡伊讃郷・大村郷、筑波郡諸蒲郷）に関係が深いとみたが、その北方の真壁郡大苑郷と神代郷も注目される。これが、真壁郡大和村一帯（いま桜川市域）であった。その旧・大和村東部の谷部（↑矢田）、その西三キロの羽田（↑八田）という地名が矢田部に通じそうである。旧・大和村西部の大国玉には真壁郡の式内社・大国玉神社が鎮座し、大国主命を主神とする。同社は近世、鹿島大明神といい大国玉八幡宮ともいうが、前者は毛野氏族ゆかりの能登の鹿島の神（能登生国玉比古神のことか）の転訛であろうし、後者は大和の大国玉神と同じと見てよかろう。

こうした地名と神社に加え、さらに注目したいのは、この地域の東南方にある加波山《かばさん》である。加波山（標高七〇九メートル）は筑波山の東北九キロという近隣に位置し、筑波山を主峰とする連峰を構成する。真壁郡の伊讃郷が車持君の祖・射狭君の名に由来するとすれば、加波山のほうは韓矢田部造の祖・迦波君の名に因むとみられる。加波山と筑波山との信仰内容はほぼ共通し、重なり合う面もあるといわれる。

これに関連して、上野国群馬郡の式内社・甲波宿祢《カハ》神社（渋川市川島に鎮座）もとりあげられる。同社はいま川神（カハ神）に関連して速秋津日子神・速秋津比売神を祀るというが、これら祭神が何故に「甲波宿祢神」なのか分からないから、おそらく後世の祭神変化であろう。迦波君は雄略朝頃の人とみられるので、甲波宿祢と表現されても不思議はない。群馬郡地方は車持氏と韓矢田部氏とが共同で開拓して、後者の祖たる迦波君を祭神として奉斎したのが甲波宿祢神社であったのかもしれない。ただ、信濃の大伴氏族を検討するなかでは、甲波宿祢とは吾妻川流域の古代豪族（吾妻一族、及び滋野一族）の祖先神かもしれない可能性もでてくるが、迦波君に由来と言うこともまだ否定はできない。

明治初期の『官員録・職員録』を見ると、韓矢田部氏について興味深い分布が知られる。明治二～四年の政府官員については、「姓氏＋実名」という形で人名が掲載された時期が短いがあり、そのなかに「大韓矢田部宿祢」という珍しい姓氏も見える。

この名乗りで見えるのが弾正台少巡察の尾崎行正で、有名な憲政の神様咢堂**尾崎行雄**の父である（峯尾道正の次男から養子に入る）。その祖は小田原北条氏の臣で、主君滅亡後に相模国津久井郡の又野（旧・津久井郡中野町で、現在は相模原市緑区の一部）に遷り、代々里長となると伝える。先祖の尾崎掃部助行永は津久井衆のうちで甲斐との国境に近い日連村に住み伏馬田城《ふすまだ》（相模原市緑区牧野）を守ったと伝える。一族は下総国葛飾郡に起った模様で、常総に多い矢田部の流れと推される。辛矢田部氏は、史料には連・君のカバネは見えるが、「大……宿祢」姓の確認はできないので、仮に「辛矢田部宿祢」としておく。

甲波宿祢神社（群馬県渋川市川島）

以上のように見ていくと、韓矢田部・車持両氏の祖は、摂津から東国への遷住に当たっては、日本海沿岸の北陸道諸国を経て、まず上野国群馬《くるま》郡に入り、次に常陸国新治・真壁郡に本拠を移し、そこからさらに常総の各地に分かれていった。群馬郡には有力な支族を後世に残さなかったが、下野南部には、車持氏の後裔が足利氏や小山氏に属して残る。

これまで見てきた諸事情から、韓矢田部・車持両氏をはじめとする泉・摂・河三国の毛野氏族諸氏は、越前・能登を経てきて、両毛さらには常総に展開する経路が浮かび上がる。この経路は先に見た「佐位・能登」という固有名詞や毛野関係神社を通じてみた経路とほぼ合致する。上古から毛野氏族は、その居住地たる畿内と東国とを結ぶ往復路を一定のものとしていたと示唆される。

そのことを改めて認識させてくれた茜史朗氏の示唆に感謝するが、一方で、茜氏のいわゆる和泉グループが東国との縁が薄いという認識は改める必要がある。これら毛野諸氏の検討を通じて、泉・摂・河地域の毛野グループの祖・現古命とは、田道命と近親ないし同人ではないかという可能性の心象も増している。

## 毛野と吉備の先祖

多くの観点から毛野氏族を見てきて、西の吉備氏族と並び、この氏族が古代史上に大きな役割を果たしたことがわかる。両氏族とも、準王族的な位置にあった彦坐王の同族から出たと推されるが、両氏族がもっと近縁だという心証もでてくる。それは、毛野の祖先にも「**彦狭島命**」という名が見えるからで、この名は吉備二系統のうち備中主体の下道系統の祖先・稚武吉備津彦命の別名であり、両者は同一人ではないかという疑いである。

ところで、上野国にあっても、吉備同様、東部の上毛野氏本宗と西部の物部君などという二大系統の並立という形で、大古墳の系統が続いたことに留意される。そして、西部系統のほうは毛野一族とはいっても、毛野本宗とは少し離れた同族だとみられる。物部君とその一族の系図は不完全なものが多く、とくに初期段階が不明なのだが、大古墳築造などを含め、この系統の勢力を無視しては上野国の上古史が解明しがたいとの感もある。

物部君の祖の**夏花命**は、早く景行紀に見えて景行の九州親征に随った。このため、夏花命は筑後の高良大社を奉斎した物部君とつながるようにみる向きもあるが、そうではなく、夏花命の子孫は東国で長く続いた。成務朝から応神朝にかけての時期に韓地で活動したと『書紀』に見える荒田別・鹿我別のうち、鹿我別が夏花命の子孫かとみられ、荒田別・鹿我別の関係は兄弟などの近親というよりは、イトコくらいの関係の可能性もある。鹿我別の子孫は、磐城の相馬地方におかれた浮田国造として続き、そこから北方の陸奥にかけての地域には「吉弥侯部」として一族が広く分布したが、この辺の詳細は不明である。

このように、毛野の系譜自体が一筋縄ではいかないが、結論からいうと、毛野本宗の祖の彦狭島命が、吉備下道氏の祖で崇神朝に活動した彦狭島命と同人だとみられる。この同人性の証明も難儀だが、時代がほぼ同じで同じ名を持ち、両氏族が三輪君同族で竜蛇信仰を同じく有したこと、大己貴神・保食神の祭祀も同様であること、などをあげておく。その活動地域も、彦狭島命の時代には毛野は東国には達していなかった（御諸別王のときになって、北陸道を経て東国に至った）とみられるから、活動も畿内から吉備にかけての地域ということで、舞台もほぼ同じということになる。

このように考えていくと、毛野の初期二代は①豊城入彦、②八綱田と続くが、②八綱田が④御諸別王に重複するか、あるいは①②各々が③彦狭島王、④御諸別王に重複すること（①と③が対応し、②と④とが対応する）にもなる。そうすると、毛野の初祖の活動世代は、実質的には四世紀中葉の垂仁・景行朝頃からということになる。両毛の前方後方墳などの古墳状況も、その頃（十区分で古墳Ⅱ期頃）から毛野氏の活動が始まったことを示唆する。

ここまで毛野氏について種々考察してきたが、次第に浮かび上がる毛野同族の広がりと行動範囲の大きさには驚く。文献資料ばかりではなく、神社・地名や氏族の職掌など多くの痕跡を丁寧に追いかけることで、さらに新しい面が明らかになることも望まれる。

# 七　奈良・平安時代の毛野一族

## 奈良時代の上毛野氏の氏人と一族

大化のすぐ後では、毛野氏一族では、国司紀麻利耆拕《まりきた》臣の犯罪の対象になった「**朝倉君**、井上君」がおり、諸国の獄囚で放免された者のなかにも朝倉君が見える（ともに『書紀』大化二年〔六四六〕三月条）。朝倉君氏は居住地（那波郡朝倉郷。現・前橋市南部の朝倉町あたり）から見て物部君と同族とみられ、平城宮跡出土木簡にも見え、天平九年（七三七）二月に外従五位下に昇叙（後に外正五位下）の女官・朝倉君時が見え、延暦六年（七八七）十二月に朝倉公家長が陸奥に軍糧を送る功で外従五位下に昇叙、と各々『続紀』に見える。『万葉集』巻廿にも上野防人の朝倉益人の歌が見えるなど、なかなかの大族とみられるが、その後は不明である。

大化後に史料に見える中央官人では、天智天皇二年（六六三）の新羅との合戦に前将軍で上毛野君稚子《わかこ》らが百済救援で派遣された（新羅の二城を取る戦果を同年六月にあげるも、その二ヶ月後の白村江戦では見えない）。次いで、壬申の乱では、大野君果安、佐味君宿那麻呂《すくなまろ》（少麻呂）が天武方で、田辺史小隅が近江方で参陣したが、上毛野・下毛野本宗の人々の参加は見られない。天武天皇十年（六八一）三月には、大錦下（従四位相当）**上毛野君三千**が川島皇子らと合計十二人で帝紀・上古の諸事を記定・筆録する事業に参加し（その年の八月には死去で、どの程度編纂に関与したかは不明）、次ぎに東国六腹朝臣が朝臣賜姓をうけた。

以上のように、七世紀から八世紀前葉にかけての上毛野氏一族の活動を見ると、形名・稚子のように征夷外征に従事し、祖先伝承成立の背景ともなり得るような活動をした者があり、次いで三千のように国家形成史を記す史書に氏族の事績をとどめ得たかもしれない立場にあった者も出て、かなりの数が中央政権の官人として活動した。しかし、だからといって、これら人々の事績を基にして、遡って先祖の外征・征夷などの伝承が造作できるわけではない。実際、老齢の三千のごく短期間の関与状況を考えても、彼が大錦下という参加官人のなかで最上位にあったとしても、史書記事の造作など、まず無理な話である。

奈良・平安時代の上野国要図—『多胡碑は語る』より

さて、奈良時代の上毛野氏の氏人で史料に見える主なものを次ぎに見ていく。

まず、上毛野朝臣小足《おたり》（男足）が出て、文武天皇四年（七〇〇）に吉備総領となり、大宝三年（七〇三）に正五位上で下総守、和銅元年（七〇八）には陸奥守に任じ、その翌年に死去した。『播磨国風土記』（飾磨郡少川里条）には、上記に先立つ庚寅年（持統四年＝六九〇）に「上野大夫」が宰として見えるが、この小足のことかもしれない。

小足とほぼ同時代かすこし遅れて、上毛野朝臣堅身がおり、美作国の分置を上申し、その初代国守に就任した。堅身は慶雲四年（七〇七）に従五位下を授けられ、和銅六年（七一三）当時に備前介となっていた。次いで、上毛野朝臣荒馬が和銅二年（七〇九）に従五位下を授けられた。和銅元年（七〇八）に上毛野朝臣安麻呂が上総守、同二年に陸奥守となり、正五位下に叙された。上毛野朝臣広人も和銅元年（七〇八）に従五位下となり、迎新羅使右副将軍、従五位上大倭守を経て、正五位下陸奥按察使となった。ところが、広人は養老四年（七二〇）、陸奥按察使の在任時に蝦夷の反乱で殺害される。

この一族には陸奥関係の官職に多く見えており、上毛野朝臣馬長は、出羽介・出羽守に任じ、その後の天平宝字八年（七六四）には上野国国司となり、上毛野朝臣稲人も陸奥介に任じられた。毛野同族で陸奥出羽関係の人々では、ほかに下毛野朝臣石代が征夷副将軍、大野朝臣東人が陸奥按察使兼鎮守府将軍・参議、池田朝臣真枚も鎮守府副将軍に任じられた（各々、関係個所でも記述）。このほか、多賀城から出土の漆紙文書には、宝亀十一年（七八〇）九月の行方団軍毅に上毛野朝臣（欠名）が見える。胆沢城跡から出土した九世紀前期の土器には、「上毛野朝□広世」「上毛」と墨書されたものがある。

天平勝宝二年（七五〇）三月に田辺史難波等が上毛野君を賜姓する前の時期の動向では、直前の

『続紀』記事が上野国勢多郡少領上毛野朝臣足人の叙位であり、その前が天平十四年（七四二）六月の上毛野朝臣宿奈麻呂の本位外従五位下への復位で、その前の正月に外従五位下上毛野朝臣今具麻呂への内位の従五位下の叙位の記事がある。この西暦七四〇年代に上毛野朝臣本宗家には、人材払底などなにか大きな変動があった。その後でも、天平勝宝五年（七五三）六月の文書に「无位上毛野朝臣宮守」の勤務が見えるが（『大日本古文書』）、同氏の地位がきわめて低くなる。写経所の経師・校生としては、天平・天平勝宝の頃の上毛野公伊加万呂（伊賀万呂、伊可麿）、上毛野君秋上が『大日本古文書』に見える。

叙爵（五位以上になる叙位）の記事を見ると、二十余年の空白の後、天平宝字八年（七六四）正月に正六位上上毛野朝臣馬長が従五位下に叙せられたのが久方ぶりである。神護景雲元年（七六七）正月には上毛野朝臣稲人が正六位上から従五位下に叙位をうけ、後に従五位上で陸奥介や主税頭、越後守、刑部大輔に任じ、極位が正五位下である。延暦二年（七八三）正月には上毛野朝臣鷹養が従五位下に叙位があり、延暦十五年（七九六）十一月に蝦夷との戦功で外正六位上の上毛野朝臣益成・吉彌侯部弓取らが外従五位下を授かった。

この辺の九世紀初頭から後、平安時代に入って弘仁元年（八一〇）以降では、田辺史系の上毛野朝臣頴人の活動が六国史では主に見えるから、上毛野朝臣本宗の系統が延暦末期頃に京では殆ど絶えたのかもしれない。系統不明だが、大和国広瀬郡の上毛野公出身の僧・行賀がおり、留学僧となって渡唐し卅一年間も唐に留まり、多数の経典を持ち帰って、延暦十五年（七九六）に大僧都に任じられ、興福寺別当にもなった（『類聚国史』）。また、京都山科にある安祥寺は、嘉祥元年（八四八）に前摂津少掾上毛野朝臣松雄の松山一箇峰を購入して、入唐僧の恵運により創建されたと伝える。

『日本後紀』逸文に見える弘仁十三年（八二二）正月に従八位上から外従五位下への叙位の上毛野朝臣真綱は、外位から見て現地の氏人か。六国史を見ていくと、承和九年（八四二）正月に上毛野朝臣貞雄は正六位上から従五位下への昇叙がなされ、その兄弟らしき主工首正六位上上毛野朝臣貞継が承和九年（八四二）七月の承和の変に関わって対馬権守に左遷され、更に土佐権掾に変わる。仁寿元年（八五一）十一月に正六位上から従五位下への昇叙の上毛野朝臣尚行、天安二年（八五八）正月に正六位上から外従五位下への昇叙の上毛野朝臣永世（音博士、尾張介）があり、貞観四年（八六二）正月に正六位上から従五位下への昇叙で大炊助上毛野朝臣安守（同時に永世も従五位下へ昇叙）が見える。

貞観八年（八六六）二月に権大外記正六位上から従五位下肥前守になった上毛野朝臣沢田（後に従五位上筑前守）は、職掌から見て穎人の子孫となろう。貞観九年（八六七）正月には右近衛将上毛野朝臣上長（後に下総介）及び近江少掾上毛野朝臣藤野等が正六位上から従五位下に叙された。貞観十一年（八六九）正月には従五位下上毛野朝臣安守が大炊頭に補され、後に伊賀守となり、元慶元年（八七七）十一月には従五位下から従五位上に昇叙の駿河守上毛野朝臣世由が見える。世由は沢由（沢田は誤記か）の弟か。

元慶三年（八七九）正月には正六位上皇太后宮少進の上毛野朝臣茂蔭が従五位下に叙位（後に大監物）、元慶六年（八八二）正月に外従五位下式部大丞上毛野朝臣氏永が従五位下となり、石見守となって仁和二年（八八六）五月に部下百姓の武装決起をうけ、免官となった。これが六国史に見える最後の記事となる。檜前公系の上毛野朝臣氏もある（次項）。

このほか中央では、藤原京出土の木簡には舎人などで、毛野一族の名が見える。

地方の上毛野氏一族では、多古郡八田郷（一に群馬郡□□郷）の上毛野朝臣甥の名が知られ、正倉院宝物の調の白布に提出者として天平十三年（七四一）十月付け墨書銘に見える。勢多郡少領外従七位下の上毛野朝臣足人は、天平勝宝元年（七四九）閏五月に国分寺に知識物を献上して外従五位下に叙された。勢多郡は、後期古墳の前二子・中二子・後二子という三大古墳を含む大室古墳群が築かれた地域でもある。

同じ頃の調庸墨書銘には、天平感宝元年（七四九）に佐位郡大領の檜前部君賀味麻呂、天平勝宝四年（七五二）に新田郡擬少領の他田部君足人も見える。『万葉集』には、天平勝宝七年（七五五）二月の上野の防人部領使に上毛野君駿河が、防人助丁の上毛野牛甘とともに防人歌の作者で見える。

大室古墳群の前二子古墳（群馬県前橋市西大室町）

## 支流の檜前部君氏の動向

上毛野君の支流に**檜前部君**《ひのくま》氏があった。檜前廬入野大宮朝（宣化天皇朝）に膳大部として奉仕したことで、檜前部君を負ったという。その孫の樫根乃君が舒明朝の上毛野君形名の蝦夷討伐に随い、その子の百枝が孝徳朝に佐位評督となった。その孫娘の檜前公老刀自が佐位采女で出仕して立身し、神護景雲元年（七六七）三月に上毛野佐位朝臣を賜姓し、翌二年には掌膳で本国国造に任じ、後に従五位下に叙された。上記賜姓のときには、同時に左京人の正六位上上毛野坂本公男嶋及び上野国碓氷郡人の外従八位下上毛野坂本公黒益が上毛野坂本朝臣を賜姓した。

檜前部君氏の分流は上野国那波郡にあって、左近衛府将監正六位上の檜前公綱主（縄主）は承和十四年（八四七）十月に上毛野朝臣を賜姓し、兼ねて左京四条に貫された。後に従五位下に叙し、能登守、鼓吹正、伊賀守を歴任した。

綱主の子孫には、代々近衛府官人にあって近衛将監に任じた者たちが考えられる。綱主の子に、左近将監の国人、その子の世代に貞観の上長（右近将監、下総介）、次の世代に延喜頃の時実（時見。左近将曹）、承平の時生（左近将監）、更に天慶・天暦頃の公幹（近衛将監、右馬允）と系が続き、その次の世代の左衛門尉上毛野忠時は永祚元年（九八九）に射殺された（『小右記』『紀略』）。正暦四年（九九三）に左兵衛権少尉に任じた奉時は、その弟とみられる。その後も十一世紀前半まではこの一族が近衛府官人で史料に見えるが、次第に中央では族人はあまり見えなくなる。

上毛野朝臣綱主の弟・常興は、佐位郡擬少領で現地に残った。その子孫は郡司職を世襲して佐井氏を名乗り、一族から同郡の地名に因り花形、小此木、生形（生方、小保方）の苗字が出て、戦国末期まで続いた。この佐井一族は、藤原秀郷流の淵名大夫兼行の子孫と養猶子などの縁組みがあったようで、藤原姓の兼行の後にも那波、佐井、宇夫方の諸氏が出て、源平争乱期頃から藤原姓足利氏の一族・家人などで史料に現れる。

## 奈良時代の下毛野氏の氏人

この時期の代表的な人物として、まず**下毛野朝臣古麻呂**（子麻呂）があげられる。飛鳥時代の官人で刑部親王・藤原不比等らとともに大宝律令の選定にあたり、その功で功田三〇町と封戸五〇戸を与えられた。地位は参議まで達し兵部卿を兼ね、和銅二年（七〇九）十二月に式部卿大将軍正四位下で没した。下野国河内郡を本拠地とし、同郡に下野薬師寺を建立し氏寺としたといわれる。持統天皇三年（六八九）に直広肆（従五位下相当）のときに奴婢六百人の解放を奏上して許可されたが、その富豪ぶりが知られる。古麻呂死没の十数日後となる翌年（七一〇）正月に、車持朝臣益らとともに従六位上から従五位下に叙された「信（一に人）」は、その後継者か。

下毛野朝臣石代は、慶雲四年（七〇七）三月に古麻呂の申請で、下毛野川内朝臣を賜姓された。その後の霊亀元年（七一五）正月には、たんに下毛野朝臣石代と見えて従五位下に叙され、養老四年（七二〇）九月に左京亮従五位下で下毛野朝臣石代が征夷副将軍に任じられた。古麻呂との関係は不明だが、近親子弟で庶流とみられ、せっかく賜姓した「下毛野川内朝臣」をその後には名乗らなかった。「川内」は下野国河内郡のことである。

下毛野朝臣虫麻呂は、石代とほぼ同時代の人で、養老四年（七二〇）月に正六位上から従五位下に叙された（古麻呂の近親子孫か）。文筆・学識に優れ、大学助教をつとめ、従五位上で、翌養老五年には、文芸に優れたことでアシギヌ・絲・布・鍬を賜った人々のなかに名が見える。式部員外少輔に任じ、わが国最初の漢詩文集『経国集』に対策文（模範解答案）二首を残した。虫麻呂の後に、叙爵したのは神亀五年（七二八）五月の下毛野朝臣帯足であり、駿河守（天平十年に見任）で勲十二等になった。

神亀六年（七二九）に長屋王の変が起きると、外従五位下上毛野朝臣宿奈麻呂がこれに連座して配流となったが、虫麻呂ないし下毛野一族もこれに関わったのかもしれない。この頃から天平十五年（七四三）五月に下毛野朝臣稲麻呂が外従五位下に昇叙するまでの約十五年間は、一族には叙爵者がなかった。稲麻呂のほうはその後も順調に昇進し、光仁朝の宝亀二年（七七一）十一月に死没の時は、古麻呂に次ぐ従四位下になっていた（系譜は、「古麻呂―虫麻呂か―稲麻呂」か）。稲麻呂以降の叙爵者には、多具比（天平勝宝二年。右馬頭を経て従五位上遠江守に補任）、足麻呂（天平宝字八年）、船足（宝亀八年）がいて、下毛野朝臣氏は八世紀代の中堅官人を輩出する家柄であった。

下毛野朝臣氏の系統を官歴などから考えて、学問系（都賀系）の古麻呂の流れ（上記）と武芸系（河内系）の石代の流れ（「石代―帯足―多具比」）と二つに分ける見方（小野里了一氏）もある。系図等の裏付けがないから、この辺には多分に感覚的ではあるが、武芸系（河内系）が在地主体で後の藤原秀郷までつながるとした場合には、面白い見方ともいえよう。

『続日本紀』には、吉弥侯から改賜姓により下毛野公・下毛野朝臣となる者も見えるが、これは先に述べた。なお、平安前期でも、近江国人で従五位下の志賀忌寸田舎麻呂が父姓に戻るとして、承和元年（八三四）五月に下毛野朝臣への賜姓（その後、造酒正に補任）など、他姓からの改賜姓が見られる。志賀郡の関係から見て、先の『近江国志何郡計帳』に記載の近江国志何郡古市郷の車持（車以）君支麻須売の一族とも縁由があったたか。

こうしたところが、奈良時代の下毛野一族の中央官人の主な動向であった。

東国のほうには、聖武朝に上総国武射郡人で私度僧となった禅師広達がおり、俗姓を下毛野公といったと見える（『今昔物語集』巻十二、『日本霊異記』）。広達は、仏の道を求めて修行につとめ、大和国吉野郡の金峰山に入り、樹の下に居て専ら仏道を行ったとある。

## 羊大夫の伝承

話を毛野に転じて、上野西部の多胡郡で活動した羊太夫は、古来、伝承に見えて著名である。七世紀後葉の天武天皇朝頃から活動したといい、多胡郡の郡司だったとされる。

いまは高崎市域となるが、その南部の吉井町池にある**多胡碑**には、和銅四年（七一一）三月に近隣の片岡・緑野・甘楽の三郡から三百戸を切り取って多胡郡を建置し、「羊」なる者に与える、と記される。『続紀』同月条にも、「割上野国甘良郡織裳。韓級《からしな》。矢田。大家。緑野郡武美。片岡郡山等六郷。別置多胡郡」（「山等」は「山奈、山宇」の誤記説があるも、「山」でもよいか。その場合、「等」は地名ではなく、合計での意味）と記事があり、碑文に符合するが、碑文で問題とされる「羊」関係の記載はない。

同碑文は漢文であり、「給羊」の語句の読み方には説が分かれるが、「羊」を人の名とみる上記の読み方が自然である。これが、尾崎喜左雄氏が『上野三碑の研究』等の執筆で説かれるなど多数説である。平川南氏も同じ見解を示し、建郡申請者本人と理解できるとし、一般的な建郡例にない個人名を明記し、顕彰碑としたのであろうと記す（『多胡碑が語る』）。「羊」を姓氏とみる森田悌氏の説（『古代東国と大和政権』）は疑問が大きい。

多胡碑（高崎市吉井町）

「羊太夫伝説」では、駿馬に乗って一日のうちに奈良の都との往復を行ったと伝え、武蔵の秩父で和銅（銅塊）を発見し朝廷に献上した功績で、多胡郡の郡司に任じたとも伝承される。吉井町馬庭の神馬橋は羊太夫の白馬が倒れた所で、傍に竜馬観世音を祭り、藤岡市の七輿山《ななこしやま》古墳群に羊太夫一族が葬られるとか、朝廷に討伐され池村で自殺したとかも伝えるなど、羊太夫の伝説は鏑川流域を中心に数多く残り、この地域で神様と祀られる。駿馬にまつわる伝承にも留意され、秩父まで伝承が関係する。

「羊」の名前は、多胡（藤原）羊太夫宗勝とか、小幡羊太夫とも表記されることがある。上州小幡氏が多胡羊太夫の子孫と称し、群馬県高崎市上里見町及び安中市秋間の多胡氏が羊太夫の流れを汲むと伝える（安中市中野谷に鎮座の羊神社の由来、『群馬県姓氏家系大辞典』）。多胡郡の総鎮守で韓級郷の地（現・高崎市吉井町神保）に鎮座する辛科明神（『上野国神名帳』に従二位。現・辛科神社）は、一に羊太夫を祀るという（「粟生系図」）。

上記多胡碑には姓氏が記されないことから、姓氏をもたない渡来系（新羅系の渡来人豪族の名前など）かとみる説まであるが、これには誤解がある。子孫と称する者の分布や祭祀などから見るかぎり、当地古族の末裔とみられる。上野国の新羅人子午足ら一九三人が居住地に因んでか吉井連と賜姓され、この系の流れが羊の後裔系統と混じった可能性がないでもないが、この辺

辛科神社（高崎市吉井町神保）

は不明で具体的には知られない。

## 羊大夫の族裔諸氏―小幡氏と長野氏、粟生氏

羊太夫の伝説は殆どが史実ではないが、鈴木真年関係の系図史料『諸氏本系帳』や『諸系譜』に掲載の「石上朝臣」系図には、羊から江戸初期の小幡氏貞までの長い世系を伝えており、この辺の史実性はほぼ信頼してよい。子孫は、多胡郡片山郷、甘楽郡の額部荘小幡郷・岡本郷などに居住し、それぞれ居地の名に因って多くの武家苗字を出した。

**小幡氏**については、他氏族で甘楽郡の国峯城主（甘楽町秋畑）として戦国期まで活動が見える児玉党の小幡氏のほうが有力であったが、一にこの他系から養子を迎えたともいい、小田原北条氏滅亡の時に領地を失って、後に甘楽郡の抜鉾（貫前）神社神主家となった。同社社家の伝承では、天平神護二年（七六六）五月に物部公を賜姓した甘楽郡人大初位下の礒部牛麻呂（『続紀』）を祖とすると言い、当主は代々、一宮神太郎と号し、分家は小幡と名乗って平氏と称した（これは「秩父平氏」と縁組の児玉党をさすものか）、ともいう。

ちなみに、『続紀』には、その前年の天平神護元年（七六五）十一月に甘楽郡人の中衛物部蜷淵《になふち》等五人が物部公を賜姓しており、蜷淵は同社祝部の尾崎氏の祖という。その先祖を景行朝の夏花命とする系図が残る（『百家系図稿』巻一の物部公）。礒部（儀部）・石部は物部公と同族で、石上部に通じるものがある。ただ、上記系図については、「石上朝臣」という姓氏が付されるのは誤りで、実態が「石上部公」とみられる。羊太夫の父祖は記されないが、上州西部に繁衍した物部公・礒部の一族に出たとみるのが自然である。

また、多胡氏や同族らしい神保氏は後に何によってか惟宗姓を称しており（吉井町神保が韓級郷の地で、神保氏が社家の辛科神社が鎮座という事情に関連か）、『東鑑』には多胡宗太・多胡宗内親時などが見え、『源平盛衰記』には木曽義仲に従った多胡次郎家包が見える。

**石上部公氏**は、次項でも述べるが、この一族は後々でも群馬郡で有力であり、中世の雄族長野氏や白井氏（同郡の地名に因る。現・渋川市白井で、吾妻川と利根川の合流点の北方域）なども、甘楽郡の岡本氏の同族に出たとみられる。上州西部の大族、**長野氏**は、群馬郡長野郷（現・高崎市浜川町辺り）に起こり、同地の箕輪城主として室町中期に大きく現れ、戦国時代の雄にもなった。一族に通字「業」を用いて、在原業平後裔と称しつつ、石上朝臣とも称したが、勿論これらは系譜仮冒である。この関係で、次のような史料や諸事情がある。

上野国衙の在庁官人として、建久元年（一一九〇）十二月に「惣検校石上、散位石上、目代左衛門尉藤原」という三名連記（国衙での席次上位）が「上野榛名神社文書」の上野国留守所下文（『鎌倉遺文』所収）に見えており、庁宣を榛名神社に伝達している。この「石上」が岡本氏に推定することが可能だと峰岸純夫氏が指摘する（『中世東国史の研究』）。これを長野氏の先祖とする見方（『群馬県姓氏家系大辞典』）もある。保元の乱に際しては、源義朝配下として上野国武士の岡下（岡本）介が『保元物語』に見える。

鎌倉中期の『経俊卿記』には、康元元年（一二五六）四月に「有道経行（如意寺功）、石上業景（同功）」、正嘉元年（一二五七）三月に「石上景時（如意寺功）」が見える。業景と景時とは近親とみられ、「熊野那智大社文書」に弘安七年（一二八四）の白井馬二郎兼《ママ》景・岡本七郎業氏兄弟が見えて、通字等から長野氏の先祖一族とみられる。長野郷浜川（現・高崎市浜川町）の布留明神（石上寺）の並松別当は、長野氏がつとめ本姓は石上とされる。菩提寺の長年寺も同地にあり、榛名神社が長野郷あたりに分布が多い事情から見て、榛名山の祭祀・信仰は石上部一族が行ったか。平安中期の寛弘七年（一〇一〇）二月に石上重時の上野権介補任が『魚魯別録』に見え、これが在庁石上一族の史料初出に近いか。また、「長野」は勅旨牧の利根郡長野牧に通じるものもあったかもしれない。

上州西部にある貫前神社（富岡市域）や咲前神社（安中市域）は、布都御魂（経津主神）を祭神とし、物部君氏とその同族が長く奉斎した。畿内の物部氏嫡流が石上朝臣であったことから、元の姓氏「石上部」に因み、この朝臣姓を冒称して自らの姓氏としたとみられる。永享十年（一四三八）の永享の乱とそれに続く結城合戦で、長野氏は関東管領上杉憲実方で戦功を挙げ、その後の活動につながる（文明九年〔一四七七〕五月の武蔵針谷原合戦で長尾景春方に長野為兼、永正元年〔一五〇四〕の立河原合戦で上杉顕定方に長野孫六郎房兼が見え、ともに討死というが、現存系譜類に見えない。両者の「兼」の字は長野氏通字の「業」の誤記かともいう）。

石上朝臣姓を称した長野伊予守業尚（尚業）が明応元年（一四九二）に長年寺を再建して開基となり、箕輪城を築くなど、長野氏中興の祖とされる。業尚の前の長野氏歴代の名は確かめがたい。その孫が著名な長野信濃守業正（業政）で、武田信玄の侵攻をたびたび退け、剣豪上泉伊勢守信綱（大胡武蔵守秀継）の主君としても知られる。長野一族の有力者厩橋氏も、苗字が長野で姓は石上と記される（熊野那智大社文書）。

安中市・富岡市と碓氷郡には磯貝・五十貝の苗字も多く、遠祖は物部石上氏と伝える（『群馬県姓氏家系大辞典』）。この事情から見て、磯部・石上部の流れを汲んだものか。

このほか、羊大夫後裔の系譜で、「**粟生系図**」が『続群書類従』（続系図部四四─一四九）等に見える。

これは御堂関白藤原道長に始まる系図で、その孫の任隆が多胡庄玉村ミドリ（緑野郡美土里か）片山庄を知行するといい、その子に羊大夫（カラシナの大明神）をおくという不思議な内容となっている。その子孫に上州に住む玉村次郎（片山武者所）が出るとあり、多胡郡や那波郡玉村（池田郷域か近隣）の地名が見える。羊大夫より前の「道長～任隆」の部分は、北武蔵の豪族成田氏の系図をもってきて架上した可能性もあろう。

さらに子孫には粟生（あわう、あお）を名乗る師広が出て、この者は弘安時に足利氏の被官であった縁由で、三河国額田郡の秦梨子郷《はたなし》（愛知県岡崎市東部の秦梨町あたり）に遷り住んだ。子の粟生四郎左衛門尉盛広は、正和三年（一三一四）に足利貞氏（尊氏の父）より秦梨子郷郷司職を安堵された（『古蹟文徴』）。系図では、盛広の子弟から粟生、蔭山、片山、疋田、鹿島などの諸氏が出たと見える。粟生の苗字は、能登国粟生保に起るともいうが、起源の地はおそらく上野国にあったものか（戦国期に群馬郡武家に見える「阿老」と同じか。桐生市相生が「相老」とも書かれ、通じそうである）。能登（羽咋郡）や播磨（賀茂郡ないし多可郡、現・小野市）には粟生の地名があり、常陸の鹿島郡粟生村もなんらかの縁由の地か。

三河国額田郡の粟生一族は、鎌倉後期以来、在地武家で室町幕府の奉公衆として長く続いたものの、戦国後期に松平氏や今川氏に圧迫されて急速に衰えた（以上は、『角川地名大辞典』二三の愛知県など）。『三河国二葉松』にはこの一族が見えており、粟生の苗字は全国でも愛知県に割合多い。現・岡崎市域には、同じく足利被官で奉公衆の倉持氏も居た。

蔭山氏については、足利一族で関東公方持氏の庶子・広氏から出たと称するが、「広」を通字とすることから見ても、上記の粟生一族の出とするのが自然である。伊豆国賀茂郡の蔭山（静岡県賀茂郡河津町笹原字蔭山）に因む苗字で、河津城主であり、永享以来の御番帳にも見える。蔭山長門守氏広の養女・蔭山殿（養珠院、名はお万。安房の正木頼忠の娘）は徳川家康の側室として頼宣・頼房兄弟（尾張藩・水戸藩の藩祖）を生んだ。この縁由で、蔭山氏は大身の旗本にあった。

## 奈良時代の石上部公一族

石上部君の起こり等について言うと、五世紀後葉の仁賢天皇の石上広高宮に因んだ名代部を管掌した氏であり、史料では、左京人の石上部君男嶋は、天平勝宝五年（七五三）七月に、一族合計四七人で上毛野坂本君への改姓を願い出て許された。その言上では、男嶋は、父の登與《とよ》が大宝元年（七〇一）に上毛野坂本君の姓を賜ったのにかかわらず、戸籍計帳では子孫はまだ石上部君とされたままなので、父の姓に改めたいと願っている。この後、男嶋は神護景雲元年（七六七）三月に正六位上上毛野坂本公男嶋と見え、上野国碓氷郡人の外従八位下上毛野坂本公黒益とともに上毛野坂本朝臣として朝臣姓を賜った。

これと同じ時に、同国佐位郡人の外従五位上桧前君老刀自も上毛野佐位朝臣を賜姓したが、こちらは『姓氏録』に不掲載である。上毛野坂本朝臣男嶋のほうは、賜姓後に外従五位下を経て従五位下となり、宝亀四年（七七三）四月には造酒正となって、これが六国史で最後の記事である。この例から見て、上記改姓では在京者とともに在地の近親一族も対象とされ、両者に同族意識と緊密な交流があった。

なお、平安前期の貞観四年（八六二）四月の太政官符には、上野国吾妻郡擬領外正六位上毛野坂本朝臣直道が見え、実を述べないため贖銅を徴収されたが（『政事要略』巻八二）、一族は吾妻郡でも有力であった。吾妻郡吾妻町原町の大宮巖鼓神社は、四万川水源の神である稲裹《いなつつみ》地神（『三代実録』に見在で、中之条町四万譲葉に鎮座）を祀る里宮であり、この附近と推定される郡衙で郡司を務める上毛坂本朝臣直道一族に信仰された社であった。

石上部君の上野国内の同族は、先の黒益のほか、天平感宝元年（七四九）五月に国分寺に対し知識物を献じた功で外従五位下を授かった碓氷郡人外従七位上石上部君諸弟が『続紀』に見える。『和

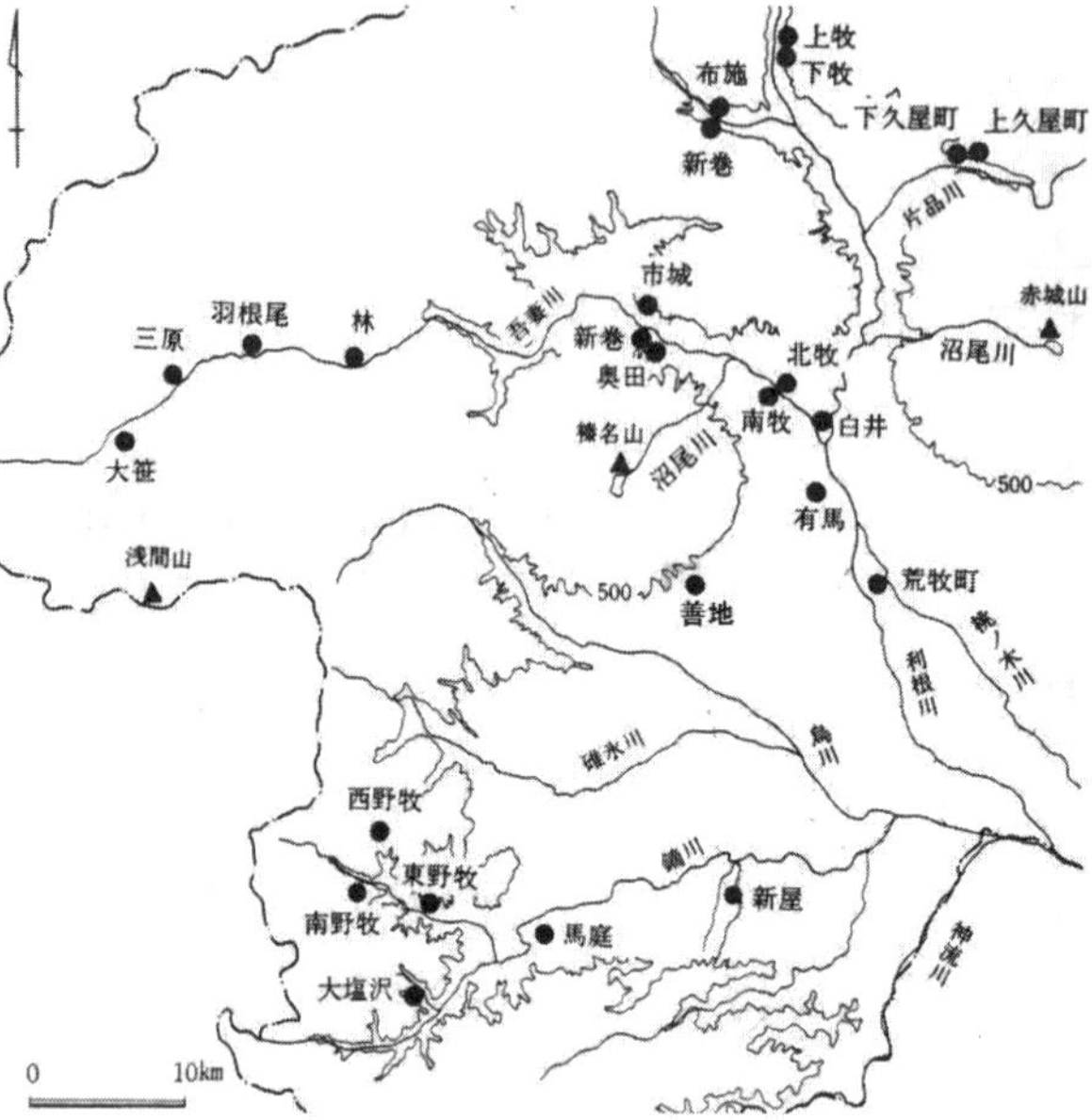


上野国の御牧（上野国の御牧の推定地と関連地名『群馬県史　通史編２』より）

名抄』には碓氷郡の坂本郷が見えて、上毛野坂本君の氏の名はこの地に因む。その比定地は、碓氷峠の東側坂下に位置する現・安中市（旧・碓氷郡）松井田町坂本あたりとされる。当地は中山道の宿場で知られ、古代にも東山道の坂本駅が設置され、十五匹の駅馬が置かれた（『延喜式』）。関東平野への北側の出入口である碓氷坂の東側を押さえる要衝であり、昌泰二年（八九九）にこの付近に蹴馬之党を取り締まるため碓氷関が設けられた。男嶋の石上部君氏が碓氷郡居住の系統と推される。

この駅馬のある要衝に石上部が在ったのは、群馬郡での馬産とも関係しよう。先に見たように、榛名山の東南麓の群馬郡一帯では

古代に馬産が盛んであり、この地域に栄えたのが石上部君とみられる。同地にある後期古墳の保渡田古墳群も、その築造に係るものと推される。同古墳群の東南側近隣には、古代豪族の居館施設、三ツ寺Ⅰ遺跡があり、出土遺物から見て五世紀後半から六世紀始め頃の遺跡とされる。古墳群の南側近隣が、長野氏初期段階居住の長野郷浜川（現・高崎市浜川町）であった。浜川の来迎寺は時宗の寺で、長野氏累代の墓と伝える五輪塔・宝篋印塔合わせて三十数基の墓石群がある。高崎市三ツ寺町に石上寺があり、同市箕郷町東明屋にある布留山石上寺は長野氏の菩提寺で、居城の箕輪城の鬼門に造られた。東明屋へは、浜川町の御布呂からの移されたという。石上神社も、いま高崎市（倉渕町三ノ倉。烏川東岸）と甘楽郡（甘楽町国峰）に各一社あり、東明屋に鎮座の諏訪神社（箕輪城跡の南東）にも石上神社・榛名神社が合祀される。

## 池田朝臣の系譜と活動

石上部君の系譜は端的には知られないが、その改姓した上毛野坂本朝臣が、平安前期の『姓氏録』左京皇別下には、池田朝臣と同じく佐太公の後で、「上毛野同祖。豊城入彦命十世孫の佐太公の後」と記される事情から、一応の見当がつけられる。両氏の同族に関しては、『大日本古文書』等に所収の天平十七年（七四五）の「優婆塞貢進文」に、左京七條一坊戸主の池田朝臣夫子の戸口として坂本君沙弥麻呂が見えることも傍証となろう。

池田朝臣の本拠候補地が那波郡の池田郷であり、これが利根川と神流川合流地域にあたるか（比定地は不明も、伊勢崎市南部・玉村町南部あたりか）。上野東端部の邑楽郡にも池田郷が『和名抄』に見えるが、群馬・碓氷両郡との関係から那波郡のほうが妥当とみられる。

池田朝臣氏の官人では、先ず池田朝臣子首が見え、和銅四年（七一一）四月に従五位下に叙せられた。これがこの氏では史料初見で、以後では、池田朝臣足床が天平二〇年（七四八）十月に伊賀守正六位上（『大日本古文書』。天平勝宝三年まで見任）に、足継が天平宝字元年（七五七）五月に叙爵し左衛士佐となり、下総介・豊後守を歴任し、同七年（七六三）正月に左少弁となったと『続紀』にある。平城宮跡出土木簡にも、天平十九年頃に「中務少丞池田足継」と見える。

なかでも、足継の弟、**池田朝臣真枚**《まひら》の活動が著しく、天平宝字八年（七六四）十月に従八位上から一挙に従五位下に叙せられ、神護景雲二年（七六八）に軍監、宝亀元年（七七〇）に上野介に任じた。この後、少納言・長門守などを歴任した後に延暦六年（七八七）二月に鎮守副将軍となった。対蝦夷戦争の過程で、同八年（七八九）三月に征東大使紀朝臣古佐美のもと左中軍別将として、陸奥国胆沢で渡河作戦を指揮したが、蝦夷の「賊帥阿弖流為《あてるい》」と戦い敗れた。この作戦失敗の責任を問われ、勘問の結果、官を解かれる処分をうけた。系図では、子に陸奥権介法麻呂、鎮守府軍監乙麻呂があり、法麻呂の子孫は長く続いたと記される（『諸系譜』第十五冊所収の「池田朝臣系図」）。一方、別の系図（『真香雑記』所収の「池田系図」）では、真枚の子に女（従五位下命婦）、及び左近将監今麻呂、靺鞨《まつかつ》、池守をあげて、内容がまったく異なる。この辺は、両方の史料に裏付けがなく、判じがたい。

真枚の次ぎに現れるのが池田朝臣春野であり、承和五年（八三八）に散位従四位下、享年八十二で卒伝が見える。延暦十年（七九一）に内舎人として出仕して以降、大蔵大輔や遠江守、越中守、宮内大輔、図書頭そして掃部頭などを歴任した。真枚の次の世代に属するが、両者の関係は不明である。春野の後では氏人はほとんど現れず、『文徳実録』天安二年（八五八）正月条に池田朝臣宅継子（上記の命婦の女性に当たるか）が他の女官らとともに従五位下の叙位を受けたくらいである。

『諸系譜』所収の「池田朝臣系図」はかなり不完全なもので、上記の伊賀守足床も掃部頭春野も記載がない（『真香雑記』所収のほうも同様）。同系図によると、後裔はいくつかの系統で地方に続いたとされ、なかに和泉国大鳥郡領、下野国都賀郡領（梶足、松枝、鯛主が就任と記）や陸奥国宮城郡領などの系統が見えるが、この辺は史料の裏付けがない。

太田亮博士は、上野の池田氏をあげ、「池田君、池田朝臣等の後裔か。後世吾妻党の一に池田氏あり」と指摘する（『姓氏家系大辞典』イケダ23項）。戦国時代、真田昌幸・信幸に仕えた者に池田重憲・佐渡守重安親子や池田土佐守、池田長門守定信（綱重）が見えており、これらは吾妻郡出身だとしたら、池田朝臣同族の上毛野坂本朝臣氏が吾妻郡領及び碓氷郡領で見えることにも関係しそうである。また、赤城村や子持村（勢多郡、群馬郡に属し、共に現在は渋川市北部のなか）などに池田氏があった（『群馬県姓氏家系大辞典』）。このように、上野の現地に中世、池田氏が居なかったわけではない。

先祖とされる「佐太公」の具体的な系譜は不明であって、系図の一伝には田辺史の祖・徳尊の子に位置づけるものもあるが、これは信頼しがたい。上記の所伝・地理などを勘案するとともに、池田君の住居地が吾妻・碓氷両郡かその近隣地であり、この居住地から見ても、夏花命の後裔で上州西部の物部君の一族の出とするのが比較的妥当しそうである（関口功一氏の言う美濃・飛騨あたりが出身とするのは無理である）。

## 佐味朝臣の系譜と活動

起源地などで池田朝臣と縁由がありそうな佐味朝臣についても、その活動を見ておく。

この氏における史料初見は、壬申の乱の時に天武方で見える佐味君宿那麻呂（少麻呂）であり、美濃の不破宮に倭京での戦況を報告し、大伴吹負のもとで河内から大和に進攻する近江方軍勢に対して大坂の道を数百の兵で守った。天武天皇十三年（六八四）に朝臣を賜姓し、翌十四年には直広肆で山陽道巡察使で見えており、持統天皇三年（六八九）六月に志貴皇子らと共に撰善言司に任じられた。

『続日本紀』文武四年（七〇〇）五月には、勤大肆佐味朝臣賀佐麻呂を遣新羅小使に任じており、この者は最終的には正五位下に達した。

奈良時代以降のこの一族の動きでは、**佐味朝臣虫麻呂**がおり、唐からもたらされた柑子の種を植え結実させた功で神亀二年（七二五）に従五位下に叙され、天平元年（七二九）二月の長屋王の変では藤原宇合らと共にし、衛門佐として六衛府の兵を率い長屋王邸宅を囲んだ。その後に備前守、中宮大夫などを歴任して、官位は従四位下に至った。佐味朝臣宮守は、天平勝宝七年（七五五）十一月に橘朝臣諸兄の謀反の状を聖武上皇に告げ、後にこの功で従五位下に叙し、越前介、左京亮、越前守などを歴任した。そのほかでも、官人を多く出し吉備麻呂・継人・笠麻呂などがおり、越前国司になった者が多く見える。

宮人と考えられる**佐味朝臣宮**もいて、宝亀七年五月（七七六）に散事従四位下で卒した（『続紀』。「散事」は女性であることに注意。男性の「宮守」とは別人）。この女性は、宝亀三年（七七二）に従五位下昇叙の佐味朝臣真宮にあたる。宮（真宮）は上記の虫麻呂・宮守の近親か。なお、天平十四年（七四二）から天平勝宝三年（七五一）まで『大日本古文書』に見える「佐味内侍」にあたる可能性もあり、丹生郡司より采女として貢進された可能性を『福井県史』では言う（同時期に阿波の「板野内侍」も見えるから、別人ならそうかもしれない）。

その後も、佐味朝臣の継人、山守、比奈麻呂、枚女、葛麻呂、継成、人上の叙爵記事などが六国史にあるが、佐味氏は次第に衰えていった。六国史の最後の記事が、『三代実録』貞観六年（八六四）正月の散位人上の叙従五位下の記事である。

さて、佐味君宿那麻呂の父祖かもしれない者が『書紀』舒明即位前紀に見える。記事では、蘇我大臣蝦夷は叔父の境部摩理勢の言動に怒って、身狭君勝牛・錦織首赤猪を派遣してこれを教誨させようとしたと見えるが、この「身狭君勝牛」なる者が問題となる。古典文学大系『日本書紀』の上註では、これを渡来系の牟佐村主（牟佐公）の一族かとみるが、太田亮博士はカバネの「君」に着目して、「身狭君」とは「狭身君」すなわち佐味君ではないかとする。渡来系の人々が多く蘇我氏に仕えたから、一族に牟佐呉公（『姓氏録』摂津未定雑姓）がいる牟佐村主との関連も考えられるが、太田説もなかなか興味深い。史料がほかにないので、決めかねるが、「君」重視はありえそうでもある。渡来系のカバネでは「公」を用いても、『書紀』の時代には「君」の表記はないと思われる。

大和国十市郡（近代では、式上・式下を併せ、磯城郡）には佐味の地が遺る。宝亀八年（七七七）七月二三日付文書など（宝亀八年七月の大和国符及び民部省牒で、『大日本古文書』所収）には、十市郡の耳梨里などに「元故従四位下佐味朝臣宮位田」があって、この位田四町が川原寺に施入されたと見える（高市郡明日香村川原の現・弘福寺は、創建時の川原寺とは異質の寺院であるが、川原寺の中金堂があった地に弘福寺がある）。長和二年（一〇一三）の弘福寺文書には、「佐位庄　十市郡云々」と見える。中世の鎌倉後期には佐味氏の名が『西大寺田園目録』に見え、室町期では、『大乗院寺社雑事記』に佐味兵庫の名も見え、佐味氏が長川党の一員として箸尾氏らとともに活躍した（「長川流鏑馬日記」。

以上は『奈良県の地名』等に拠る）。

佐味の地は、いま磯城郡田原本町の西南部の佐味・満田あたりであるが、佐味の北隣が大網で、東近隣に矢部という大字が残る。矢部あたりは、中世では夜部庄・小矢部庄の名で文書に現れる。このあたりにも、古代に毛野一族が住んだものか。

佐味朝臣の系譜は、『姓氏録』右京皇別に豊城入彦命の後裔と見えるだけで、具体的な流れや分岐は不明である。その居住地などから考えると、上野国が起源の場合は池田君と近い一族で物部君の流れかとも思われるが（居地が緑野郡でもこの系統の分布域）、両毛はおろか東国関係を広く見ても、佐味氏の氏人・後裔はまるで見えない。この事情から、北陸の越前国のほうが起源で、その場合には能登国造能登君の支流かというところになろう。

多少附言しておくと、吉備氏族から出た駿河の廬原国造の同族に池田坂井君（越前の池田君・坂井君の意か）があると「国造本紀」に見えており、廬原国造と角鹿国造（越前南部の敦賀郡を領域）とは同族である。敦賀郡の北隣が丹生郡で、そこから東北部が分かれて今立郡となったが、そのうち池田郷の地（現・今立郡池田町）に居たのが池田君であろう。池田には、今立郡式内社の須波阿須疑《すわあずき》神社が鎮座し、正殿に倉稲魂命（保食神）、右殿に建御名方命（諏訪神だが、建日方命の転訛か）、さらに大己貴命なども祀る。坂井君も越前北部の坂井郡に在った。そうすると、能登国造ないし角鹿国造の支流に池田君があって、毛野氏族を称したという可能性もないでもない（その場合、佐味君とも近い同族なか）。越前には大野郡もあり、毛野氏族はどこか往古の時点で越前に重要拠点を置いた可能性もある。

## 平安時代の在地の毛野一族後裔

上毛野氏の在地本宗的な後裔は、十世紀前葉に上野介藤原厚載《あつのり》を上毛野基宗等が殺害した事件がもとで現地から消えたように見える。下毛野氏のほうは、十世紀の同じ頃にすでに下野では見えない模様だが、一族後裔から平安中期に藤原秀郷を出したとみられる（秀郷の系譜には仮冒があり、後述）。いわゆる「秀郷流藤原氏」として、両毛を中心に関東一円のみならず、全国的に繁衍した武家諸氏の大きな流れとなった。この中世に繁衍した「秀郷流」のなかには、上野・下野の毛野氏一族の末流もかなり混入したのではなかろうか。これとは別系で、中世下野の大族宇都宮氏や陸奥の伊達氏なども藤原姓を称したが、これらは秀郷流藤原氏の流れではないものの、別系の毛野氏族末流ではないかとみられる。

秀郷が平将門追討に立ち上がったとき、宇都宮大明神に戦勝を祈願し、同神社から授かった霊剣で将門を討ち果たし、戦後に甲冑・弓・太刀を奉納したと伝える。宇都宮氏の祖・宗円は頼義・義家親子の奥州征伐の時に調伏祈祷を行い、その功で宇都宮社務職を授かったと伝える。これらは、ともに宇都宮大明神に大きな所縁があった。

## 平安時代の上毛野氏一族官人の動向

平安時代になると、毛野一族の中央官人はあまり見えなくなる。なかでは、『新撰姓氏録』の編者の上毛野朝臣穎人《かいひと》や『貞観格』の編纂者の上毛野朝臣永世、典侍正三位の上毛野朝臣滋子が著名である。また、名は不明だが嵯峨天皇の宮人に上毛野氏の女（東宮学士穎人の近親か）がおり、広幡大納言源朝臣弘を生んだ（弘の子は中納言源希、その子が参議源等。このほかでは、毛野氏族から出た后妃の伝承はない)。これら平安期に見える上毛野朝臣氏の人々は、職務等から見て、殆どが田辺史系ではないかとみられるが、系譜が伝わらない。

古来の「上毛野朝臣、上毛野公」が、なぜ急に消えたのかの事情は不明である。ちなみに、六国史には、九世紀の前葉・中葉に上毛野公から朝臣への賜姓が次の三例、見られる。

①天長十年(八三三)二月に左京人上毛野公道信が賜姓(『続後紀』)。

②承和二年(八三五)十月に左京人内豎従六位上上毛野公諸兄(『続後紀』)。

③貞観五年(八六三)十一月に左京人斎院判官正八位上上毛野公藤野、内教坊頭従七位下上毛野公赤子等の同族男女七人(『三代実録』)。

このように系統不明となったなかではあるが、九世紀後半の上毛野朝臣永世は、従四位下まで昇位しており、『貞観格』の編纂に参加し『類聚三代格』や『本朝文粋』にも見える。従五位下上毛野朝臣上長は貞観十年(八六八)正月に下総介に任じた(『三代実録』)。同じ頃の上毛野朝臣氏永は、元慶六年(八八二)正月に式部大丞で従五位下に叙せられたが、元慶八年(八八四)六月に石見権守の在任中に起きた郡司等の騒乱によって解職になり(『三代実録』)、この頃から上毛野朝臣氏の官人は次第に見えなくなる。

女性では、**上毛野朝臣滋子**は、典侍で、元慶三年(八七九)に従三位から昇叙(正三位へ)した。藤原良房家の女官を経て皇后藤原明子に奉仕し、寛平九年(八九七)に薨じた、と記事が見える。円珍がもたらした大曼陀羅像の複製にあたり、主要な役割も果たした。女官では上毛野朝臣宮子も見え、上毛野朝臣滋子が従四位下に叙されたときに従五位下に叙された。両者は姉妹だったか。これより先、『日本紀略』に見える『日本後紀』巻三逸文に、延暦十四年(七九五)五月、右京人上毛野兄国女が「諸天」を自称し妖言で民衆を惑したことをもって土佐に流されたという記事がある。

平安中期では、延喜十年（九一〇）に越中介に任じた従五位下上毛野朝臣茂実が見え（石山寺文書）、延喜廿年（九二〇）に春宮大属上毛野（欠名も「常秀」とされる。「東寺百合文書」）がおり、『貞信公記』『九暦』には承平～天暦頃に上毛野朝臣常行（葛野使長官、中宮御使亮で正五位下）が見える。

それが、平安後期になると任ぜられる国司など官職のランクも次第に落ちていくようで、『上野人物志』には、永観二年（九八四）の上野権大掾の上毛野公平、康平七年（一〇六四）の備後掾の上毛野安国、永保三年（一〇八三）の伊予大掾の上毛野国業と掾クラスで続いた後は、永久四年（一一一六）の越前大目の上毛野延国などが目クラスの官職で見える。また、治暦四年（一〇六八）十二月に刑部史主上毛野貞正（『朝野群載』）、寛治三年（一〇八九）正月に正六位上式部少録上野朝臣義定（『朝野群載』）が見え、承徳元年（一〇九七）正月に周防掾上毛野重時が見えるが（『中右記』）、この辺が中央官人では殆ど終わりに近い。

これら上毛野一族などの文官は、田辺史系統（大外記上毛野朝臣穎人の流れか）から出たようである。武官にも近衛府官人などで若干だが見えるものの、これは檜前公から上毛野朝臣を賜姓した綱主の流れの者が殆どではなかろうか。先にも触れたが、例えば、『政事要略』延長三年（九二五）十一月に左近将曹上毛野時見（時実）など、『九暦』には天慶九年（九四六）十月に右馬允と見える上毛野公幹が天暦四年（九五〇）七月に近衛将監で見え、さらに『小右記』長和四年（一〇一五）十一月に番長上毛野利忠などが見える。

長元八年（一〇三五）六月には、上毛野春重が右近衛看督長番役で河内国追捕官人供給使で見えるが（『平安遺文』）、このあたりが殆ど最後となろう。このほか、康平五年（一〇六三）に上毛野宿祢安国は備後掾従七位上となるなど、宿祢姓で何人か史料に見える。

## 近衛府官人・随身の下毛野氏一族

下毛野一族のほうは、平安前期では、延暦期に見える下毛野朝臣年継が官人としてめぼしいくらいである。年継は備中介、諸陵助などに任じて六国史や『延暦交替式』に見え、官奴正従五位上となった。その後も六国史には、外従五位下信濃介の文継（承和七年正月条）、外従五位下造酒正の田舎麿（近江国人で志賀忌寸から賜姓）、外従五位下施薬院使の殿永（貞観五年正月条）、が見える。このほか、承和十三年（八四六）の「宇治郡司解」に従七位上山城大目で下野朝臣清主が見える。

六国史最後の『三代実録』には、元慶元年（八七七）正月に従五位下に叙された左近衛将監の下毛野朝臣給が見え、元慶二年（八七八）十一月には散位従五位下下毛野朝臣綸旨が武蔵権介に補任され、翌元慶三年（八七九）の六月の出羽の乱に際しては、軍兵を率いる権医師大初位下下毛野朝臣御安（下野現地の者か。後述）がおり、同年十一月に外従五位下叙位の右兵衛権大尉下毛野朝臣良臣が見える。更には、元慶八年（八八四）六月の石見権守上毛野朝臣氏永の事件に絡む石見介外従五位下忍海山下連氏範の妻・下毛野屎子が平安前期最後の頃である。この男系では、良臣が最後であり、それ以降は見えない。

同中期以降では、下級の近衛府官人（将監、将曹、府生、番長）や、摂関家藤原氏の随身（弓矢を持ち貴人警固する者）として多くの一族が活動が見えるが、殆どがこうした武官関係ににとどまる。その系統も下毛野朝臣本宗ではなく、祖系不詳の下毛野公氏であった。その系図に京都大学所蔵の『下毛野氏系図』があって、敦実から見え、総じて信頼性が高いが、別伝の系図も『百家系図稿』に見えて、総合的に各種史料から考える必要がある。

先祖の下毛野敦行（敦実の子）が『今昔物語集』に見え、ともに馬達人とされる尾張兼時との競馬の話がある。敦行は十世紀半ばの朱雀天皇の頃から出仕し、左近将監などをつとめた。その子重行は近衛舎人として著名で、右近衛将曹・将監をつとめ鷹飼にも補され、随身としての基礎を固めた。その子に公助、公友、公時、公忠があった。笹山晴生氏は、下毛野氏について、「近衛官人世襲化の傾向は十世紀初頭から現われ、とくに馬芸にすぐれていること」で、「摂関家の随身として、摂関政治体制の発展とともにその勢力を伸張させた」とみる（「毛野氏と衛府」）。『古今著聞集』にも、下毛野一族に競馬の説話が多い。

初期の下毛野重行は、『除目大成抄』第五に播磨大掾下毛公重行と見えるから、姓は公である（これより後の人々、厚時・延末・近末（ともに『後二条師通記』）や敦忠（『除目大成抄』）についても、下毛野公姓で記載）。後に、建久九年（一一九八）正月の除目では『猪隈関白記』に「将曹正六位上下毛野朝臣武安」と見え、この時までに朝臣姓を名乗るようになる。この当時、左近府随身番長には下毛野武守がいた。その後、建保六年（一二一八）四月にも、御鷹飼職補任で右近衛府生下野朝臣の任命（中院家文書、『鎌倉遺文』所収）が見える。

藤原道長・頼通の随身の下毛野公時は、公友の子弟で、番長や相撲使をつとめ競馬上手でもあった。「金太郎（坂田公時）」のモデルといわれるが、これはどうだろうか。公時は源頼光の家来となっていないと思われ、名前が類似するだけであろう。公友の弟、下毛野公忠は競馬上手の近衛舎人・左近将監で、藤原道長・頼通の随身であった。公忠の子の公武も頼通の随身で、子孫は摂関家の随身を長くつとめる。その子の敦季は、十一世紀末の白河院の随身を務め、院召次や雑色長としても活動した。敦季の子の近季（近末）・敦利兄弟やその子たちも、鳥羽院などに仕えた。

敦季の子の武忠、孫の武正は、番長や摂関家の随身をつとめた。武正は『宇治拾遺』『古事談』などに見えて、藤原忠実・忠通父子に仕えた随身だが、落馬に因んで長岡京市域に調子荘を領有することになり、その地に子孫が長く続いた。摂関家が近衛家と九条家に分かれると、武正の系統は近衛家に仕え、随身や雑色長に任じたが、九条家及び院には秦氏が随身として使えた。鎌倉前期の近衛家実の日記『猪熊関白記』承元二年（一二〇八）四月条には、「余随身武宗・種武 左右番長也」と見えるが、両者は従兄弟同志で武正の孫であった。下毛野氏本流は、種武の兄で『明月記』に見える久武の後が続いて、調子家となった。先に述べた先祖以来、馬芸にすぐれた一族であり、「保元競馬絵」にも描かれた。

この一族は鷹飼職も世襲しており、院政期になると下毛野氏による鷹飼職の世襲や河内国交野禁野の鷹飼免田の相伝がほぼ定まった。応保元年（一一六一）十二月、交野鷹飼の下毛野武安・友武は、鷹飼免田を摂関家領楠葉御牧の住人と争っており、この相論は文治三年（一一八七）まで続いた。「蔵人所牒写」には、交野禁野の御鷹飼職が健保六年（一二一八）四月に下野朝俊から能武に譲られ、宝治二年（一二四八）一二月に下野能武から下野武貞に譲られたと記される。下毛野氏による鷹飼職及び交野禁野免田の世襲は、それ以後も変わらず継続した。平安末期頃の忠武（敦利の孫）あたりから史料によく見えるが、系図にはもっと早くから鷹飼の記事が多くあり、秦氏・下毛野両氏は交野（大阪府枚方市北西部）及び宇多野（京都市右京区鳴滝あたり）の禁野（皇室の遊猟地）を管理した。

この随身の下毛野氏は、朝臣姓の本宗とはどのように分かれたかの過程や先祖が不明であって、奈良時代に文芸・学問で活動した一族との関係は分からない。現存の『百家系図稿』所載の系図では、『政事要略』巻六七に見える仁和二年（八八六）の「左近衛下毛野松風　鷹飼」より先は記載がなく、出自がわからない。この系統の祖の松風から鷹飼で見えることに留意したい。系図には、松風の弟に雄宗があげられ、この者が古今集に和歌一首が入る「下野雄宗」だが、『古今和歌集目録』には「子細不分明」と記される。

系図には、雄宗の子に長用が見え、長用も『古今著聞集』に下野長用と見えるが、衛府官人の秦氏の祖にも同名者があって、二人の関係は同人のようでもあるが、不明である。同書の逸話では、延長八年（九三〇）七月五日に右近衛下野長用が殷富門で、黒装束に太刀を佩き、白い笏を持つ妖怪に遭遇したと記される。

その少し前に『三代実録』では、元慶五年（八八一）条に右近衛の府掌下毛野安世が見えており、職務から見て、松風らはその近親一族か（松風後裔の公時・公安も同じ府掌で見える）。それより先は、『大日本古文書』の天平勝宝五年（七五三）五月に資人（警固や雑務に従事）の下毛野君加志麻呂が見え、延暦二年（七八三）に下毛野公を賜姓した外正八位上吉弥侯間人・総麻呂兄弟が六国史に見える。この後者あたりの後裔が松風の系統につながる可能性もある。ともあれ、鷹飼の下毛野氏が当初は公姓ということで、下毛野本流ではなく、天武朝より前に分かれた支流となるが、その系統・居地は不明というしかない。

## 毛野一族の鷹飼

鷹飼についてもう少し触れると、この関係の史料初見が『書紀』仁徳四三年条とされる。そこには、百済王族の酒君が鷹を飼育して献上したので、これを用いて百舌《もず》鳥野での狩猟で多くの雉を捕獲し、そこで鷹甘部（鷹養部）を設けたとある。これは韓地渡来の養鷹技術と思われるが、鷹甘邑が当該鷹が捕られた依網《よさみ》屯倉の近くの摂津国住吉郡にあり（大阪市東住吉区鷹合が遺称地）、酒君塚古墳（円墳）や鷹甘部の墓（平塚という）が当地にある。奈良時代になって令制のもとでは、兵部省管下の主鷹司がこの職務を管掌した。

中央の朝廷では、主に百済渡来系の氏族がこの任にあったようで、坂上田村麻呂などは鷹狩の名手としても知られる。中世では、秦氏と下毛野氏が鷹狩（放鷹）の実務を担当し、禁野とされた鷹場の管理にもあたった。

毛野一族では、弘仁九年（八一八）五月の主鷹令史として上野公祖継が知られる（『新修鷹経』）。この祖継が、元の上毛野系なのか田辺史系なのかは不明であるが、弘仁元年（八一〇）に田辺史系が朝臣賜姓を受けたから（ちなみに、君・公の賜姓は天平勝宝二年及び宝亀八年）、前者のほうか。『紀略』には、弘仁十三年（八二二）十月に正六位上上毛野公祖継と見えて、従五位下に叙された。一族では、大野朝臣真鷹が鷹・犬を好んだと卒伝に見える。

なお、天皇家を出した天孫族は、大陸・韓地から渡来して鳥トーテミズムをもったから、もともと鳥の習俗・飼養技術があったとみられる。記紀には、応神天皇の前身（若い頃）が、ホムチワケ（品遅別、誉津別。垂仁天皇の皇子とされるが、疑問）として登場する。ホムチワケは、成人してものを言わなかったが、空をいく白鳥の声を聞いて初めて口をきいたので、山辺の大鶙《おおたか》なる者が命をうけ各地を追いかけ捕らえたとの伝承がある（記紀に多少差異があるが、捕獲者は少彦名神後裔の鳥取部造の祖）。『記』の「大鶙」は鷲鷹類の鳥を表す名（通称）であり、『書紀』のほうに表記される名「天湯河板挙《ゆかわたな》」は、実際には少彦名神かその近親の別名で、それが子孫にも同じ名で表記されたものである。この白鳥捕獲には一に鷹を用いたともいうから、上記の酒君の鷹とは種類がすこし違うのかもしれない。

中世武家の放鷹術は東国で盛んであり、主に宇都宮流と諏訪流とがあった。宇都宮流は二荒山神社への贄鷹儀礼（鷹で捕えた獲物を神に供える祭）で使われ、宮廷の鷹飼たる下毛野氏にも関連する。中世の宇都宮には神に仕える鷹匠たちがいた。諏訪流のほうは、諏訪大社への贄鷹儀礼の神事に用いられ、この諏訪流と宇都宮流は近接した関係にあった。

諸国の鷹匠は、「諏訪の贄掛」を行い諏訪大明神を信仰した。信濃では、諏訪神党の一員で滋野朝臣姓を称した祢津氏の鷹飼が著名で、祢津氏の三代目・神平貞直（諏訪大祝貞光の猶子）が伝説の鷹匠で鷹道の流祖とされる。祢津氏の歴代がこの技術を伝え、鷹道一流の文書を相伝した。戦国期の祢津二八代松鷂軒《しょうようけん》信直（政直）も、鷹匠で著名であった。

## 円仁とその一族

平安前期の九世紀前半頃、延暦～貞観期に活躍した僧として、第三代天台座主になった円仁（生没が七九四～八六四）こと、慈覚大師が著名である。下野国都賀郡の生まれで（壬生寺が誕生地と伝える）、出自は下毛野一族の壬生公氏であり、最澄・空海など入唐八家のなかにもあげられ、『入唐求法巡礼行記』の著述もある。その研究は佐伯有清氏に詳しいが（『慈覚大師伝の研究』などの著作）、円仁の生涯の概略をあげる。

兄・秋主からは儒学等を学んだが、早くから観世音経に魅せられて仏教に導かれ、父の三鴨駅長・首麻呂が厳堂を建立したという大慈寺（栃木市岩舟町）に入った。そこでの師・広智は鑑真の孫弟子であるものの、最澄への理解もあって、帰朝直後の最澄に師事し、その信頼を得た。最後の遣唐使に随い唐に留学し、不法在留など様々な苦労のなかで約十年、密教受法などを求法・修行した。帰朝後には大法師に補任、天台座主となり、天台密教の確立につとめた。円仁が開山、再興したと伝わる寺は多く、関東に二百寺超、陸奥には三三〇余寺もあるとされ、浅草の浅草寺もそのひとつで、その中興の祖と仰がれる。

円仁の兄の末裔には中世の武家大族壬生氏が出たが（後述）、奈良時代後期に甘楽・群馬郡に分かれた一族からは群馬郡人正八位上壬生公石道が出て、貞観十二年（八七〇）八月に壬生朝臣姓を賜った（『三代実録』）。石道の後裔は、甘楽郡熊倉（現・群馬県甘楽郡南牧村熊倉）に住んだ仲景の後の熊倉氏の流れとその弟・仲泰の高尾氏の流れがあって、ともに戦国末期までの系図を伝える。この系図には見えないが、弘仁四年（八一三）二月紀に民政の功により特に外従六位下を授けられた甘楽郡大領壬生公郡守がおり、年代等からみて石道の祖父かその兄弟にあたりそうである。

## 田辺史一族と上毛野君賜姓

田辺史の先祖を先に見たが、孝徳天皇の白雉五年（六五四）二月に派遣された遣唐使の中にも田辺史鳥の名がある。藤原不比等が山科の「田辺史大隅」の家で養育された故に「史《ふひと》」と名づけられたことは著名である（『尊卑分脈』に引く藤氏大祖伝）。

これは壬申の乱以前のことで、『書紀』天武元年（六七二）七月の条に見える壬申の乱の時の「近江の別将田辺小隅」が、この名前から「大隅」と兄弟だとすると、そのとき不比等は十五歳となる（不比等の享年六三歳から逆算）。文武天皇四年六月に、刑部親王・不比等・下毛野朝臣古麻呂ら大宝律令の撰定者に賜禄があったなか、田辺史百枝・田辺史首名も見える（『続紀』）。田辺史だけ二名も出るのは、不比等との結付きか。田辺史百枝は『懐風藻』に大学博士従六位上で一首見え、首名は和泉正（和泉監の長官）となった。

田辺史以外にも上記の賜禄者のなかに、白猪史骨《ほね》（宝然）の名があるが、白猪史は百済から渡来の系統で王辰爾の後である。黄文連備の名も見えるが、不比等の二女長娥子《ながこ》が長屋王との間に生んだ子の中に黄文王がおり、黄文連氏（高句麗の久斯祁王の後裔）が養育などに関与したことに因る名であろう。これら百済系史官（田辺史・書首・船史らのグループ）は不比等は密接な関係をもっていた。文人では、『万葉集』に四四首も所収の田辺福麻呂（造酒司令史）も史姓とされる。

飛鳥・奈良時代に活動が見える田辺史の一族の系譜は、殆どが不明である。田辺史賜姓という皇極朝の斯羅と文徳朝頃の真比古・真澄兄弟の間に二世代ほどの欠落が考えられ、大隅・小隅兄弟や上記の百枝・首名が入るものか。万葉歌人で名高い田辺史福麻呂《さきまろ》（造酒司令史）も出たが、系譜が不明である。奈良後期頃の出羽守田辺史難波のころから、系譜等にまた活動が見える。すなわち、天平勝宝三年（七五一）二月条に中衛員外少将従五位下田辺史難波等に上毛野君の賜姓があり、続いて宝亀八年（七七七）正月条には左京人従七位上田辺史広本ら五四人にも同じ賜姓があった。その後も田辺史で若干残る者が見えるものの、この系統の主流は上毛野君となり、更に上毛野朝臣姓へと上昇させた。

朝臣姓の祖になるのが上毛野公大川である。前年の賜姓に一族と共にあずかり、宝亀九年（七七八）十月には遣唐使に録事として加わり、帰国後に大外記兼山背介、延暦五年（七八六）に叙従五位下、主計頭も兼ねて、『続日本紀』編纂に従事した。大川の父は田辺史広浜（上毛野公賜姓。上記の広本の兄弟か）とみられ、従五位上に叙され、播磨介や近江介に任じ、安芸国で遣唐使船を造り、『東大寺要録』に大仏建立に際し銭一千貫寄進と見える。

大川の子が**上毛野朝臣穎人**《かいひと》（生没が七六六～八二一年）である。『日本後紀』逸文（『類聚国史』等）に記載の弘仁十二年（八二一）八月の卒伝には、東宮学士従四位上上毛野朝臣穎人卒、年五十六、従五位下大川之子也と見える。六国史などによると、文章生として出発し、延暦年中に遣唐使録事に任じ、大同の薬子の変に功があって従五位上に叙された。大同四年（八〇九）には朝臣姓を賜り、『新撰姓氏録』の編纂に参加し、大外記、東宮学士や民部大輔等を歴任し従四位上まで昇叙した。『凌雲集』及び『経国集』に各一首が入る。

『外記補任』には、上毛野大川の次ぎに上毛野諸嗣（延暦十五年〔七九六〕に少外記に任じて同廿二年まで同職。大川の子か）、次ぎに穎人が見え、大同二年（八〇七）に左大史から少外記に任じ、翌同三年から弘仁八年まで大外記で見える。さらに、貞観六年（八六四）に薩摩守から権大外記になった沢田（後に肥後介）があげられるが、その後は見えなくなる。

## 池原公とその一族

田辺史の同族に**池原公**があった。『平安遺文』には、承平七年（九三七）六月十七日付の「信貴山文書」に河内国安宿郡心条池原里の地名が見えるから、この地に起こったものか。安宿郡は賀美・尾張・資母の三郷しかなかったから、「心条」は資母郷に通じそうである。この郷域は柏原市の田辺・国分あたりとされ（『大阪府の地名』）、田辺はまさに田辺史の本拠で、田辺廃寺はその氏寺であった。池原公のなかに朝臣賜姓をした者があり、『姓氏録』には左京皇別に池原朝臣・住吉朝臣があげられる。

上毛野君粟守が天平勝宝七歳（七五五）三月頃に池原公の氏姓を賜わった。池原公粟守《あわもり》（禾守）は、はじめ造東大寺司などの職務につき、奈良時代後期には大外記、主計頭などを歴任し、従五位下に叙された。年代的にその子と推される池原諸梶が、『外記補任』の延暦八（七八九）〜十二年（七九三）の期間に記載される。もと兵部少録から権少外記に任じ、少外記を経て、延暦十一年に大外記に任じ、翌年までその任にあった。この諸梶が池原朝臣を賜姓したとみられるが、この時代を記す『日本後紀』は、元の四分の三ほど欠失した形で現存され、詳細は不明である。外記に任じた者は、先に田辺史系統でも見たが、同族の池原公ともどもこの職に任じたことが知られる。

この系統の系譜は不明な点が多いが、摂津国住吉郡に田辺郷（『和名抄』不記載。現・大阪市東住吉区北部）があり、その地に戸主正七位上田辺史真立が居た（天平五年の「右京計帳」。同八年の木簡には兵部省大録で見える）。平城宮出土木簡に住吉郡人の无位田辺史廣□（神亀五年。□は「調」かとされる）も見える。「田辺西神」という神は、国史見在（貞観四年八月に叙従五位下の神階）で、『摂津志』に南田辺村の山阪明神（東住吉区山坂の山阪神社。現在の祭神のなかに宇賀御魂神あり）に当たるとされ、田辺神社ともいう。この地の田辺史氏が上毛野公となり、次ぎに池原公に変わったものか。そうすると、田辺史一族が倭地に来て当初、当該田辺郷に住み居地に因んで氏を名乗り、分かれて河内へ遷住したのではないか（伯孫が「伯太彦」に当たる場合は、この者の時に、本宗のほうが河内移遷か）、という事情が窺われる（直木孝次郎氏の論考「難波・住吉と渡来人」〔『相愛大学研究論集』九所収。一九九三年〕の所説には反対）。

延暦十年（七九一）四月に、近衛将監従五位下兼常陸大掾の池原公綱主（縄主）の兄弟二人は、居地（摂

津国の住吉郡か）に因み**住吉朝臣**の賜姓を受けた（綱主と粟守との関係は不明も、伯父・甥の関係か）。綱主は、延暦廿四年（八〇五）二月の卒伝によると、善射をもって近衛となり、鷹犬を愛し、近衛少将、従四位下まで昇叙し七七歳まで生きた。右近衛将曹住吉朝臣豊継は、薬子の乱の時に紀清成と共に藤原仲成を射殺し、後に左兵衛佐、常陸介で従五位上になった（『尊卑分脈』には「下野守正五位下住吉豊継」と記載）。田辺史の同族に武官の家が出たことで、この渡来系統が毛野氏と無縁の出自とすることはできない。

綱主の子孫が継麻呂、豊継、氏継であって（継麻呂は豊継の父で、この三代が親子続きか）、各々の叙爵記事が六国史に見える。平安中期には、池原朝臣安房が『類聚符宣抄』巻十に見え、承平七年（九三七）四月十一日付けの池原安房請暇状がある。この状には、老母が上野国に居住と見えるが、これをもって池原氏の起源が上野だとみるのは無理がある。

なお、渡来系の毛野氏族と称した都宿祢《みやこ》・都朝臣があった。六国史の記事から系譜を記すと、大和介桑原公秋成の子が主計頭都宿祢貞継、その子に左大史等を歴任の都宿祢御酉や、文章博士兼大内記**都宿祢良香**（漢詩の『都氏文集』で名高い。『文徳実録』編纂の中心人物）などがいる。良香らが元慶元年（八七七）に朝臣を賜姓したときに、崇神天皇後裔で上毛野朝臣らと同祖だと主張した。早く『姓氏録』の段階で、桑原公は上毛野氏と同祖を称するが、この系譜は疑問が大きい。すなわち、同名の「桑原」を持つ氏には、同書に桑原村主、桑原史、桑原直があり、漢系の万徳使主の後裔という系譜伝承を共有し、これより早い天平神護元年（七六五）に連・村主姓から桑原公への賜姓もあった（『続紀』）。これらと同様に渡来系氏族となるから、都宿祢の上記記事は系譜仮冒かとみられる。

# 八　中世以降の毛野氏族裔

## 中央及び大宰府官人の毛野一族

中世になると、中央官人の毛野一族は、史料に多く見える近衛府及び随身の下毛野氏を除くと、殆ど見えなくなる。しかも、関係者各人の系譜が伝わらないこともあって、田辺史系との判別がしにくい。鎌倉期に入っても、まだ氏人が史料に少し見える。建久四年（一一九三）八月の目代伊賀権守散位上野朝臣（山城鳥居大路家文書）、建治元年（一二七五）七月の左兵衛尉上野朝臣清継（兼仲卿記裏文書）などが『鎌倉遺文』に記される。

なお、室町前期の『薩戒記』応永卅三年三月条に「下野国掾正六位上上毛野朝臣弘村」が見えるが、同書の諸国国司の任官記載例から見て実在した者かどうかは疑問もある。

氏人の分布地域としても、播磨より西には毛野一族は殆ど見えないが、平安中期以降には九州の大宰府の官人関係に上毛野氏がかなり見えるので、主だったところをあげておく。

早いところでは、寛弘八年（一〇一一）十二月に「権少典上毛野」、長暦二年（一〇三八）三月に「大典上毛野」が東大寺文書に見えており、長和四年（一〇一五）の大宰権帥藤原隆家の随身八人の一に従七位上上毛野朝臣吉方が見え（『類聚符宣抄』）、これとほぼ同じ頃の正六位上上毛野朝臣師善が大宰大典、転じて大宰権大監（『朝野群載』の寛仁三年（一〇一九）、『魚魯愚鈔』の治安元年（一〇二一））で見える。保元三年（一一五八）三月には肥前の在庁官人の一として同じ権介の官職で伴・船・源らと並び上毛野が見え、これが、文治五年（一一八九）十一月の権介上野宿祢や、寛喜四年（一二三二）三月及び文暦二年（一二三五）八月に権介上野朝臣につながる（いずれも肥前河上神社文書）。

鎌倉時代に入っても、その前期にはまだ上毛野氏が大宰府官人で見える。例えば、文治二年（一一八六）の豊前中島文書に「権大典上毛野」が見え、承元五年（一二一一）の豊後到津家文書にも権大典や府老で上毛野氏が見えるが（ともに『鎌倉遺文』）、これより後は大宰府関係でもほとんど姿を消したようである。

九州ではこのほか、豊後に一族の居住があり、大分県豊後高田市加礼川の長安寺所蔵の大治五年（一一三〇）の塔竜天童子像の腹部銘（『平安遺文』金石文編）のなかに、宇佐宮神官の一族と共に上毛成□や上毛大子・上毛中子などの名が見える。

## 秀郷流藤原氏の系譜の淵源

藤原秀郷とその一族後裔について、かつて私は、「俵藤太秀郷とその縁辺」という論考（『家系研究』誌第二一号、一九八九年九月）を書き、最近また「東国諸武家の祖先たち―藤原秀郷らの祖系探索―」（『姓氏と家系』第二二号、二〇一九年六月）を発表した。この流れには一族諸氏が多いだけに、ここでは要点とその後の検討をできるだけ簡潔に記しておく。

関東をはじめ全国の藤原姓武家の多くが秀郷流を称したこともあって（それ故、系譜仮冒で他の姓氏から入り混んだものも数多い）、源平藤橘の四大姓のなかでも藤原姓諸氏がもっとも多い。この肝腎の「藤原秀郷」なる者が中央の権門藤原氏から本当に出たのか、『尊卑分脈』などに記載の北家魚名流に出て、桓武天皇初期の左大臣魚名の四世孫（玄孫）という系譜が史実かとの問題を、早くに太田亮博士が疑問提起をしていた（『姓氏家系大辞典』フヂハラ28項、五二六一頁）。ところが、太田博士ほどの系図学の大家が主張しても、依然として秀郷の系譜があまり疑われていない（武家研究を専らなされる野口実氏らは、秀郷の藤原北家出自を認めるようだが、検討が粗くて疑問が大きい）。この辺が、私には不思議でたまらない。

太田博士の指摘によると、①秀郷の祖・藤成の位置づけには、魚名の子のほか、房前の子、良相の子という異説もあって不安定なこと、②魚名から秀郷までの五世（「魚名―藤成―豊沢―村雄―秀郷」とされる）で約二百年も経過するのは世代が少なすぎるとし、「その虚妄なる事明白也」とまで言い切る。そして、「蓋し豊沢の母は下野史生鳥取業俊の女にして、村雄の母も鳥取豊俊の女也と云ふより見れば、当国鳥取氏が藤原氏に仕へ、その系を冒したるならむ」と結論する。要は、男系が藤原氏ではなく、実は鳥取氏だというのである。

秀郷は、天慶の平将門討伐当時は「下野押領使」兼下野掾の地位にあり（『扶桑略記』『将門記』など）、その後に軍功により従四位下へ昇叙され、下野守や武蔵守に任じた。鎮守府将軍にもなったというが、この官職への就任について史料での確認はできない。

天慶の前では、『日本紀略』延喜十六年（九一六）八月十二日条に見えるように、罪人藤原秀郷、同兼有、同高郷、同與貞等十八人が各々配流されたと下野国が言上している。この記事も合わせて合計で六個所もの本件に関連しそうな記事が紀略に見える。すなわち、前年（九一五）二月の上野介藤原朝臣厚載が上毛野基宗らにより殺害されたことに始まり、配流二か月後の同年十月に上野国百姓の上毛野貞並らが厚載殺害に関与したことや、同十二月には罪人上毛野良友ら七人が出雲へ配流されたことも見える。

つまり、下野と上野とは国が異なる隣国だが、秀郷等は上野介藤原厚載殺害事件になんらかの形で加担したか、ほぼ同様な重大事件を下野国衙との争いのなかで起こしたか、ということなのであろう。当該殺害事件に対する朝廷の弾圧は、厳しかった模様で、上古から続いた上野の大族上毛野氏はその後の歴史には殆ど登場しなくなり、将門の乱でも上毛野一族の名は見えない。一方、秀郷与党の十八人というのは明らかに下野在地土豪としての族的結合であった（井上満郎氏「押領使の研究」）。現在に伝わる系図で、祖父豊沢以降の三代の職名は下野土着の国衙在庁という所伝だから、この辺は信頼できそうである。

さて、太田博士の上記指摘のうち、①の藤成の位置づけについては、『類聚国史』（『日本後紀』逸文）に見える。弘仁十三年（八二二）五月四日に藤成が伊勢守従四位下、年卌七（四七）で卒去した（従って、生没が七七六～八二二）、という活動年代から見ると、魚名の子とするのは年代差が大きくあって、同書には魚名の第五男と記されるものの、実系としては、むしろ孫の参議藤嗣（鷲取の子。弘仁八年卒で享年四五だから、生没が七七三～八一七）の弟におくのが妥当であろう（藤嗣の弟から、祖父の養子になったものか。毛利文庫の「和智帯刀家譜」には、「祖父大臣為子、実鷲取一男」と記載。野津本「大友系図」も鷲取を藤成の父とする）。

これで藤成の実在性と活動期間が確かめられたが、それでも、藤成と豊沢との間が直ちにつながるわけではない。藤成には吃音という身体特徴と内外の官を歴任も、可もなく不可もないとされる程度で、地方官として播磨国司の経歴が史料に見えるが、下野など東国での事績・活動が史料で確認ができない（これを、若い時期に経験したとみるのは、論法が飛躍し過ぎである）。藤成の娘は、右大臣藤原氏宗に嫁して上野介有家を生んだと系図に見える。

藤成の公家官人としての後継者は、豊沢のすぐ下の弟におかれる秀雄（一に季雄とも記）だとしたらと考えて、この者の周辺も探索してみる。

六国史には、承和十三年（八四六）正月に従五位下に叙し（『続後紀』）、仁寿三年（八五三）に河内守に任じ（『文徳実録』）、その後に典薬頭などを歴任して、従五位上になった（『三代実録』貞観十年（八六八））と見える藤原朝臣秀雄が見える。ところが、当該秀雄は、『分脈』で見ると、藤原南家豊成の四世孫という別系統の者で、かつ、清岳（「浄岡」とも表記で、七八一叙爵〜八〇九の活動が見える。ちなみに七八一年の叙爵は魚名の末男真鷲と同時）の孫におかれる同名の「秀雄 従五上紀伊守」にあてるほうが妥当そうである（「四条家系譜」には、豊沢のすぐ下の弟に秀雄をあげて修理少進、その次の弟の宗雄に隠岐介と記すが、共に官職に史料の裏付けがない）。豊沢や村雄の名は六国史に見えず、藤成が伊勢守従四位下にもなって、後嗣が六国史に見えないのは子がないか、立身ができない出来だったか、としか考えられない。

豊沢について『分脈』は「備前守従四位上」と官位を記し、かつ、村雄に「河内守従五位上」と記載するのは、明らかに誤り、ないし後世の偽造である。この辺は、上記秀雄が経歴した官位を秀郷の父祖にもってきた操作・加筆が考えられる。すなわち、彼ら二人の地位官職が下野国内にとどまった限りから言っても、豊沢を藤成の子に竄入させたものではないかとみられる。公家の「四条家系譜」には「天長四年（八二七）二月補下野押領使、仁寿二年（八五二）死五十四」と書込みがあるが、下野押領使はともかく、豊沢に関する活動年代の信頼性には疑問がある（中田憲信は「波多野家々譜」

では、仁和三年（八八七）卒に訂正する）。次代の村雄の弟には、秋村・嗣雄が『分脈』にあげられており、これは名前等から信頼してよいのだろう。そうすると、豊沢以降の系図はスムーズに系がつながりそうである。

もう一つ年齢的なことを考えても、西暦八二二年に四七歳で卒去した藤成の子の世代は、仮にその三十年後に死去した場合はそれが八五二年、更にその子（藤成の孫の世代。系図では村雄に当たる）が同様に八八二年となるが、秀郷の死去が九四〇年代として考えれば、その生年は八九〇年頃かそのすこし前の八八〇年代となる計算だから、長男とされる秀郷は、「藤成の孫」の更に「孫」（すなわち、玄孫）、という位置におかれるのが妥当であろう。この辺は、世代数に比して経過年数が合わないと太田博士が指摘したことに通じる。

秀郷の生没年の具体的数値では、天慶三年（九四〇）の二月に平将門を滅ぼし、同年十一月に下野守に任じながらも、それ以降は史料に名前が見えず、没年さえも不詳である。秀郷の史料初見が延喜十六年（九一六）で、このときに二十年代後半だとして天慶三年で五十歳代となるから、秀郷の生年は八九〇年頃かそれより若干早かったか（信頼性は疑問だが、『諸氏本系帳』所収の「蒲生系図」には秀郷が天徳二年卒・享年八十と見え、これだと八七九生～九五八没であり、同書所収の「佐野系図」には天徳二年卒だけ記載。似たような数字では、鈴木真年が『史略名称訓義』で何に拠ってか八七八生～九五六没、享年七九歳と記すものがある。中田憲信編の『各家系譜』十二所収の「波多野家々譜」では、正暦二年卒寿百一歳すなわち八九一生～九九一没とある。これらはいずれも長寿すぎる。秀郷の生年を仮に八八〇年と押さえて、藤成の生年七七六年との間を考えると、両者の差は百四年であり、この間を僅か二代で埋めるとした場合には一代が＠三五年弱で代替わりだが、三代で＠二六年の代替わりとしたほうが、年代的にも妥当だと考えられる）。

以上の諸事情から考えて、藤成と豊沢との間の系がつながらず、その断絶が、「中央の藤原氏の藤成」と「下野在住の豊沢」との間にあるとみられる。要は、そこに下野古族後裔で同国在庁の豊沢系統を、藤原北家魚名流の藤成に接合させた系譜仮冒がある。

## 豊沢以降の秀郷までの系譜

豊沢については、子孫の小山朝政の言に「嚢祖《のうそ》（先祖）の豊沢が下野少掾、下野押領使となって同国を検断した」とあるから（『東鑑』承元三年〔一二〇九〕十二月十五日条）、その母が下野史生鳥取業俊の女という所伝ともあいまって、下野で活動したことは間違いなかろう。藤成と豊沢との間には、上記のように大きな世代間（年代）の断裂があって、豊沢の実際の父は下野土着の誰かとなろう。鳥取氏が下野で有勢であったとは他に全く見えず、その子孫も後世には見えないから、豊沢自体が当地の下毛野国造族後裔の出とするほうが自然であろう（なお、上野国には勢多郡に鳥取神社（現・前橋市芳賀地区）があった）。

豊沢は、下野史生鳥取豊俊の女（母方の親戚か）を妻として、村雄、秋村、嗣村の三男子を生んだ（中田憲信編『各家系譜』十二所収の「波多野家家譜」や『分脈』）。村雄は下野大掾となり（これより高い地位の所伝は信頼しがたい）、秋村も下野掾従六位下となって、両者の子孫が下野に根づいたと系図にいう。秋村の子孫として、寒川氏（同国寒川郡）や小泉氏（同国芳賀郡小泉か。上野国邑楽郡にも小泉がある）を系図にあげるのは信頼できそうである。

村雄のほうは、父と同様に下野のなかで一生を終えた模様であり（村雄の河内守就任の所伝も疑問が大きい）、下野掾鹿島連直行（常陸国一宮の鹿島神社祠官、中臣鹿島連の一族）の娘を妻にして、秀郷や宗郷・高郷・時郷らを生んだ。上記延喜十六年（九一六）八月の罪人のなかに弟の高郷が見えるから、他の罪人たちも殆ど皆が同族であろう。『波多野家譜』では、高郷について「藤三、下野掾」、その子の方衡に正七位下芳賀郡大領、その子の高衡に同少領と見えており、これは信頼できそうである。時郷は財部氏の祖といい、財部郷は河内郡と芳賀郡にあるが、前者のほうとみられ、郷域のなかには田原の地がある。芳賀郡西端部に長沼荘（現・真岡市域）もあり、小山氏の有力支族で関東八屋形の一、長沼氏が起こった。長沼氏は、始祖宗政が下野国御厩別当職や淡路国守護職を父から相伝した。

安和二年（九六九）に起きた左大臣源高明左遷事件では、秀郷の子の前相模介千晴が、その子の久頼とともに関与したとして、検非違使源満季（満仲の弟）に追捕され、隠岐に流された。この配流の翌日に下野では、「故藤原秀郷子孫」に対して教喩を加えるべく官符が出されたから、このとき、一族は同国で隠然たる勢力を保っていた。家は弟の千常（秀郷五男という）が継ぎ、鎮守府将軍にも任命されたようであり、天元二年（九七九）五月に千常が源肥らと合戦したことは、下野から言上されている（『紀略』）。

千常の本拠は、都賀郡の国衙付近か寒河御厨（号小山荘）とみられており、この千常の系統が秀郷流の本宗ともなった。その子の兼光の後が嫡流で、その後に大きく二系統に分かれ、源平動乱期の足利・佐野氏や小山・結城氏につながる。藤姓足利氏は下野西部の足利荘を本拠にし平家に味方して滅んだが、一族支流は多く、淵名・大胡・那波・佐位・佐貫・薗田・山上などの諸氏が隣国の上野東部あたりに展開した。小山氏のほうは、下野の権大介職などを世襲して戦国末期まで長く続き、その所領は小山荘（都賀郡から寒川・結城二郡に跨る広域という）のほか、都賀郡の国衙付近の「国符郡内」にも多くあった（「小山文書」のなかの寛喜二年〔一二三〇〕二月廿日付の「小山朝政譲状」）。建久三年（一一九二）九月の下文では、小山朝政は国符郡内の日向野郷の住人と見える。

ところで、秀郷の本拠はどこだったのだろうか。

これについては確定的なものはなく、相模国大住郡（淘綾郡。秦野市域）とか近江国栗太郡とかの諸説もあるが、秀郷の男系・母系が各々二、三代にもわたり下野の在庁関係者と伝える事情からして、下野以外は考えにくい。通称の「田原藤太」の田原の地から探ると、秀郷が祀られる唐沢山神社（安蘇郡田沼町。居城付近ともいう）の近隣、下野国安蘇郡の地名で現・佐野市域の田原、という林陸朗氏の見解（『史実平将門』）がある。しかし、一族の居住地から見て、同国河内郡の田原村（現・宇都宮市北部〔旧・河内郡河内町〕の上田原町・下田原町一帯）のほうが妥当そうである。当地に鹿島神社もある。この田原の地は、秀郷の子の田原三郎千国の系統に伝領されたようで、千国の子に田原藤二教利が系図に見える。

## 秀郷流諸氏の両毛の奉斎神

両毛地方を含む東国には秀郷流諸氏が繁衍したが、中央の藤原朝臣一族が奉斎した春日神・鹿島神の祭祀が殆ど見られず、大己貴命と眷属神を祀る神社が後裔諸氏の分布地に多い。これも、秀郷の藤原氏出自をおおいに疑わせる。

下野国河内郡の古代・中世の豪族には盛衰があるので、神社の奉斎者がどの豪族とは言い切れないが、その地の主要神社として『河内郡誌』が次の六社を掲げる。

①白鷺神社　河内郡上三川町しらさぎに鎮座。祭神は、日本武尊を主祭神とし、大己貴命、事代

主命、豊城入彦命も相殿で祀る（吉備氏族の角鹿国造が奉祀した越前敦賀の気比神社も「白鷺」を神の使いとして、日本武尊も祀る）。秀郷の崇敬篤い神社という。宇都宮一族の横田備中守頼業が建長頃に日光山神（二荒明神、豊城入彦）を勧請したともいう。

②羽黒山神社　羽黒村羽黒山（いま宇都宮市域）。祭神は稲倉魂神（保食神と同神）で、近世に出羽の羽黒山からの分祀。

③八幡宮　吉田村本吉田（いま下野市域〔旧・南河内町〕）。文治四年に小山朝政が居城の鬼門除けとして創祀したと伝える。

④雀宮神社　雀宮村大字雀宮（いま宇都宮市域）。御諸別命を祀り、相殿に荒田別・奈良別を祀る。宇都宮一族の始祖宗円が勧請したともいい、この一族の信仰が篤かった。このほか、太田（大穴牟遅神を祀る）・高崎・佐野など両毛地方とその付近に、御諸別命など毛野関係者を祀る同名社（雀宮、雀の神社）がある。

⑤智賀都《ちかつ》神社　高屋村徳次郎（いま宇都宮市域）。大己貴命、田心媛命、味鉏高彦根命を祀る（日光二荒山神社と同神）。チカツ（智賀津、千勝など）という社は両毛地方に同名社が数多くあり、赤城神社の近隣にも数社見える。常陸に近津、信濃に千鹿頭（諏訪神系統とされる）、武蔵等に千勝の名で見える神社もみな同系統であろう。

⑥高龗《たかおかみ》神社　大沢村大室（いま日光市、旧・今市市の域内）。祭神は大山祇神、少彦名神、草野媛命という。本来は水神である。

『延喜式』には河内郡に式内社が一社だけの掲載で、それが名神大社の二荒山神社であり、これは先に述べた。この祭神は大己貴命で、これも含め、以上の主要神社は殆ど（③⑥を除く）が毛野氏一族奉斎の神社であった。

秀郷が将門追討の際に戦勝祈願をしたと伝える神社としては、宇都宮大明神（宇都宮二荒山神社）のほか、次の諸社がある。

①嶽山箒根《たけさんほうきね》神社　那須塩原市宇都野箒根（旧・塩谷郡塩原町）。この神社は既述だが、箒根権現は宇都宮神と同神という。

②木幡《きばた》神社　矢板市木幡（旧・塩谷郡）。山城国宇治郡の名神大社の許波多《こはた》神社（祭神は天忍穂耳命。天照大神の子）を勧請したと伝え、事代主命・田心姫命・大己貴命を配祀する。宇都宮一族から出た塩谷氏の氏神（塩谷惣社大明神）でもあった。近隣に温泉神社と勝善神社（生駒神社）もある。山城国宇治の木幡村に居たのが和珥氏の矢河枝比売で、応神妃となり菟道稚郎子皇子を生んだとされる（実際には、この女性は皇子のほうの妃かもしれない）。『山城風土記』逸文には木幡神社の祭神を天忍穂長根命としており（秋本吉郎氏は、天忍穂耳に「近いが別か。穀神かという」と校注）、これが現祭神の名に転訛したとも考えられる。そして、元の祭神の実体とは菟道稚郎子だったか。木幡神社の主な同名社は矢板にしかない事情もあり（『神道大辞典』）、下野には名代の宇遅部も見えることに留意される。

ちなみに、寒川郡の大領惣社（同郡七郷の総鎮守）といわれる野木神社（下都賀郡野木町野木）は、往古に下毛野国造の祖・奈良別（『大日本地名辞書』など）が仁徳朝に当地に国造で赴任したとき菟道稚郎子の遺骸を奉じて、当地（当初は同社西南近隣の野渡の地という）にその霊を祀るという。これに通じるのが塩谷郡の木幡神社か。野木社の祠官家で南北朝期頃から奉祀したのが、下毛野一族壬生公の後裔の熊倉氏である。

③芦野温泉神社　那須郡那須町芦野。温泉神に大己貴命をあげる書もあり、当社は大己貴命、三穂津姫命、誉田別命、事代主命などを祀る。那須氏一族の芦野氏の勧請・奉斎にかかり、那須や伊王野にも同名社がある。

これらのほか、佐野市植下町の赤城神社は、彦狭島王を祀るこの祠の再建を秀郷が命じたと伝える（『全国神社名鑑』）。竜神の助けで将門を討ち取ることができたともいう。

こうしてみると、秀郷ゆかりの神社と後裔一族の奉斎した神社は、下毛野一族の奉斎神社と重なるものが多く、祭神としては大己貴命及びその眷属神（海神族系）が殆どであった。これが、鳥取氏系統なら祖神の天湯河桁命（ないしは少彦名神）か関連神となるはずであるが、殆どが毛野系統の祭神なのだから、秀郷も出自の実態が下毛野一族の後裔とするのが自然である（その場合、河内郡と縁の深い下毛野川内朝臣石代の後裔にあたるものか）。

この当時、秀郷と同時代人で藤原純友を捕らえた伊予警固使の橘遠保は、伊予の小市国造越智宿祢の族裔に出て橘朝臣を冒姓しており、このほか貴姓仮冒の例は既に各地で見られていた。少なくとも秀郷の祖父・豊沢の頃から下野在庁であって、同国と所縁の深い藤原朝臣姓を冒すようになったものか。下毛野を名乗る者は、中央では近衛府官人などで長く続くが、東国下野の現地では平安中期頃から「下毛野」の氏の名が次第に消えていった。

『三代実録』には、元慶三年（八七九）六月下旬に出羽の蝦夷に備えて、諸国の軍士が来たが、そのなかに陸奥鎮守将軍小野朝臣春風のほか、上野・下野両国の兵もいた。下野では前権少掾従七位下雀部朝臣茂世や権医師大初位下下毛野朝臣御安が国兵を押領し、来たりて軍旅に従うと見える。このとき国兵を率いた下毛野朝臣御安は、押領使秀郷の一族で傍系先祖筋にあたるのかもしれない

（秀郷の生年は活動から見て八八〇年代頃かと前述）。

なお、奥州前九年戦役を記す『陸奥話記』には、天喜五年（一〇五七）九月に陸奥守頼義の言上の記事のなかに、安倍頼時誅伐に関し、「臣、金為時、下毛野興重等」が奥地の俘囚（蝦夷で王権に帰服したもの）を説得し、官軍に與せしめたと見える。この下毛野興重は、金為時と同様に陸奥の住民か（その場合は、陸奥国の行方郡や胆沢郡下野郷にも関係するか）。河内源氏が行った両度の奥州戦役には、ほかに毛野姓は見えず、両毛の藤原姓の武士もあまり見えないようなので、この辺の事情は分からない。ただ、『陸奥話記』には、下野の紀季武が見えており（後述）、同じく藤原兼成も見え、この者は秀郷流という吾妻氏の権守か。

## 秀郷流諸氏の分布

秀郷流藤原氏と称する諸氏は、両毛を含む坂東はおろか、全国的に分布がきわめて広範である。その詳細を見るのは紙数の関係で無理があるから、概略だけを見ておこう。

この嫡流は、鎮守府将軍藤原兼光の後で、下野の藤姓足利氏と小山氏とされる。秀郷流には、系図に鎮守府将軍補任を記する者が秀郷以降多いが、その殆どが系図所伝にすぎず、史料で確認できない者もいる（秀郷、千時、千常、千方の補任がそうであるが、千方は『公卿補任』に見える藤原季文にあたるか）。なかで、千常の子の文脩《ふみなが》（文條）が、『小右記』『類聚符宣抄』に永延二年（九八八）十月三日の小除目での鎮守府将軍補任が確認される。『二中歴』にも武者の項に父の千常とともにあげられ、勢人の項にも「文脩将軍」の名が見え、名高い軍事貴族であった。下野国押領使、内舎人を経た後、皇太后宮詮子に任料を納めた成果が将軍補任であり、長保三年（一〇〇一）には文條朝臣が馬一疋を献じたと『権記』にある。

文脩の子の左衛門尉文行は、寛弘三年（一〇〇六）六月に帯刀藤原正輔と争って免官になった事情があり（『御堂関白記』『日本紀略』）、そのため弟の兼光が嫡統になったものか（活動時期から見て、文行の弟ではなく、文脩の弟でその後継か）。系図等には、兼光が長徳四年（九九八）に、その子の頼行が治安二年（一〇二二）に、各々の鎮守府将軍補任が見える。兼光は寛弘五年（一〇〇八）に「前将軍兼光」、長和元年（一〇一二）に「将軍兼光朝臣」と見えて、各々馬などを道長に献上した（『御堂関白記』）。頼行のほうは、万寿元年～四年（一〇二四～二七）に「将軍頼行」と『小右記』に見える。文行の後に佐藤などの諸氏が出た。

藤姓足利氏は源平争乱時に平家に味方して本宗は滅んだが、佐野・大胡・薗田など一族が多く、佐野氏を中心に両毛に長く残った。一方、小山氏の一族からは、下野・淡路の長沼、下総・陸奥の結城、下河辺などが出ており、これらは皆、大族であった。奥州藤原氏も秀郷の流れとされる（将軍頼行の兄弟の正頼の孫という系譜がある）。関東では、「坂東八平氏」と称されるくらい武蔵・相模・上総・常陸などに称平姓の諸氏が多かったが（その大半は、実態を見ると知々夫国造や武蔵・相武国造など古族後裔の系譜仮冒であり、桓武平氏は関東では常陸大掾氏くらいか）、藤原姓を称する諸氏は関東でこれと勢力を二分するほどである。

秀郷流藤原氏のなかには、後に他氏の系統から系譜をつなげたものが多く入り込んだ。相模の波多野・松田氏は佐伯宿祢姓から系をつなげたり（前九年の役に参陣の佐伯経範ないしその子が養猶子の縁で秀郷流に系をつなぐ）、相模の山内・首藤氏には美濃の守部氏や下野の那須氏関係も入り込み、九州で守護大名となった少弐（武藤）や大友も秀郷流として実際に男系がつながっているのか疑問がある。近江の近藤・内藤氏や蒲生氏にも古族後裔の痕跡が見られ（蒲生氏は蒲生稲置の末裔か）、実態が秀郷流かは疑問がある。藤原姓武家の他の大きな流れである利仁流や南家為憲流なども含めて、中世諸武家の系図には、系譜仮冒や養子・猶子のつながりなどいろいろな問題点があることに十分留意しておきたい。

## 両毛の毛野氏の族裔

中世の下野国都賀郡の大族に**壬生氏**があった。宇都宮氏の配下で戦国末期までその活動が見られるが、系譜は先祖所伝を失ってか、十五世紀中葉の壬生彦五郎胤業を初代とし、中央官人で小槻宿祢姓の壬生官務家から出たように称して、近江から雄琴神社を勧請し、小槻氏の祖・今雄を祀った。この実際の本姓は壬生公で、平安前期の高僧円仁の兄・秋主の後裔であって、『姓氏録』河内未定雑姓に掲載の壬生部君と同族である。

壬生氏は日光山御神領惣政所職として同山の経済的支配も行い、胤業の曾孫・下総守綱雄は主家を凌ぐ勢いも示した。その弟で日光山座禅院住持の昌膳を、綱雄は殺害したが、叔父の周長らに謀殺された。綱雄の子の彦五郎義雄は、周長を殺害し、小田原戦役のときに北条方で籠城し、開城直後の病死で所領没収となった。壬生一族に大門氏がある。

上州甘楽郡に起こり、のち都賀郡野木大明神神主にもなった熊倉氏も壬生公の流れであり、江口、木口、吉田、高尾など一族が多い。甘楽郡小野郷高尾邑（現・富岡市下高尾）には、県指定重文の「**仁治の板碑**」がある。仁治四年（一二四三）二月廿六日付けの自然石塔婆（高さ二メートル七六、最大幅九六センチの県内で最大の板碑）で、そこに壬生・六人部・小野・藤原・春日・物部氏など廿数名の姓名が記される。そのなかで壬生氏が五名と多く、壬生一族では壬生忠家・壬生文重・壬生安久などの名が見える(最多が藤原姓の六名)。「熊倉系図」には、文重・安文(『姓氏家系大辞典』の記事の「安久」の久は、「文」の誤読か誤記)が従兄弟同志で見え、高尾氏の祖・季文の孫とされる。

なお、この「熊倉系図」については、平澤加奈子氏による論考「いわゆる「円仁の系図」について」に詳細な考察がある。平澤氏は、同系図が多くの関連項目で史実と符合すると確認しつつも、「円仁の系図としての信頼性は低いと結論づける」が、その主な要因が地域間移遷の大きさと世代欠落だとしたら、この辺は当時の社会でありうることであり、結論が逆になるのではなかろうか。もっとも、円仁については、壬生公姓としながら、別内容の系図が『真香雑記』(早稲田大学図書館蔵で、鈴木真年の執筆)に見えており、その辺も含めて総合的な検討が更に望まれる。

仁治の板碑(栃木県富岡市下高尾)

群馬郡佐野邑(高崎市域)より起る佐野氏は、秀郷流藤原氏の佐野氏とは異なる。謡曲『鉢木』で知られる佐野源左衛門尉常世は、僧に身をやつした元執権の北条時頼を鉢植えの松・梅・桜を焚いて暖を取り、もてなした伝承をもつが、当該源左衛門が実在の者だとしたら、秀郷流佐野氏(居地が栃木県佐野市域)ではなく、この一族におくのが妥当である。

佐位郡にかかわる檜前公氏の系統は先に述べた。これらのほか、上州西部の物部君一族の流れをひくとみられる諸氏がかなり中世にまで残っており、関係個所で記述する。

## 大族宇都宮氏の初期段階

下野の中世で注目される武家大族は、秀郷流諸氏のほか、守護宇都宮氏と一族、その配下の紀清両党（益子氏、芳賀氏）であり、これら諸氏にはともに系譜上の問題がある。

宇都宮氏は、平安後期から活動が見える大族だが、摂関家藤原北家道長の兄・粟田関白道兼の後裔を称するも、実際には下毛野氏、ないし中原氏の流れを汲むともみられている。すなわち、道兼の曾孫で、兼房の子を称する宗円が、源頼義・義家の奥州安倍氏討伐戦たる前九年の役にあたり戦勝を祈願した功により、下野一宮たる宇都宮明神の座主職（栃木県宇都宮市の二荒山神社の検校）に任じられたことに起源をもつという。

宗円の孫で頼朝に仕えた宇都宮朝綱（生没が一一二二～一二〇四という）から宇都宮氏を名のった。以降は、宇都宮座主・日光山別当職や中世・室町期の下野守護などを世襲し、奥州藤原氏討伐や元寇、南北朝期の戦乱にも一族がおおいに活動した。戦国末期まで二十数代も続いたが、秀吉の時に国綱が没落して、本宗の子孫は水戸徳川藩の家臣となった。豊前や伊予に有力な支族を分出し、下野国内にも武茂《むも》・塩谷氏など一族が繁衍したが、初期段階で分岐したのが常陸守護の小田氏である。三河国の出身で江戸時代の譜代大名大久保氏は、系譜を仮冒して宇都宮支流としている（系図原型では「宇津道意」の後なのに、『太平記』にも見える宇都宮美濃将監泰藤〔武茂氏〕の後裔と称した）。

こうした系譜について、太田亮博士や『宇都宮市史』などかなり多数の研究者にあっては、始祖の宗円を藤原道兼の子孫とするのは後世の仮冒とみる。ただ、祖系が宗円より先は所伝がまるでなく、探究ができないため、姓氏・系譜には諸説あり、宇都宮氏は古代の毛野氏の後裔とか中原氏の出とされる。ここでは出自問題を主に取り上げる。

初代とされる**宗円**については、経歴や父祖が不明であり、藤原北家兼房の次男という出自も疑問が大きい（『分脈』などは、宗円を兼房の子におく。宗円の父を兼仲、顕綱などとも伝え、異伝が多い。ちなみに、兼房の子・兼仲が陸奥の留守氏の祖・伊沢家景の先祖という系譜も同様に疑問が大きい）。もとは「石山寺」（近江の石山寺ではなく、宇都宮市大谷町の天台宗寺院で坂東三三箇所の札所、大谷寺の前身）の僧だったといわれ、生没年の所伝もマチマチで、孫の弥三郎朝綱の活動年代から逆算して推すると、前九年の役より遅い時期に活動したとみられる。「日光山列祖伝」では、座主になったのが天仁二年（一一〇九）、寂滅が天永二年（一一一二）とされる（このほか、一例だが、永久元年〔一一一三〕に日光山座主補任という所伝あり。また、『各家系譜』十三所収の「山尾家々譜」には一一二四年逝と記されており、総じて十二世紀前葉に主な活動時期があったか）。この活動年代からは、前九年の役の戦勝祈願というのも疑問とされる。その室が紀権守正隆（芳賀郡の益子氏の祖）の娘とされ、子の八田三郎宗綱や中原四郎宗房（豊前宇都宮氏の祖）の名乗りにも留意される。

八田権守宗綱については、宗円の実子とされている（『下野国誌』）。父が藤原兼仲で、宗円の養子という異伝もあるが、これは藤原北家に系をつなげるための仮冒にすぎない。母については、ほぼ信用してよさそうだが、紀正隆の娘は宗綱の妻という所伝もあり、別途、母は芳賀郡人吉弥侯部勝豊の女という異伝（上記「山尾家々譜」）もある。宗綱の居地は、常陸国の真壁郡八田《はった》（現・茨城県筑西市〔旧・下館市〕北部の八田。古代は新治郡で、中世には真壁郡に属した）とされており、その妻も常陸大掾一族の出で、次男に八田四郎知家（源義朝落胤という所伝は誤り）、娘に寒河尼（小山政光室。頼朝乳母で、朝政・長沼宗政・結城朝光の母）がいる。その勢力は下野のみならず常陸西部に及んだ。『宇都宮系図』（東大史料編纂所蔵）に拠ると、保元元年（一一五六年）に宗綱が卒去したとあり、これはほぼ妥当だとしても享年が百十五歳というのは信じがたい（没年には諸説あり）。

八田知家は保元の乱（一一五六年）では源義朝側で戦い、治承の頼朝挙兵には早くから参加して、鎌倉幕府で将軍頼家に対する十三人合議制の一員でもあった。常陸守護に任じ、筑波山南方のつくば市（元は筑波郡）に小田城を築き、小田氏の始祖となり、諸子は常陸各地に拠って地名を苗字で名乗った。小田氏の一族から中世の筑波山別当も出た（八田知家の子の八郎為氏〔明玄〕が筑波国造の名跡を継いで中禅寺別当という）から、この意味でも常陸古族の末裔であった。

## 伊達氏の前身たる伊佐氏

八田のある真壁郡下館（現・筑西市域）の地は、平安後期から鎌倉時代にかけては、中館に居城をもつ伊佐氏の領地でもあった。この伊佐氏から陸奥の雄族、伊達氏が出る。

伊達氏は頼朝の奥州征伐に功のあった伊達念西入道（名は宗村が妥当か。娘・大進局が頼朝の寵をうけ貞暁を生む）の後である。その出自は、藤原北家魚名流の中納言山蔭の流れで常陸介藤原実宗（十二世紀前葉に実在した人物）の後と称したが、伊佐氏は桓武平氏常陸大掾氏の支流ともいう（太田亮博士の説）。しかし、両方の所伝とも系譜仮冒であって、『尊卑分脈』には伊達氏につながる記載がまったくなく、本来は八田氏と広義の同族ではなかろうか（伊達氏と八田氏との具体的関係は不明）。伊佐氏が真壁郡か新治郡の伊讃郷（おそらく新治郡のほうか）に起こり、その地名が車持君の祖・射狭君の名に因るとしたら、車持君の流れかと推されるが、それとともに、その同族の韓矢田部君の存在にも留意される。

常陸では、時代により地名の変遷があって分かりにくいが、古代の新治郡の伊讃郷、中世真壁郡の伊佐荘は、現在は鬼怒川東岸の筑西市の伊佐山・伊讃美あたりが遺名地（旧・下館市西部）であり、中館（伊佐郡中村）にあった伊佐城の西南方七キロほどの近隣になる（伊佐城は、八田〔新治郡博多郷の地〕の西南三キロとごく近隣）。中館の西北近隣には、矢部に通じる谷部の地名もある。こうした諸事情から、この辺一帯が伊佐荘域だったか。このように、新治郡では伊讃郷の東隣に博多郷が位置した（羽方もあるが、博多が八田に通じる）。

伊讃郷という名の郷は、常陸にはもう一個所、古代の真壁郡のほうにもあり、こちらは筑波北麓に位置した。現在の遺名地は桜川市真壁町伊佐々で、羽鳥・塙世《はなわぜ》などを含む一帯が伊讃郷であり、伊佐々の小字に池田があって、伊佐々には鹿島明神が鎮座した（『新編常陸国誌』）。伊佐々の東側近隣には、真壁町山尾（真壁郷域）や真壁城跡がある。伊達氏の系図一伝に拠れば、伊佐々・山尾あたりから下館の伊佐城付近へ遷居したことになる。

鬼怒川（茨城県筑西市）

というのは、中山信名等の編による『新編常陸国誌』の伊佐条には、『尊卑分脈』の山蔭流藤原氏の系図とは異なって、伊達氏の先祖を次のように記す。

「実宗初て伊佐中村に居る、因て中村を氏とす。子秀宗、徙て山尾に居る、世山尾蔵人と称す。

又下野守に任じ、芳賀野に居り、氏に因て其地名を中村と改む。任満ちて伊佐荘下館に還り居る、世下館侍従と称す。子助宗嗣ぎ大舎人たり」とある。

この助宗の子孫が宗村（伊達初祖の念西入道）とされる。これと同様の系図が「梁川八幡神主菅野氏系譜」（『梁川町史』5所収）にも見え、この記事の「下野守、侍従」と言った祖先の官途は信頼しがたいが、歴代の名の一部と居地はほぼ信頼して良さそうでもある。

山尾の西南方六キロほどの地に真壁郡倉持村があり、いま筑西市（旧・真壁郡明野町）倉持という。倉持には鹿島明神があった（新編国誌）。倉持の北部には、国史見在の雲井宮郷造神社が鎮座することは先に述べた。伊達氏が米沢や仙台で、火神軻遇土《かぐつち》（愛宕神社）や宇迦之御魂神（穴蔵神社）を奉斎したことも、毛野氏の祭祀に通じるものがある。

なお、山尾と同名の地・山尾郷が茨城郡宍戸荘のなかにあり（笠間市域で、同市〔旧友部町〕平町の宍戸城の別名が山尾城）、そこに八田知家の子の宍戸家政の曾孫・家時が住んで、山尾（山野宇）氏が生じた。家時の孫の朝家は安芸国高田郡に遷って安芸宍戸氏となり、後に毛利氏に属し江戸期は長州萩藩の重臣で、明治に華族（男爵・子爵の二家）も出した。

ところで、宇都宮氏前身の八田氏は、同音の「矢田」に由来するから、同じ真壁郡の矢田は韓矢田部君の居住に因るとみられる。そうすると、宇都宮氏が毛野末裔であっても、下毛野の流れではなく、支流の韓矢田部君の流れではないかとみるのが自然そうである。

## 下野の紀清両党の系譜――益子氏と芳賀氏

中世の下野国には、紀姓と称する武家が多い。その殆どが下野紀党に関係しており、それが、「堀田芳賀系図」には歌人紀友則（有友の子）の近親の後裔から出たという。

それらに拠ると、紀有友の弟の清主（一に紀貫之の叔父）が下野守・宇都宮俗別当となり、その子の朝氏も紀検校・宇都宮俗別当で**益子《ましこ》氏**の祖となり、その弟の朝有は芳賀氏を号し、子孫で頼朝の時の高親が紀清両党の旗頭となったという。両党はともに宇都宮大明神に奉祀し、下野守護宇都宮氏に属する重臣で、大族として戦国期末まで続く。**芳賀氏**の系譜にも諸伝あり、一に清原真人姓ともいって下野清党の旗頭とされる（『続群書』の「芳賀系図」）。

益子（猿子）氏のほうは紀党の旗頭で、下野国芳賀郡益子邑（現・益子町益子）を拠点に、戦国期では西明寺城や八木岡城等の諸城の城主であった。『下野国誌』所収の「益子系図」には、紀古佐美の十五代の孫、紀貞頼が常陸国信太の郡司となり、その嫡孫・**紀権守正隆**（紀貞隆の次男という）が十一世紀中葉の康平年間に益子那流山の山麓に益子城を築いたとされる。一般にも、正隆が益子初代とされ、この辺から活動が見える。正隆の祖父の朝実が猿子紀五と名乗ったともいい、その従兄弟の紀三郎是景は、小野氏の系図には源義家が相模で誕生のとき鳴弦役三人の一として宇都宮記三郎是景と見えるから、この頃から源家と主従関係にあったか（是景を益子の祖とする系図もあるが、本宗宇都宮氏の祖かも知れない）。

益子正隆の系図は、紀朝氏の曾孫の朝実の孫（正忠の子）ともいうが、異説もある（信太系説では一に紀貞隆の子か）。常陸や河内の高安氏も紀姓というが、長谷雄の子に致雄をあげる点からして系譜仮冒である。益子の中心部に鹿島神社が鎮座する点も、紀姓を疑わせる。芳賀氏の本拠の真岡市にも同じく鹿島神社が鎮座（西田井、南高岡）しており、両氏の同族性を示唆する。

もっとも真岡の神社としては式内社の大前神社が主であり、大国主神・事代主神という海神族の神を祀る。芳賀氏は大前神社の東に若色城を、次いで大前神社の南に御前城を築き、第二二代芳賀十郎清原高定に至るまで、代々が大前神社社領の守護職を兼ねた。清原真人吉澄（一に高澄）の子・高重が、花山院の勅勘を被って芳賀郡大内荘へ配流されたのが芳賀氏の起源だと称するが、この所伝・系譜には疑問があるということである。

益子氏に戻って、その三代目（正隆から数えて。一に五代目）の正重は、頼朝の奥州藤原氏征討の際には宇都宮朝綱の配下で、波賀（芳賀）次郎大夫高親が率いる清党とともに抜群の武功をたてたという。この時は、『東鑑』に「紀権守」として見える者に当たるか。宇都宮氏の祖・宗円の妻が益子正隆の女で宗綱を生むと伝え、益子氏の家紋は主家・宇都宮氏同様、左三つ巴であった。南北朝期には、紀清両党で益子貞正や芳賀高名（入道禅可）の活躍が著しい。室町期には主家宇都宮氏から両氏に養嗣が入り、系譜は更に混淆した。

正隆の甥の**紀季武**は、『陸奥話記』に名が見え、前九年の役に源頼義の配下で小松柵攻めに参陣したとある。季武は益子一族で宇都宮祠官の中里祝の祖である。この辺からこの一族が紀姓を称したことが知られるが、系譜仮冒が疑われ、実系はおそらく宇都宮氏と同様に古代毛野氏の族裔ではなかろうか（真偽不明で確認できないが、下毛野一族壬生公の末流に猿子大夫親成が出たという系図も、『真香雑記』に掲載される。上記の正隆にまでつながる内容ではないので、この辺でも不明点が多いが、あるいは益子氏等の実系を示唆するものではなかろうか）。

両毛には木部（紀部）を名乗る人々や木部邑もあり、この辺との関係も考えられる。益子町上大羽の綱神社は、宇都宮第三代朝綱が加茂明神（味耜高彦根命）を祀って創建した神社と伝える。境内社の千勝神社は、赤城神社の付近に多くある近津神社に通じる。これら祭神も、宇都宮・益子両氏が毛野氏同様、海神族系の三輪支流に出たことを示唆する。

## 山城国調子荘の下毛野氏

近衛府官人の下毛野氏は、先にも見たが、平安中期の十世紀になると主に近衛府の将監以下の下級官人の職掌を世襲し、摂関家の随身としてその家人化をしていく。後裔は室町前期の明徳元年（一三九〇）頃から地名の「調子」を家号で名乗り、『地下家伝』にも掲載があって、下級官人で江戸末期まで長く続いた。中世以来の系図を含む古文書「調子家文書」を多数伝え（最古のものは文治三年〔一一八七〕）、『長岡京市史』にも記事や史料が見える。『調子家由緒書』などに記される所領は、本拠の山城国乙訓郡の調子村（京都府長岡京市調子）のほか、丹波の石田庄下司職、近江の穴尾（穴太）庄・粟本、河内では片野・禁野両郷があり、中世において、これらは実際に下毛野氏の所領であったと確認される。このほか、摂関家の摂津草刈散所なども管理した。

この下毛野氏の一族氏人は、『平安遺文』『鎌倉遺文』所収の文書にも多く見える。『江次第鈔』第二や『続古事談』巻第五に見られるように、摂関家の大臣大饗において「鷹飼渡」を勤めた鷹飼の家でも知られる。『古今著聞集』巻十六に鳥柴を携えた下野武正が藤原家成秘蔵の黒馬を下賜された説話が見える。『徒然草』第六六段には、下野武勝が近衛家平（関白、一三二四年薨）に鳥柴の作法を申し述べる話も見える。こうしたことで、鷹飼としての下毛野氏が広く認知されていた。

一方、散所の管理・経営では、鎌倉期後半に厳しい試練もあり（そのせいか、①十四世紀代と②十六世紀第1四半期頃は、文書が伝わらず、調子家の系図にも歴代の欠落が見られる）、それでも室町前期、明徳・応永頃の調子武音以降も官人で長く続いた。一族にはいくつかの家もあったが、近世まで続いたのが武正の子の諸武の流れだとして系図に見える（『長岡京市史』は、所領の関係から、諸武の兄・武成の後裔になる武茂・武秋親子の後につながる可能性が高いとみる）。この辺の経緯は『長岡京市史』に詳しいが、江戸期の官人には調子・富があった。

石田三成の祖系は、相模の称平姓の三浦一族から出た石田氏というが、室町後期に通婚により生じた母縁で下毛野氏の族人が系に入ったという。系図では、御随身下毛野武久が石田為右の娘を妻とし、その間に生まれた武則の子の為厚が石田氏に入り、これが三成の祖父とされる（三成の父・正継の父祖について、前陸奥入道清心、前蔵人入道祐快と遡るともいい、真否は不明）。そのせいか、三成は鷹狩りを好んだともいう。この辺の系譜についての裏付けはないが、鷹狩り愛好は下毛野氏出自を傍証するものだったか。「石田」の地名は、近衛家領で下司職をもつ丹波国石田庄（桑田郡内、現・亀岡市域）や、山城調子荘の旧大字調子のなかにも石田の地があり、下毛野氏に縁由深い一族の出だったか。

## 九　陸羽の吉弥侯部――吉弥侯部姓斑目氏の系譜

上古代からの奥羽における大族としては、①阿倍臣氏系（ないしその従属民）かという丈部、②大伴連氏系（同）の大伴部・丸子部、及び③その多くが上毛野君氏系（同）という吉弥侯部、の三系統があげられる。六国史には、これらの後裔（ないし従属民、関係部民）で郡領クラスの人々が、奥羽関係で多くの改賜姓記事に見える。これら諸部・諸氏の系譜については、いろいろ議論があり、必ずしも定説となっていない（とくに「丈部」については、毛野氏関係などにもあり、阿倍氏との関連性・従属性には疑問もある）。

ここではとくに吉弥侯部姓を取り上げて、祭祀・習俗・技術や地名の由来などを総合的、具体的に考えてみる。併せて、奥羽の「俘囚長」の出自をも考える。

### 吉弥侯部姓の分布と変遷

奥羽各地には、吉弥侯部の分布が多く見える。蝦夷勢力との関係で言えば、かなり多くの「吉弥侯部」を名乗る蝦夷が俘囚化した事情もあった。そうした身分変化もあってか、戦後の歴史学界では、これらが皆それぞれの氏の部民（隷属民）の出で、その縁を基に系譜を各氏の本宗につなぐ形で後世に擬制的な系譜が構成されたという見方が多くある（なおかつ、本来は蝦夷ではないか、とまでいわれる）。

この「擬制系譜」とか「擬制血族」とかいう取扱いが、科学的な学問だという思込みが戦後の歴史学界には強いようで、先にも触れたが、殆ど立証なしで予断的に書かれる論調がある。こうした傾向について私は危惧を感じるが、一方で、「吉弥侯部」については、これを名乗る人々が多すぎるようでもあり、その辺の個別、具体的な検討も必要である。

阿倍臣氏系という丈部、及び大伴連氏系という大伴部・丸子部については、陸奥分布の起源や関係事情が記紀・六国史などの史料に示唆される。すなわち、前者は崇神朝の四道将軍の大彦命・武渟川別命父子が陸奥会津まで達したという伝承があげられ、後者は景行朝の倭建命東征に随行した大伴武日命の近親一族が小田郡の箟岳《ののだけ》山周辺など陸奥の各要地に駐留したことがあげられ、それが俘囚大伴部押人の上奏（『続紀』）などから知られる。ところが、毛野氏系という吉弥侯・吉弥侯部の起源は、それが必ずしも明確ではない。

それにもかかわらず、『続紀』の記載対象である奈良時代には、陸奥出羽に広く繁衍しており、更に、夷囚・俘囚の内民化政策によって東国各地はおろか、遠く四国九州に及ぶ地にまで、多数の俘囚が全国広範囲に配された。これら多くの吉弥侯・吉弥侯部がすべて同族だとは必ずしも思われないというのが、一応、自然であろう。

この「吉弥侯、吉弥侯部」という表記は、本来は「君子、君子部」であったが、天平勝宝九年（七五七年。八月に改元で天平宝字元年）三月に勅命が出て、これ以降は吉美侯部に改められた。表記は吉弥侯部にも作る。これより前に見えるのは、陸奥では八世紀前葉（養老五年〔七二一〕頃）の陸奥国（国郡不詳）

の戸籍に君子部国忍・君子部波尼多などがあり、陸奥出身以外の者では、相模国足上郡人、遠江国蓁原郡人（女性）、下野国人（文字瓦に君子古君）、及び常陸国の久慈郡人（天平廿年〔七四八〕の「写書所解」に君子島守（戸主君子浄成戸口））、多珂郡人（調布墨書銘で擬少領）、那賀（那珂）郡広嶋郷人（こちらは天平宝字五年〔七六一〕の戸主「公子真徳」、戸口の「公子大徳」と表記）くらいである。木簡でも、「君子、君子部」と表記され、飛鳥石神遺跡（欠名。天武十年〔六八一〕で最古か）や平城宮遺跡、遠江伊場遺跡（敷智郡入野里人で欠名）等からの出土品に見える。ただ、これら以降でも六国史等に「公子」表記がまだ見える（宝亀七年〔七七六〕五月戊申条の公子乎刀自〔無位から外従五位下の授与〕、天長元年〔八二四〕十月戊子条の常陸国俘囚公子部八代麻呂等廿一人）。

ところで、吉弥侯部（ないし吉弥侯）が毛野氏（上毛野君を主にして下毛野君を含む総称として、ここでは用いる）の部民ないし一族として、どうして陸奥に多く分布したのであろうか。

『書紀』などの史料に見えるところでは、仁徳紀五五年条（五世紀前半にあたるか）に蝦夷が叛いたとき、上毛野君祖竹葉瀬の弟、田道を派遣して討伐させたとあるのが、陸奥と具体的な関わりをもつ初めである。その後では、舒明紀九年条（七世紀前半）に蝦夷が叛いたので、大仁上毛野君形名を将軍で派遣して討伐させた。これらの記事に見える討伐が史実だとしても、討伐側の田道が討死するほど蝦夷は強盛だし、形名夫妻が率いる軍勢の形勢も当初は良くなかったように記される（後に和銅二年四月に陸奥守従四位下で死去の上毛野朝臣小足もいるが、時期が遅い）。これくらいの征夷活動では、奥羽のほぼ全域に吉美侯・吉美侯部を名乗る者が広く繁衍、分布したとは到底、思われない。だから、私としても、巨大な雷神山古墳の存在や吉美侯部の広範な分布については、大きな疑問を持ち続けていた。

鈴木真年翁は、『日本事物原始』のなかで、景行天皇朝に毛野氏の祖・御諸別王を東国の都督として蝦夷を鎮し、成務朝に至って皇化益々拡張すと記すが、この辺の具体的な事情は示されない。その後、成務朝に御諸別王の孫・巫別君を浮田国造（陸奥国宇多郡。吉弥侯部の祖）に定めて蝦夷を鎮せしむと見えるから、これが毛野による蝦夷鎮撫の始めだとして、この国造一族の後に吉弥侯部が出たと記している。

巫別は先にも見たが、鹿我別とも書き、上毛野君の祖・荒田別とともに神功皇后朝に韓地での活動が『書紀』に見える。真年は、「荒田別の子、陸奥浮田国造祖なり。一に巫別」と『史略名称訓義』に記し、中田憲信の『皇胤志』でも同様に荒田別の子に鹿我別王をあげる。「国造本紀」に言うように浮田国造の設置が成務朝であれば、巫別が荒田別の子とするのは疑問であり、荒田別と同世代（兄弟ないし従兄弟）の位置づけが妥当であろう。

私見では、景行朝に九州巡狩に随行した夏花命（毛野氏の祖・御諸別の弟にあたるか）の子として、成務朝の巫別がおかれるのが世代的に妥当かとみている。夏花命は上野西部の物部君の祖とされるが、陸中の吉弥侯一族（俘囚勲五等吉弥侯宇加奴など）が物部斯波連を賜姓したこと（承和二年二月紀）の基盤には、この物部君後裔という出自も関係したものか。福島県相馬市（もと宇多郡）黒木の諏訪神社の祠官家は桃井というが、「桃井」の地名は上野国群馬郡にもあり、もとは「物射」と表記し、これが物部に通じる事情もある。同社の祭神は建御名方神・八重事代主神とされるから、物部君末裔なのであろう。

蝦夷征伐で見える上記の田道も、荒田別の子とする記事が『書紀』『姓氏録』等に見えるが、実際には、これが巫別の子なのかもしれない。巫別同様、田道にも韓地での活動が見える。田道の子孫が韓地にも残って、欽明朝に熊次兄弟が百済から来朝し、止美連の祖となったという所伝（『姓氏録』）は先に述べた。

## 吉弥侯部姓の起源

鈴木真年は、巫別の子孫に賢泡《かたあわ》なる者が出て、金箸朝（安閑天皇の勾金箸朝のこと）に「御子代になりて君子代部に定められ」ており、これが吉美侯部の祖だと記される。その著『史略名称訓義』の吉彦秀武の解説には、「吉弥侯部氏也。崇神帝の皇子豊城入彦命七世鹿我別の五世賢泡君」とあげ、安閑天皇朝に皇子代部《きみこべ》を定めて、その後なり、斑目等の祖なり、と見える（この記事の七世と五世とは、毛野氏の世代を考えると、相互に書き違えた可能性があり、五世、七世の順とするのが妥当な模様）。『皇胤志』にも類似の内容が見えるが、鹿我別の子孫をあげずに、その弟の下毛野君の系統のほうに梶山なる者を記し、一名を「賢泡」と表記する。梶山と賢泡とは本来別人のはずだが、「賢泡」の表記は、このほうが妥当か。この辺は、記事・系譜が錯綜している『皇胤志』の解釈による。鈴木真年が何に基づいて賢泡が「鹿我別の五世」と記したのかは、現存史料からは不明である。

ともあれ、ここでは、君子部が御子代部に由来するとされるが、太田亮博士は、「君」とは、「東国に於ては、豊城入彦命、御諸別王の後裔なる上毛野君、下毛野君を指せし也」とみている（『姓氏家系大辞典』一九四五頁）。こうした解釈は正しいのだろうか。

私見では、毛野氏の実系が崇神天皇後裔ではなくて、倭建命東征に随行した吉備氏の分流だとみたとき（これに関し、拙著『吉備氏』もご参照）、同じく東征に随行した大伴氏一族の流れ・部民が丸子部（「丸」は麻呂すなわち自分で、倭建命その人か。鞠子部とも表記）と号した事情に対比され、「君子部」とは景行天皇を「君」と仰ぐ吉備一族の分流・部民に出たことに由来するように思われる。端的に言えば、倭建東征軍の両翼を担った吉備氏・大伴氏が各々、君子部・丸子部につながるとみる、ということである。承和十一年（八四四）に出羽国最上郡の外従八位上勲七等伴部道成の男子など一族が吉弥侯姓を賜った背景がこの辺にありそうである（この出羽の伴部は毛野一族とは思われないし、承和四年〔八三七〕に貞道連を賜姓した豊後国人外従五位下吉弥侯龍麻呂も、同様に別族の出なのであろう）。

このように考えれば、巫別なる者について、倭建命東征への関与・参加が史料に具体的に見えるわけでもないが、吉備本宗の吉備武彦と同様に、吉備一族の一員として同東征に随行して陸奥まで行き、その途上、陸奥南部の宇多（宇太）・行方両郡あたりに定着して浮田国造の祖になったのではなかろうか、と推される。というのは、中臣氏一族からも祖の巨狭山命《おおさやま》は倭建命の東征に随行して甲斐（東国での中間的な終点）に至ったと伝え、行方郡の式内社として鹿島御子神社・多珂神社（後者は後述）があげられるからである。行方郡には大伴部の存在も知られ（『続紀』神護景雲三年〔七六九〕三月条に、行方郡の外正六位下大伴部三田ら四人に大伴行方連を賜姓した記事がある）、宇多郡には『和名抄』に長伴郷も見えるから、この浮田国造の領域が倭建命東征に無関係だとは思われない。

鹿島御子神社は、行方郡のほか、北方の牡鹿郡にも式内社鹿島御児神社（宮城県石巻市日和が丘）があって、北上川河口部に鎮座する。この神は香取御児神とともに東夷征伐・辺地開発で奥州に下向して、石巻開発の祖神として伝える。陸奥には鹿島関係神の分布が多い。その後に、巫別は神功皇后朝頃には韓地まで遠征したのだとしたら、その行動半径の広さに驚嘆する。次ぎに、その子の代に田道命が出て、祖業を受け継ぎ、やはり韓地や陸奥に遠征して、最後は陸奥の伊峙《いし》の水門あたり（宮城県牡鹿郡石巻あたりとみるのが『大日本地名辞書』で、これが多数説。石巻には田道神社もある）で討死したものの、その後も近親一族が活動を拡げ、君子部が陸奥に繁衍する基礎を築いたのではないか、と考えられる。

## 浮田国造の領域と一族

浮田国造の領域は、陸奥国南部の宇多・行方両郡（後に合わさって明治以降は相馬郡）が中心とみられる。いまの福島県の相馬市・南相馬市とその北隣の相馬郡新地町あたりで、北のほうから宇多川、真野川、新田川、太田川が流れる地域である。吉田東伍博士の『大日本地名辞書』に「相馬領内所々に日光二荒権現を奉祀す。蓋し浮田国造の祖を祭れる余風にして、宇太、行方の地に毛野公の占拠せるを観るの一証とす」と記され、『姓氏家系大辞典』もこれを引用する。日光二荒権現は、祭神を大己貴命・田心姫命《たこりひめ》・味耜高彦根命という海神族の祖神とし、下毛野君が永く奉斎したから、浮田国造の毛野同族性は疑いない。

上野国甘楽郡の有只郷の位置（群馬県）

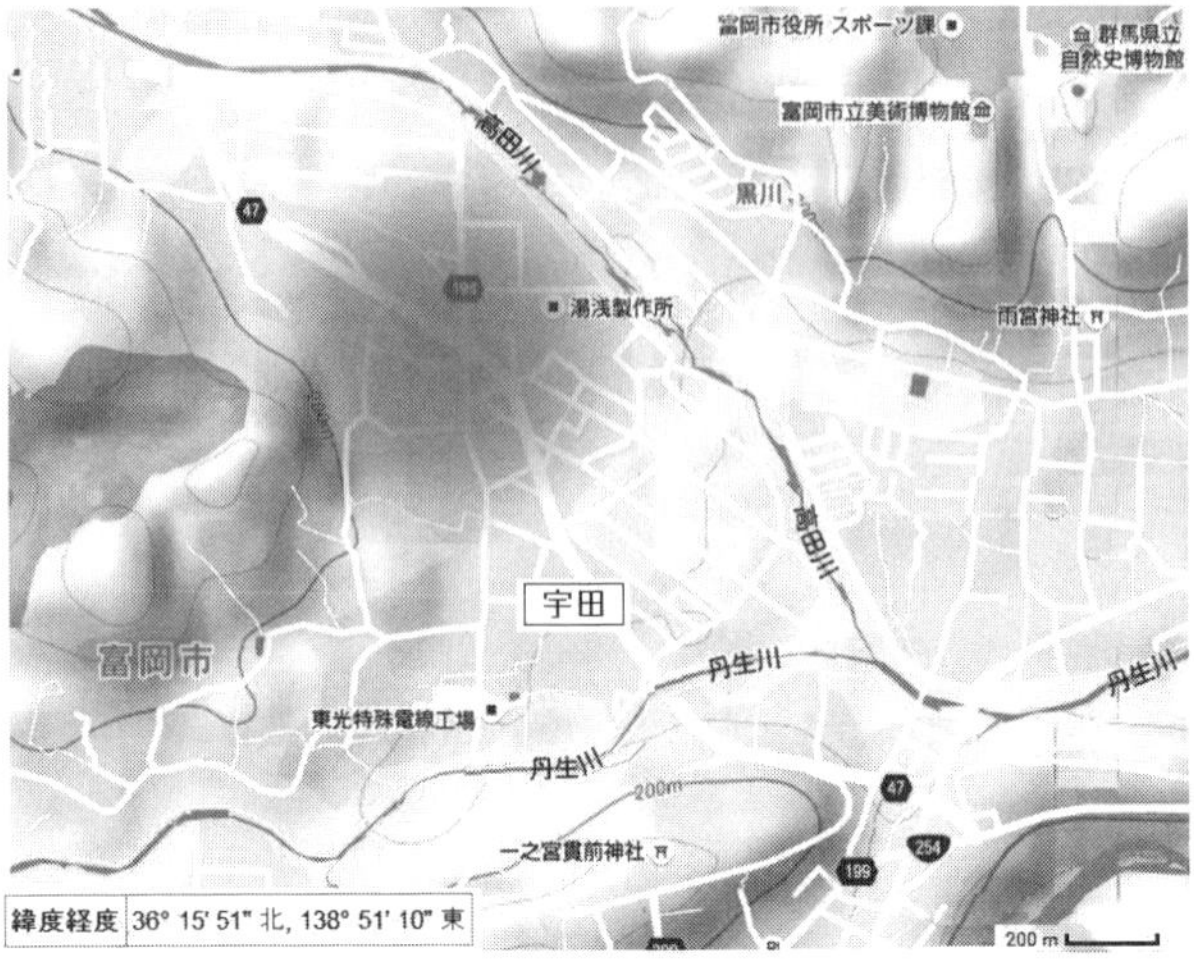


富岡市一ノ宮の貫前神社の北方、丹生川と高田川に挟まれたところに宇田という地名がある
（ネット上に掲載の「千年村プロジェクト」に拠る）

「浮田」につながる宇多郡のウタは、上野国西南部の**甘楽郡有只郷**《うた》と同訓だと『古代地名語源辞典』は指摘する。これは、浮田国造の出自からいっ

て納得ができる。いま富岡市一ノ宮の貫前神社の北方近隣、丹生川と高田川に挟まれた所に「宇田」の地名があり、このあたりに比定される（ネットの「千年村プロジェクト」）。甘楽郡には物部公の居住があり（『続日本紀』天平神護元年及び同二年条）、貫前神社の祠官にも物部公氏が長く見えるが、これと浮田国造とが同族であった。陸奥には、行方郡真野郷に起源したとみられる氏が他にもあって、同国遠田郡の田夷に真野公（賜姓して真野連）が見える。宮城県石巻市の田道町遺跡出土木簡には、延暦十一年の真野公穴万呂など一族の名が記される（石巻市教育委員会『田道町遺跡』）。これらは先祖が磐城からの移遷で故地の真野に因むとみられ、浮田国造一族の出か。遠田郡は小田郡の近隣で、後に両郡併せて遠田郡となるが、この地に吉弥侯部の同族とみられる遠田公が居た。

なお、茨城県石岡市で発見された漆塗文書に見える常陸国の「久慈郡□伎郷」は、宇伎であり宇伎田であって（そうすると、同郡の「父来郷」にあたるか）、『和名抄』の上野国甘楽郡の宗（宇）伎郷に通じるとの指摘もある。久慈郡には浮田国造領域に見える地名の真野郷もあるから、妥当な指摘であろう。浮田国造の祖が上野国から陸奥へ遷る過程で、常陸の久慈郡あたりを主な中継地にしたものか。近隣の同国那賀郡の名神大社・吉田神社（水戸市宮内町。祭神が日本武尊）は吉弥侯氏が長く祠官をつとめたが、吉備氏一族とのつながりも考えられる。

浮田国造一族の本拠地域たる宇多郡には、上記の賢泡の族裔が吉弥侯部姓で残った。これが、後に**上毛野陸奥公**の賜姓を受ける。六国史には、神護景雲元年（七六七）に外正六位上吉弥侯部石麻呂に対し、同三年には外正六位下吉弥侯部文知に対して、各々この賜姓がなされた。これらは郡領級の官位をもち、浮田国造の当地の嫡裔か。その後の延暦年間にも同じ賜姓が見えるが、これら上毛野陸奥公の後裔の行く末は知られない。当地の関係古墳群の変遷から見て真野川流域に後裔が残り、中世まで真野氏などで続いたものか。

## 浮田国造の祭祀と馬の飼養

浮田国造の領域は、その名につながる陸奥国（磐城）の宇多郡（現在の福島県相馬郡・相馬市の地域）を主とした。同郡の延喜式内社は名神大社の子眉嶺《こびみね》神社が唯一のもので、相馬郡新地《しんち》町駒ケ嶺字大作に鎮座する。宇多郡の総鎮守であって、祭神として豊受比売之命（保食神。一に、これに加えて豊城入彦之命）を祀るから、確かに浮田国造が奉斎した。

子眉嶺神社は、別名を「奥之相善宮《そうぜんぐう》」といい、その祭神や所在地の駒ケ嶺から、馬の守護神で奥羽各地に多い「相善宮（蒼前社、駒形神社）」の総本山・元祖たる位置にある。当社所在地あたりも、何時の頃からか不明だが、馬産地であった。新地町の相善祀りは、牛馬の安全を祈願し本社の御祭神を祝う意味があるとされる。各地の相善宮の祭、とくに岩手県盛岡市周辺で初夏に馬の無病息災を祈る「チャグチャグ馬っこ」の行事は名高い。

相馬市及び南相馬市の地域では、鎌倉期になって入部した千葉一族相馬氏の影響で「相馬野馬追い」が盛んで、これが長く続いて有名である。その関連三神社のうち相

子眉嶺神社（福島県相馬郡新地町）

馬中村神社は、宇多郡仲村郷のなかにあったから、相馬氏入部の前からあった行事の名残があるのだろう。野馬追いは、原町地区が主会場となって、現在まで夏に執り行われてきた。

そうした観点からこの神社をみると、①本来の祭神は豊受比売（保食神《うけもち》）一神であること（上野国の赤城神社でも保食神を祭神とする社で知られ、旧・勢多郡富士見村の田島、漆窪、米野等に同名社が所在する）、②大宝二年から約二百年仮宮を造り、延喜七年（九〇七）の建立と伝えるように、社殿をもつ以前のヒモロギ祭祀の形態が長く保たれ、本来は社殿のない山（子眉嶺・駒ヶ嶺）が御神体の神社だとみられる。このような三輪氏族等海神族と同様の祭祀形態を伝えることに注目される。

なお、信州小県郡の式内社の子檀嶺《こまゆみ》神社（小県郡青木村田沢の里宮が主）は、社名が似通うが、古来駒弓神といい、同郡第一の高峯・子檀倉嶽（標高一二二三メートル）の山頂を奥宮とし、木俣神あるいは倉稲魂命（保食神）を主神とし健御名方命夫妻を合祀する。信州十六牧の第一の御牧であった望月牧にも近く、御牧の一つの古牧・塩原牧の守護神を祀る。こちらは、信濃に遺された大伴氏の族裔も奉斎に関与した可能性がある。

## 陸奥国新田郡の吉弥侯部一族

『諸系譜』が伝える陸奥国新田郡（宮城県大崎市あたり）の俘で吉弥侯部の祖・小金は、『日本後紀』弘仁二年（八一一）四月に見えて、勇敢さを賞されて外従五位下に叙せられた。同郡人の外大初位上吉弥侯部豊庭は、神護景雲三年（七六九）三月に上毛野中村公を賜姓したから、同郡仲村郷に居た同族であろう。仲村の地名は、宇多郡仲村郷の地名が陸奥に移されたとみられる。新田郡式内社の子松神社（大崎市古川新田）は、この豊庭が創祀したと伝えるが、鹿島神（武甕槌尊）を祀ると共に大国主命・言代主命などを合祀するから、豊庭の出自が海神族につながると示唆する。鹿島神奉斎は、先にも触れたが、毛野氏族の鹿島関連に通じ、浮田国造は中臣氏一族とも通婚した事情に因るのかもしれない。なお、子松神社の同名社は、このほか六社が近隣地域にある。

新田郡の西隣の栗原郡には、神護景雲元年（七六七）に同郡の伊治城が完成したときに狄徒馴服の功で外正五位下に叙せられた俘囚吉弥侯部真麻呂がいた。真麻呂親子は、延暦十一年（七九二）に俘囚大伴部阿弖良により殺された。この辺はみな一族とみられるが、新田郡は先祖の田道命が討死した伊峙水門とも遠くはない。同郡は小郡で、延暦年間に東隣の「讃馬郡」を併せたというから、やはり馬に関係があったものか。

栗原郡では駒形根神社（宮城県栗原市栗駒沼倉）が式内社とされ、胆沢郡の式内社には駒形神社があげられる。後者の本社が岩手県奥州市水沢区中上野町にあり、奥宮が同県胆沢郡金ヶ崎町西根の駒ケ岳に、里宮も同町西根雛子沢に鎮座し、駒形大神を祭祀する。馬の守護神とされ、当地が古代の軍馬の一大産地といわれる。一説に倭建命東征のおりに創祀ともいう。同社は上毛野胆沢公の祀る神社とされ、これも新田郡吉弥侯部の同族となろう。

上毛野胆沢公は胆沢郡の北隣の江刺郡にも勢力をもち、承和八年（八四一）三月には江刺郡擬大領外従八位下勲八等の上毛野胆沢公毛人が、陸奥諸豪族の黒川郡大領外従六位下勲八等の靫伴《ゆげいのともの》連黒成らと並んで、外従五位下を借授された（『続日本後紀』）。江刺郡の北隣、薭縫（稗貫）郡には浮田の地名があり（現・花巻市東和町のうち）、その北方にも駒形の地名が見えるから、この辺りも上毛野胆沢公の勢力圏であったか。閉伊・稗貫両郡にまたがる早池峰《はやちね》山には竜馬の伝説があり、この周辺地域は古代からの馬産地であった。

ここまでに見た記事には、吉弥侯部一族が大伴部一族と様々な所縁が深かったと窺わせる。この両族が馬と神社奉斎に共通することについて、まだほかにも例があり、栗原郡の駒形根神社のほうは、祠官鈴杵《すずきね》氏が大伴武日命の子の阿良比を祖と伝えて大伴姓を称した。同社は奥羽鎮護の一ノ宮とされ、駒形嶽（栗駒山の古名）を奥宮に、沼倉に里宮を置いて倭建命東征のおりに創祀したと伝え、現在まで宮司を世襲する。倭建命東征のときに信濃に残された大伴一族は、小県郡で式内社の子檀嶺神社（駒弓神。小県郡青木村）を奉斎し、信濃各地の馬牧経営に関与して各馬牧に駒形神社を設置した事情もある。

関東では、毛野一族が崇敬した赤城火山の外輪山にも駒形山があることは先に述べた。下野の二荒山神社の古縁起に「馬王」という言葉が散見し、相模の箱根山では、箱根神社が駒形神社をも奉祀すると縁起に言われる。その麓の足柄上郡には現在でも唯一、斑目《まだらめ》（斑毛〔ぶちげ〕の馬に由来）の地名があって、南足柄市の大字で残る。足柄上郡に丈部造智積・君子尺麻呂《さかまろ》が居て、孝行を賞され税を免除されたと、『続紀』霊亀元年（七一五）三月条に見えるから、この一族の居住に当該地名は関係しよう。君子尺麻呂の系譜は知られないが、常陸の吉弥侯同族ないし浮田国造の族裔か。その後、天平宝字八年（七五六）二月の「相模国朝集使解」にも、雑掌足上郡主帳代丈部人上とともに鎌倉郡司代外従八位上勲十等君子伊勢万呂が見えており、相模では丈部・君子両氏はなかなか有力であった。

こうして見ていくと、奥州合戦のときの出羽の斑目四郎（吉美侯武忠）の苗字は、この一族がもたらした地名に因ったとわかる。現在では、全国の大字としては斑目が消えたが、秋田市の東南部にある大字太平目長崎の小字に斑目沢の地名がある（この地を中心とする斑目四郎の活動について、山崎博史氏の著『橘姓斑目家の歴史』には詳しく紹介される)。この地は、斑目四郎の兄・吉彦《きみこ》秀武(荒川太郎)が居住した出羽国山本郡荒川(秋田県大仙市協和荒川)の西北方に位置して、あまり遠くはない。斑目沢の地あたりに居住した吉弥侯武忠は、この地に先祖ゆかりの斑目の名をもたらして命名したものであろう。この吉弥侯一族が出羽国仙北郡の俘囚長で清原氏の族長清原光頼に従属した事情も自然である。当時の大族清原氏一族の勢力は、山本・平鹿郡ばかりでなく男鹿郡や雄勝郡にまで伸びていた。

## 仙北の清原氏の系譜

出羽仙北の清原氏については、出自に関し諸伝諸説が多いが、どれも史料で確認しがたい。それらのうち、九世紀後葉に元慶蝦夷の乱(八七八~九)で中央から下向して出羽権掾で秋田城司に任じた清原真人令望《よしもち》の後裔という見方があり、これが比較的有力か。これと符合しそうな系図が、中田憲信編『諸系譜』第十四冊に掲載される。

この系図では、令望の孫の光蔭がまた「出羽少掾、秋田城司」に任じて、その子が出羽山北俘囚長の武頼であり、その子が光頼・武則兄弟として記載される(兄弟の父は一伝に光方とするが、命名として武頼のほうが妥当か)。光蔭の兄・樹蔭は『政事要略』には承平四年(九三四)「越後前司清原樹蔭」と見えるから、年代的に見て、武頼は実際には光蔭の曾孫的な位置づけとなろう。そうすると、この欠落した二世代ほどが何を意味するかの問題となる。その間の世代に俘囚になったかというと、その蓋然性はきわめて低そうである。

上記の系図では、令望と孫の光蔭に入る人物が仲海とされるが、この者の存在には大きな疑問がある。『類聚符宣抄』巻十には、天暦十年（九五六）七月の宣旨に清原仲海が越前権少掾と見えており、鈴木真年自筆の『百家系図稿』巻九の「清原真人系図」には、右大臣清原夏野の伯父、参議和気王の六世孫に越前権少掾仲海が記載される。ほぼ同じ頃に清原一族に同名の仲海がいたとも思われず、しかも実在が確認できる仲海は、光蔭よりも世代が一つ後に位置づけられる。ここで、令望と山北俘囚長一族との間が完全に断たれたといえよう。令望は出羽での事件の七年後に左衛門大尉で従五位下となって叙爵し、寛平元年（八八九）には大宰少弐となって九州の大宰府に赴任し、同七年（八九四）三月の太政官符にも「少弐従五位上清原真人令望」が見えるから、長く同地に滞まった。その後の大宰府官人に清原真人を名乗る者が何人か『平安遺文』に見える（永承七年の正六位上行大典清原真人忠宗など）。令望が子孫を残した場合、出羽ではなく、大宰府あたりであった。

結論的に言えば、俘囚の某一族が系譜仮冒により皇別の清原真人氏の系譜のなかに入り込んだことしか考えられない。その場合、当該一族も吉彦秀武と同族の吉弥侯部の流れで、出羽仙北に分岐したものであろう（現地土着人・吉弥侯部からの系譜仮冒説も、現に出ている）。『陸奥話記』に皇裔の真人姓で記載され、鎮守府将軍に任じても、実際には俘囚身分の出であったから、清原真人の出という系譜がそのまま信頼できるとは言えないのである（斑目四郎を養子としたり、磐城郡の「海道平氏」（石城国造末裔）から成衡を養嗣に迎えたりという行動も、実際の奥羽土着者という出自を示唆するものか）。以上の詳細は、拙考「出羽山北の俘囚主清原氏と関連氏族」（『姓氏と家系』第十六号、二〇一六年十二月）で記したから、ご参照されたい。

なお、出羽山北俘囚長の武頼のなんらかの先祖にあたるかもしれない人物が、秋田城跡から出土の漆紙文書に見える。そこに、「大領公子諸□（鳥カ）、少領上毛野朝臣虫麻呂」の名が記されており、平川南氏（当時は国立歴史民俗博物館教授）の解読では、当該文書が貞観十五年（八七三）に作成された（アサヒグラフ別冊『古代史発掘総まくり二〇〇〇』）。

## 吉彦秀武一族とその後裔

前九年の役以降の吉彦秀武一族の動向は、史料には見えない。しかし、現在まで伝わる各種系図には、この一族の痕跡を伝えるものがあるので、最後に簡単に紹介しておく。

吉彦秀武は、鎮守府将軍清原武則の女婿で、系図に拠ると、弘仁二年（八一一）に外従五位下に叙せられた俘囚長吉弥候部小金の八世孫が出羽国雄勝郡の郡司吉彦秀武だとされる（『古代氏族系譜集成』九四七頁）。

その子に荒川太郎武久がいた。武久の孫は山口八郎秀行といい（山口の苗字の地は不明）、その子たちが足利義康（義家の孫）の家人となった。俘囚長・鎮守府将軍の清原氏が滅び、藤原清衡（平泉の藤原氏）に奥六郡の主が替わったとき、源義家のほうに属したことになる。この辺は、出羽国飽海郡遊佐郷（山形県飽海郡遊佐町遊佐あたり）から出て足利一族に従い、室町期には畠山氏の重臣となった遊佐氏と多少似た行動なのかもしれない。

山口秀行の長男・次男（太郎国武・二郎武時）は保元の乱で討死したため、三男の三郎宗武が足利蔵人義康の家人となり、子孫を残すことになる。その六世孫の行実は、足利の有力支族たる畠山阿波入道道誓（国清のこと）に仕え、以降は畠山氏の家臣となって続いて越中国川中庄を領したと伝える。この一派からは、江戸期に但馬出石藩主仙石氏に仕えた西沢氏も分出した。この辺は、鈴木真年編の『百家系図稿』巻七所載の「山口系図」などに見える。この山口系図にも西沢氏につながる系図でも、斑目四郎武忠の子孫はまるで管見に入っていない。四郎武忠が子孫を残したとしても、その後の代数をあまり重ねずに消えたものか。

吉弥侯部一族には、もう一系、後世に続く系統があった。それは、吉彦秀武の四世祖の並松の弟におかれる外正六位下盾男の流れであり、盾男の子の広野は陸奥権掾となり、その娘は平維衡の妻となって正度・正済の母となるという。その娘の兄弟に陸奥権介益躬（益根）がいて、この系統も続いた。平維衡は伊勢平氏の祖であり、『尊卑分脈』には清盛一門の祖・正度について、「母は陸奥国住人長介の娘」と記載するから、ほぼ符合する所伝といえよう。

さらに、広野の弟・村野の子に延弘（鎮守府傔仗）がいた。年代と命名から見て、延高も兄弟とされよう。この延高は、公侯延高と表記されて、『小右記』の長元元年（一〇二八）八月条などに平維衡の郎等、高押領使として見える（「高」の由縁は不明だが、行方郡高に関係ありか）。この辺の系図は、世代的にも符合するから信頼してよかろう。この同時代人で平維衡の郎等、常陸国相撲人などとして、公侯恒木（常材）、公侯恒則、公侯常時（常節）、公侯有恒（有常。国守平維衡により被殺か）が見えるが、これらは名前から同じ一族とみられるものの、陸奥の吉弥侯部の系譜につながらないようであり、常陸の吉弥侯一族であったか。延弘の系統も続いて、孫の諸方は源頼義の奥州合戦の時に討死したが、その子孫も見える。

『諸系譜』第十四冊に所収の「吉弥侯部系図」には平維衡妻・陸奥権介益根まで見えるが、その後は記載がなく、また村野の系統は見えない。では、上記の内容はどこにあるのかというと、『諸系譜』第六冊に所収の「賀茂朝臣」（三輪氏族の大神朝臣支族）という系図のなかに混載されており、その整理的な把握に基づくものである。

諸方の子孫は長く続いて、その四世孫の定通・定永兄弟は鎮守府将軍藤原秀衡に仕え、その死後の鎌倉幕府による奥州征伐で定永は討死したという。『東鑑』には、文治五年（一一八九）十月条に囚人の佐藤庄司・名取郡司等が厚免を蒙りて本処に帰るとの記事が見えるが、定通かその近親が名取郡司に当たる可能性もあろう。というのは、定永の六世孫の清方は、「名取四郎」と称し、宗良親王に仕えて甲斐の巨摩郡に遷居したと系図に見える。これに符合する記事が『姓氏家系大辞典』ナトリ条の第六項にあって、三輪系族として、「大神氏の族賀茂朝臣吉備麻呂の後胤清方を祖とすと伝ふ」との記事がある。たしかに、この名取氏の系図では、先祖に賀茂朝臣吉備麻呂が見えるが、この祖系は明らかに系譜仮冒であった。当該吉弥侯部氏は先祖の系図を失ってしまい、賀茂朝臣の系譜を余所からもってきて、これに祖系をつなぐ形で系図を作成した事情が知られる。甲斐では名取一族が武田家臣として繁衍した模様で、上記大辞典には第七～九項にも一族らしきものが見えるが、全体が整理された関係系図は不明である。

以上の諸事情から見て、神護景雲三年（七六九）に賀美郡人外正七位下吉弥侯部大成等九人が上毛野名取朝臣を賜姓したが、これに先だち天平神護二年（七六六）に名取朝臣を賜姓した陸奥国人正六位上名取公龍麻呂は、陸奥国名取郡に起ったとみられ、この名取公も吉弥侯部（ないしその同族）から出たと推される。そうすると、当初の本拠、宇多・行方両郡を起点に、太平洋岸を名取郡、遠田郡、新田郡、胆沢郡へと、吉弥侯部一族が各地拠点に一族を残しつつ、北方へ向けて移遷・分岐していったと分かる。陸奥各地の毛野氏の部民や蝦夷が系譜仮冒をして名乗ったとするのは、論拠に欠けるが、吉弥侯及び吉弥侯部を名乗る人々が陸奥各地に非常に多く、全てが同じ流れだともなかなか言い難い。

## 浮田国造関係の墳墓

磐城の浮田国造関係の墳墓を探索してみると、興味深い事情が次々に浮上してきた。

まず、国造領域南部の旧行方郡のほうに、それらしきものが見つかる。それが、福島県南相馬市原町区（旧・原町市）上渋佐に主に所在する「桜井古墳群」である。これまで合計で大小三七基の古墳がこの地に確認されており（半数ほどが既に消滅の模様）、西の阿武隈高地から東の太平洋に流れ入る新田川の南岸、標高十メートルの低台地（河岸段丘縁辺部）に立地する。新田川の名は陸奥や上野の新田郡にもつながりそうである。その南を流れる太田川も、上野の上毛野君の当初本拠地太田と関連するかもしれない。

桜井古墳群のうち、一号墳はたんに**桜井古墳**とも呼ばれ、古墳時代前期に築造の前方後方墳で、国の史跡にも指定される。桜井古墳群は上渋佐・高見町の両支群からなるが、両支群のほぼ中央に位置するから、その意味でも盟主墳といえよう。墳丘長は約七五メートル（ないし七二メートル）、高さは約七メートル弱の規模の前方後方墳とされる。この型式の古墳では、発掘当初は東北地方最大とされ、最近では他の発見もあって、第二ないし第四の規模をもつとされる（現在は福島県中通りの郡山市田村町の大安場古墳〔墳丘長約八三メートル。阿尺国造か石背国造の関係墳墓か〕が同型式で最大とされ、これに続く規模のグループが米沢盆地、出羽国置賜郡の天神森・宝領塚両古墳〔ともに信夫国造関係か〕であり、この両古墳の七〇メートル台という規模とほぼ同じ）。桜井古墳は前方部がバチ形をなし、周濠が囲りをめぐる。葺石や埴輪は伴っていない。これら前方後方墳の陸奥南部分布には、十分留意される。

桜井古墳の後方部の頂上には、埋葬施設として二基の割竹形木棺が並んで安置された痕跡があるが、遺跡保護の観点から当該部の発掘調査は実施されず、副葬品などの詳細は不明である。底部穿孔壺・二重口縁壺の出土遺物や上記の古墳形状などからみて、古墳時代前期の築造とみられる。近くの**上渋佐七号墳**は一辺約二八㍍の方墳で、二重口縁壺のほか、箱形の組合わせ式木棺からは布に包まれた状態の銅鏡（珠文鏡）や鉇が出土した。東北地方の古墳では銅鏡の出土例は類例が少ない。桜井古墳群のなかでは、桜井古墳とともに最古の部類に属し、未調査の桜井古墳主体部の様子を示唆する。この古墳群と雷神山古墳など名取郡の大古墳の被葬者たる首長層との関わりが気になるとの見方も出される。

前方後方墳という型式は、出雲など一部地域をのぞくと、四世紀中葉頃の垂仁～成務朝に多く築造され、東国では若干遅いほうに属するが、倭建命東征や景行天皇の東国巡狩に随行した者に多く見られる傾向がある。例えば、尾張国造祖の建稲種が被葬者とみられる愛知県犬山市の東之宮古墳（墳丘長七八㍍）、物部連一族で駿河国造遠祖の大売布の静岡市高尾山古墳（同、六二㍍）などとほぼ同じ規模という事情も併せ考えると、成務朝の浮田国造初祖の巫別の墳墓に桜井古墳を比定するのが妥当かとみられる。福島県浜通り地方最大の古墳はいわき市四倉町の玉山古墳（すこし遅れる中期初頭頃の前方後円墳で、墳丘長約一一八㍍。陸奥でも第三位ほどの規模）で、こちらは石城国造関係者の墳墓とみられる。それに次ぐ規模の桜井古墳は、前期古墳では浜通りで最大である。

桜井古墳北東の金沢地区には七～九世紀の製鉄遺跡として著名な長瀞遺跡があり、北方の真野川水系の鹿島区寺内地区に国史跡指定の真野古墳群（古墳時代中期・後期）、同じく横手地区には横手古墳群があって、浮田国造関係の墳墓は時代が下るにつれて、やや北方に地域移動する。

南北朝期に真野川流域の西方近隣にある霊山城（福島県伊達市霊山町）に伊達氏らと共に立て籠もって南朝方で尽力した陸奥の諸武家のなかに、真野・桑折（郡）の諸氏があり、これらは浮田国造の族裔か。尾張国海部郡津島の牛頭天王（現・津島神社）の祠官には、多くの南朝遺臣の後裔が見られ、そのなかに真野氏もあった。後醍醐天皇の後裔という南朝方の良王が津島に逃れてきたとき、これを守る津島の四家七苗字の武士とされる。真野氏は藤原姓を称し、江戸前期に真野（藤波）時綱という神学者も出した。

これで話は終わらない。桜井古墳の被葬者をいろいろ探ることで、とんでもない大物を古墳関係で釣り上げた模様なので、次ぎに記す。

## 東北地方最大の雷神山古墳の被葬者

東北地方では、最大の古墳が宮城県名取市植松にある墳丘長一六八メートルの前方後円墳、**雷神山古墳**とされる。三段築成の後円部の墳頂には雷神を祀る祠があり、古墳の「雷神山」という名は、これに由来する。東北地方の第二位以下の規模の古墳（会津の亀ヶ森古墳、磐城の玉山古墳など）が墳丘長一二〇メートル台以下とされるのに比して、雷神山は突出する大きさになる。当該古墳の築造時期とされる古墳前期末ないし中期初頭では、東日本で見ても最大級の規模になる（これより規模が大きいのは毛野の太田

雷神山古墳（宮城県名取市植松）

天神山、常陸の舟塚山古墳くらい）。
その墳丘は前方部が二段築成、後円部が三段築成で、前方部が丘陵上に築造されるため前方部が発達した古墳である。すなわち、発掘調査により出土した壺形埴輪や底部穿孔壺型土器などの分析結果や、古墳の築造方法などから、およそ四世紀末から五世紀前半頃の築造かと多く推定されている。

仙台・名取平野では雷神山古墳に次ぐ大規模古墳として、**遠見塚古墳**（仙台市若林区域。墳丘長約一一〇メートルで周濠をもち、東北地方第五位の規模）もある。名取川を挟んで雷神山の北東方近隣（約一〇キロ余）に位置し、雷神山とほぼ同時期頃の築造とみられる遠見塚からは葺石・埴輪は出ておらず（両墳の前後関係は不明で、両説あるが、雷神山が多少先かほぼ同時か。その場合、雷神山の近親一族か属僚が被葬者か）、副葬品はガラス小玉や碧玉製管玉、竪櫛二〇点が出土した。両墳は仙台地方では突出する規模であり、これら被葬者は仙台平野から大崎平野にも及ぶ広域の首長墓とみられる。戦後の歴史研究者の好きな表現で言えば、「陸奥の王者」だとも言えよう。この両墳の被葬者は何者なのかという問題意識が、古くから私にあるが、考古学者からの被葬者名の指摘は管見に入ってない。

「国造本紀」などの諸文献に当たって整理してみると、本州最北端におかれた氏姓国造は志太（思太）国造とみられる。同国造は柴田郡（後に刈田郡を分出）を中心の領域をもったとみられ、その場合、唯一陸前国に位置した。この地域の前方部撥形の千塚山古墳（宮城県柴田郡村田町沼辺。墳丘長約八五メートルで、後円部に浅間神社が鎮座）は墳形などから前期古墳とされ、東北地方で第九番目ほどの規模で、当地における国造級豪族の存在を傍証しよう。西北方近隣には、これに続く愛宕山古墳（同、九〇メートルで、宮城県内第三位の規模）や方領権現古墳（同、約六四メートル）もあり、千塚山の北方近隣で同じ荒川沿いには白鳥神社もある。

なお、これまでの研究者は皆、同書に「思国造」と見える記事の的確な把握ができない故に（この辺の事情は、新野直吉氏の著『研究史　国造』参照）、この実体が分からないでいたが、明治の鈴木真年だけが『日本事物原始』で、明確に志太国造と記載する。すなわち、「思」は「志」の誤記ないし同訓で、その下に一字の脱漏があったのである。

このあたりが、古代大和王権の安定的な版図としてほぼ北限となるが、柴田郡より北方の地域（名取・宮城～玉造などの諸郡）がどこの領域に位置づけられ、王権と蝦夷との国境線がどうだったか、どのように変動・推移したかが大きな問題となる。

私は当初、この名取郡あたりまでは志太国造の領域として、その関係者の墳墓かとみていた。しかし、「国造本紀」に阿岐国造の同族（玉作部系）だという志太国造の場合には、なぜこれだけの大勢力をもつのかという一族の起源・由緒が分からず、また後裔諸氏などの行方も六国史等に見えないなどで、後日の推移がまるで知られない〔註〕。そのため、どうも違う見方のほうがよさそうだとも感じ出した。同書に志太国造と同族と称する陸奥の諸国造は合計で六つ（ほかに、阿尺・信夫・伊久・染羽・白河）あり、それらが陸奥の丈部や阿倍氏族とも関係があったとしても、名取郡の巨大古墳の築造に結びつくとは到底、思われない。こうした事情から、仙台平野を押さえる雷神山古墳等の被葬者は更に謎となる。

〔註〕俘の吉弥侯部小金と共に外従五位下を授けられた外正六位下志太連宮持は、陸奥国人と六国史に見えるから、これが正しければ、志太国造の末流か。ただし、常陸のほうの信太連の系図に宮持が見えるものがあり、この辺との関係は不明である。

## 上毛野君の祖・田道命の墳墓

ここまで見てきた雷神山古墳と周辺事情を踏まえ、併せて、南相馬市の桜井古墳（前方後方墳）が浮田国造初祖の巫別の墳墓だとみると、その場合、同国造の次代にあたる田道の墳墓はどこかという問題に出くわした。種々検討の結果、雷神山の被葬者は、応神・仁徳朝に活動し蝦夷討伐に尽力して討死した田道とみるのが、五世紀初期頃の築造年代から見て妥当だという考えになった。先に見た毛野地方に著しい雷神信仰も想起される。古代の名取郡は、宇多郡の北の小郡・亘理郡の北隣りに位置しており、浮田国造が勢力を北方に伸ばしやすく、当地には蝦夷に対する名取柵（これが同種の城柵の南限）が設けられたといわれる。

雷神山の後円部側には、陪塚で三段築成の円墳（直径五四㍍）が隣接する。その**小塚古墳**は、雷神山被葬者の妻の墳墓とみられる。各地には、始祖的存在や盛期の者の古墳に附属し隣接して円墳（ないし帆立貝形古墳）が築かれる例が多い。田道の妻についても、夫の討死の後に夫の手纏《たまき》を従者から受けとって、これを抱いて縊り死んだとあるから、夫妻の死はほぼ同時で、ともに壮絶なものであった。

なお、雷神山の東方近隣四キロほど名取市域には**経の塚古墳**という円墳（直径三六㍍で、仙台空港の北側に位置。一に前方後円墳説）があって、いまは滅失した。この古墳からは、近畿の大王墓に見られる長持形石棺（そのなかに二体分の人骨）が出土したことにも注目される。これは東北地方でも稀な例であり、同墳の「被葬者は上毛野の勢力を介して畿内ヤマト王権とつながっていた」とみる指摘もある（橋本博文氏の「太田天神山古墳」、『古墳への旅』所収。一九九六年）。その副葬品（直弧文鹿角製装具付大刀や櫛などもある）や短甲・家形の埴輪などから五世紀中頃の築造とみられており、例えば雷神山被葬者の娘など近親複数が考えられ、この一族の権威・出自も思わせる。

田道の墓については、『書紀』の記事に、侵攻してきた蝦夷がこれを暴こうとしたら、大蛇が目を怒らして出てきて、その毒気で多くの蝦夷が死んだという所伝があり（仁徳紀五五年条）、雷神山後円部には大蛇に通じる雷神を祀る祠があることが伝承や毛野の雷神祭祀に符合する。当該墓は、蝦夷が攻めてくるような辺境の地にあることを示唆するし、それは墓を暴こうとするほど目立つ大きなものなのだろう（前橋市総社町の蛇穴山古墳が田道の墓という伝えもあるが、七世紀後半・末頃の築造とされる一辺約四〇㍍の方墳が被葬者のはずがない）。

これら諸事情を考えると、宮城県中央部の名取郡あたりまでは、蝦夷が強盛のときは南下してきて勢力を及ぼしたような事態も、十分考えられる。陸奥の最前線部に遺された大伴氏・毛野氏などの後裔が蝦夷の支配下に入って、その後に王権下に戻り「俘囚」となるような経緯もあったと推される。「大蛇」は、三輪山にも縁が深い毛野氏の出自を示唆するトーテムであった。こうした古代氏族におけるトーテム習俗を無視してはならない。

なお、蝦夷研究者のなかでも、管見に入ったかぎりでは、中路正恒氏（もと京都造形芸術大学教授、宗教哲学専攻。著作当時は助教授）の『古代東北と王権』（二〇〇一年刊、講談社現代新書）が田道の役割を高く評価して取り上げるので、同書に基づき要点を若干紹介しておく。

①上毛野君形名の妻の念頭に威武ある者として名を後世に伝えた者、すなわち蝦夷と戦い「上毛野氏の威武の名を高めたのは誰よりもまずこの田道なのである」。

②田道の戦死した「伊峙の水門」を北上川河口部の石巻の牧山あたりと中路氏はみるが、旧北上

川河口部近くの丘陵、日和山公園に鎮座するのが鹿島御児神社である。

③田道は、上毛野君田道命として津軽の猿賀神社（青森県平川市猿賀）に祀られており、それはもと出羽鹿角の猿賀野に祀られたという（田道命の神霊が白馬にまたがり、秋田県鹿角から津軽のほうに遷座したともいう）。鹿角の猿賀神社には、猿賀権現と呼ばれる神像がある。ここには、田道将軍戦没之地の碑もあるが、後世のものである。

## 太田天神山古墳と造山古墳

毛野本宗の上野国には、ほぼ同時期に東国最大の太田天神山古墳（墳丘長二一〇㍍）があり、先に見た。氏家和典氏は、雷神山と太田天神山とをほぼ同時期の「五世紀初頭～前期」とみる（『全国古墳編年集成』）。毛野一族は関東の両毛地方に巨大古墳を次々に築造したが、陸奥の名取郡にあってもその伝統を受け継いだといえよう。併せて言うと、同じ頃にこれらの本宗家にあたる吉備氏では、族長御友別は妹・兄媛を応神天皇の妃にいれ、全国で第四番目の巨大古墳・**造山古墳**（全長約三五〇㍍）を備中に築造した。田道・竹葉瀬及び吉備氏御友別は、みな同世代の一族で、五世紀初頭～前半頃の活動と推される。

この吉備・毛野一族にあっては、巨大古墳の築造にかける意気込みを感じるし、その築造技術ももったのだろう。その基盤には、この一族が韓地出兵で獲得した鉄材料と最新鍛冶技術により生み出される鉄工具もあった（併せて、関連する技術者もあったか）。

以上のように考えていくと、古墳時代に一六〇㍍超の巨大古墳（全国で上位六〇傑ほど）を築造するような大勢力は、天孫族系（天照大神こと天活玉命の後裔）の大王家一族（后妃関係を含む。崇神王統と応神〔息長〕王統）及びその支族の葛城氏族・阿倍氏族・紀氏族・物部氏族・日向国造族のほかは、海神族系（大己貴命の後裔）の和珥氏族と吉備・毛野氏族・丹波氏族に集約される（以上のうち、海神族系諸氏は、みな「皇別」として系譜が仮冒、再編され、記紀編纂までに皇統の系譜に組み入れられた。毛野以外の諸氏には、后妃も輩出した事情がある）。

さて、話を本線に戻して、浮田国造のほうは、その第二代以降では、もとの領域の宇多・行方郡には大きな古墳が見当たらない。この辺も考えると、支族を本源の地に残して、この系統の本宗家のほうが名取郡に北遷したとみるのが自然であろう。

## 陸奥の吉弥侯部の分布と後裔

上記の古墳事情ばかりではなく、『続日本紀』で陸奥の吉弥侯部系統の改賜姓を見ると、宇多郡のほうでは、神護景雲元年（七六七）になって吉弥侯部が上毛野陸奥公の賜姓をうけた。それより早く天平神護二年（七六六）十二月には、正六位上名取公龍麻呂が名取朝臣を賜姓した。名取公の賜姓がこれより先にあるとみられ、吉弥侯部系統で朝臣賜姓があったのは名取関係者が唯一である。名取郡や玉造郡は、王権の軍団もおかれる要地だった。

陸奥の国府も、多賀城（宮城県多賀城市）が創建される前には、仙台市南部の太白区（旧・名取郡域）の郡山遺跡や、宮城県北部の大崎市古川（旧・新田郡域）の名生館遺跡が考えられている。**郡山遺跡**のⅠ期官衙は古代城柵の遺構、Ⅱ期官衙は多賀城に先立つ陸奥国府の遺構と推定されている。近隣には、古墳時代の大集落の南小泉遺跡（若林区南小泉・遠見塚・古城ほかにあり、遺跡範囲のほぼ中央部に遠見塚古墳が位置する）がある。同遺跡からは、五世紀後半～六世紀初頭とみられる古い形態の須恵器が出ており、古墳時代の前期及び中期の竪穴住居跡も出た。捩文鏡らしき鏡や、同後期の集落・鍛冶関連遺構もあった。

上記に続く、神護景雲三年（七六九）三月の陸奥関係者に対する賜姓にも注目される。異例の立身をして陸奥大国造にもなった大伴氏族丸子部系の道嶋宿祢嶋足の申請によるものであるが、阿倍系・大伴系とともに、吉弥侯部系統では次の賜姓があげられる。

宇多郡人外正六位下吉弥侯部文知に対して上毛野陸奥公。名取郡人外正七位下吉弥侯部老人及び賀美郡人外正七位下吉弥侯部大成等九人に上毛野名取朝臣。信夫郡人外従八位下吉弥侯部足山守等七人に上毛野鍬山公（同郡鍬山郷に因る）。新田郡人外大初位上吉弥侯部豊庭に上毛野中村公（同郡仲村郷）。信夫郡人外少初位上吉弥侯部広国に下毛野静戸公（同郡静戸郷）。玉造郡人外正七位上吉弥侯部念丸等七人に下毛野俯見公（同郡俯見郷）。

こうして見ると、先にあげた吉弥侯部の分布地域に加えて、陸奥では賀美郡・信夫郡・玉造郡、及び静戸の地名があった伊具郡・安達郡にもその居住が推される（出羽にも吉弥侯部があるが、これを除く。福島県中通り磐瀬郡の吉弥侯部は、同じキミコベでも同族かどうかは不明）。これらは宇多・行方両郡及び名取郡から発して、十数代のうちに広く奥羽各地に支族を分岐したが、「下毛野」を冠する信夫郡・玉造郡の吉弥侯部は、下毛野系統から後で分かれた可能性があろう。ともあれ、その基盤には、奥羽最大の雷神山古墳などを築造する財力・勢威が吉弥侯部一族にあったものとみられる。

なかでも、陸奥では名取郡が中心であり、名取川流域を主要域として、現在の名取市、仙台市南部の太白区及び塩竈市の一部が含まれた。名取市の雷神山の北近隣には、観音塚古墳（墳丘長六三メートル）など五基の前方後方墳が主体の飯野坂古墳群や、西北近隣にも柄鏡式の前方後方墳・高舘山古墳

（同、約六〇メートル）という最古級の前期古墳もある。こうした事情だから、当地一帯は古墳時代前期の要地で、浮田国造一族や倭建命東征関係者が留まった可能性がある。雷神山の後にも古墳築造があって、近隣には、中期の名取大塚山古墳（同、約九〇メートルの前方後円墳）、兜塚古墳（同、約七五メートルの帆立貝形前方後円墳。五世紀後半の築造かと推定）があるが、その後が続かないから、蝦夷の勢力が伸びてきたせいか。

先に、宇多郡の相善宮が奥羽各地の相善宮（蒼前社、駒形神社）の総本山であったと記したが、行方郡の唯一の名神大社が**多珂神社**（南相馬市原町区高）で、これも奥羽各地の多珂神社の根源とされる。名取郡に式内の多加神社（仙台市太白区富沢が主で倭建東征時の創祀というが、名取市高柳にも論社）があり、北隣の宮城郡にも式内の多賀神社がある（多賀城市域に高崎、市川や浮島が論社）。行方郡の多珂神社は、同郡に鎮座する延喜式内社八座の首座であり、同名の多賀神社では全国で唯一の名神大社という日本屈指の古社である（近江国犬上郡の多賀大社は名神大社ではない）。同社は、景行天皇朝に倭建命東征で陸奥各地に転戦したとき、行方郡の太田川の畔で戦勝祈願のため玉形山に神殿を創建したとの創祀伝承がある。同郡式内社の御刀《みと》神社（剣大明神。経津主神を祭神という）も、同東征の折に勧請されたと伝える。（これら所伝から見て、浮田国造の先祖が倭建東征に随行したことになろう）。

多珂神社（福島県南相馬市）

このように、神社祭祀から見ても、浮田国造の領域にある諸神社が陸奥各地の根源とされる。実際に同じ血族だからこそ、同じ祭祀が奥羽各地でなされたのであろう。上記の名取朝臣・上毛野名取朝臣の後裔は、『大同類聚方』の名取郡人名取朝臣清島を除くと、賜姓以降は史料に見えないが、郡領家として平安末期まで名取・宮城両郡に勢力を保ったものか。それも、源頼朝の奥州藤原氏征伐等により勢力が次第に衰滅していったのであろう。

各種史料などから見て、奥州征伐後は、名取郡は関東御家人の結城氏と曽我氏に対し所領として与えられたが、伊達一族にも配分があったか。戦国時代の仙台市南部、北目領と呼ばれる地域を支配したのが、「名取郡北方三十三郷旗頭」と呼ばれた粟野氏である（『観蹟聞老志』など）。粟野氏は、名取朝臣等の吉弥侯部末流ではなく、奥州征伐後に移遷してきて伊達郡粟野に起った伊達一族から出ており、当初は茂ケ崎《もがさき》城に居て、次いで十五世紀中葉の寛正年間い南方近隣の郡山の北目城に遷った（両城ともに、仙台市太白区域）。

以上に見てきたように、奥羽の毛野氏・吉弥侯部一族の系譜は様々であってきわめて複雑だが、総合的な解明を要する興味深い氏族といえよう。古族が姿を変え姓氏までも変えて、広い範囲で各地の中世・近世の武家諸氏につながる事情も窺われる。

# 十　まとめと補論

## 主要問題についての一応の要点

本古代氏族シリーズでは、地祇の海神族系統については、①和珥氏、⑦三輪氏、⑨吉備氏、⑫尾張氏、と取り上げてきたから、その続きとしては本書の⑰毛野氏が第五冊目である。この同族系統では、阿曇氏や倭国造氏は支族分岐があまり多くなかったこともあり、⑦三輪氏や⑫尾張氏などで簡単に記載しており、これで一応、海神族系統の諸氏を総覧したことになる。このうち、上古の和珥氏及び三輪氏にあっては初期大王家の后妃を輩出した事情もあって、これら海神族系統諸氏の祖系が後世に改変され、和珥氏・吉備氏・毛野氏は皇裔とされ、尾張氏は天孫に位置づけが変更された。だから、上古の氏族の系譜所伝には十分な注意が必要である。こうした後世の系譜改変にもかかわらず、祖神祭祀は変更が殆どないから、この辺が史実原型の探索の大きな手掛かりになる。

ここまで記してきた「毛野氏」について、一応の要点を次ぎにあげておく。

**1**　毛野氏族は、記紀に崇神天皇の皇子とされる豊城入彦命から出たと称した。豊城入彦命、八綱田命、彦狭島命の初期三代は未だ東国に到らず、次代（第四代目）の御諸別命が景行朝に至って初めて東国に赴き、上野・下野の両毛地方を治めた（『書紀』）。御諸別命が実際の毛野氏族の祖と考えられるが、その活動年代などからみても、御諸別命が崇神天皇の皇子に置かれる豊城入彦命の曽孫とすることには極めて無理がある。

2　御諸別命の系譜については、畿内の人で景行天皇朝頃に両毛地方に来て統属させたとみるのが妥当と考えられる。その祖系は、概ね次のようなものである。

毛野氏族の祖たる御諸別命の名や毛野氏族の姓氏・分布などから見て、大和の御諸山（三輪山）や三輪氏族との関連性がかなり顕著であり、両毛地方の主要神社の祭神としての大己貴命の広範な分布もあって、毛野氏族の実際の系譜は、三輪氏族を含む海神族の東国分岐とみられる。それ故に、毛野氏族は畿内及びその周辺にも支族諸氏をかなり有しており、針間鴨国造も出した。ただ、大王族とも無関係ではなく、磯城県主の一族から出て初期天皇家（大王家）と密接な姻族の故に一時的に王位を預かった孝安天皇（拙著『天皇氏族』を参照）の流れを汲んでおり、準王族の扱いであったものと推される。

3　毛野氏族はその分布からみて、大阪湾岸の茅渟地方にその起源をもち、上古の血沼之別の流れとみられる。御諸別命より以前の毛野前代の系譜は難解であるが、三輪君一族との同質性・同族性がかなり濃く見られる。

系譜は、世代などから推定して、磯城県主の支流で彦坐王と同祖とみられる多芸志比古命に出て、その孫が豊城入彦命（能登国造の祖・大入杵命や吉備氏族の祖・彦狭島命にもあたるか）、その子が八綱田命であり、これが御諸別命と同人ではないかとみられる。八綱田命の兄弟が能美津彦命、その子が能登国造となった彦忍島命（大矢命）か。彦狭島命とは、吉備下道系の祖たる稚武吉備津彦命と同人であり、毛野は吉備氏の分流だと分かる。

4　毛野氏族の分布は、起源地の茅渟地方を出て摂津・河内に入り、近江から北陸道（特に越前、能登）、信濃を経て毛野地方に到る経路をとって、畿内から東国へと続いていた。東国では、両毛に限らず、隣接する常陸西部や信濃における一族の分布もかなり濃く、下総にも分布が及んだ。毛野では鈴鏡・鈴杏葉など鈴をつけた祭祀具が用いられ、古墳の埋葬品や埴輪に見られるが、鈴文化圏は両毛を中心とし、常陸西部・武蔵北部にも及んだ。

5　毛野氏族は東国第一の大族であり、上毛野君をその宗族とする。大和王権の命をうけ東北の蝦夷を討伐し東国経営に当たったものであり、王権から独立した「東国の王者」的存在とすることは無理である。その部曲を吉弥侯部（公子部、君子部）とし、関係氏族には本来の毛野氏族と血縁のない蝦夷系の人々も組入れ、付合された可能性がある。

また、朝鮮半島にも出兵した事情で、渡来系の色彩をもつ毛野一族（田辺史に代表される）も多く、血のつながらない帰化人系統が上毛野君姓等を冒姓した可能性もないではない。これら蝦夷系・渡来系で本来は他姓かもしれない氏族も、判別が極めて困難であるが、祖先伝承や系譜は基本的に信頼して良さそうで、その場合、祭祀や馬産が参考になる。

6　上野国では、上毛野氏本宗の系統だけが強大であったわけではなく、東部と西部という形で二大系統があった。この認識が研究者に乏しいが、古墳築造規模から見ると、古墳時代前期（ほぼ四世紀代）ではむしろ西部のほうが勢力が大きかった。西部勢力の中心は物部君・石上部君氏かとみられ、後裔一族は中世まで長く勢力を保持したものもある。中世まで残った武家でも、祖先系譜を殆ど失っており、実態把握が正しくなされていない。

7　毛野氏族からは、天武～文武朝には、「帝紀」編纂に参加した大錦下上毛野君三千や、律令撰定に関与して参議・大将軍となった下毛野朝臣古麻呂を出し、奈良朝前期にも参議大野朝臣東人などの有力官人も出した。いずれの家もほどなく衰えて、奈良朝後期からは旧姓田辺史であった渡来系の上毛野氏が外記局などの官人として見える。

平安前期頃からは上毛野氏や下毛野氏の者が世襲的に近衛府の下級官人・舎人として見えてきて、なかに近世まで続く官人の家もあった。これらは東国在地土豪層の系譜を引くようにみられるものの、具体的な出自は不明である。

**8** 東国では、十世紀中葉の天慶の乱の頃から、毛野一族の活動は殆ど見えなくなる。この乱の鎮圧に大きな功績をたて、平安中期以降、中世まで関東の大勢力となった下野出身の藤原秀郷の流れの武家諸氏（藤原北家魚名の後裔を称）、及び藤原道兼後裔と称する下野・常陸の守護宇都宮・八田一族は、実際には毛野氏の族裔ではないかとみられる。

**9** 毛野一族の活動が古くから広い地域にあり、初期段階に見える韓地や陸奥での征討活動を史実に原型があるものと把握できれば、毛野の独立王国説は雲散霧消するし、語呂合わせの「狗奴国」とも無縁であった。毛野氏が六、七世紀頃の新興氏族というはずもない。

## 毛野氏祖系の総括的な推定

毛野氏族の実質的な祖は、毛野の地に来た御諸別命である。この者は豊城入彦命の曽孫とされるが、「豊城入彦命」なる者の実体は、実際には非王族であって、記紀に王族とされるものの、海神族磯城県主の流れとみられる彦坐王の近い一族ではないかとみられる。

すなわち、彦坐王の出自については、磯城県主の同族で「血沼之別・多遅麻之竹別・葦井之稲置」

の祖という多芸志比古命（手研彦奇友背命。皇族とされ、懿徳記で皇子のなかに挙げるが、異伝〔天皇本紀、懿徳紀割注一伝〕では懿徳天皇の弟とされる）の子孫と推される。多遅麻之竹別が丹波の竹野別を意味し、同族の血沼之別の流れが珍努県主などの毛野氏族とみられる。葦井稲置は難解だが、廬井《いおい》造（五百井造）に通じるとみられ、その場合に近江国栗太郡の廬井邑（現・滋賀県の草津市志津及び栗東市治田あたりか）に起ったか。栗東市下戸山に式内社の廬井神社が鎮座し（甲斐国大井俣神を勧請と所伝。神が降臨の安養寺山山頂には龍王社等がある。湖南市石部や石部駅の西方近隣）、江戸期からは五百井神社と表記される。五百井（廬井）氏は、『姓氏録』では不記載だが、廬井造鯨は壬申の乱の時に近江朝廷方で見える。

この系統の祖とみられる多芸志比古命の系譜も不明点が多いが、子孫の海神族性の強さや保食神（大宮売神）の奉斎等からみて、実際には皇族の出自というより、「準王族」的な存在であった。系譜は大和の磯城県主（三輪氏族）の初期分岐の支流に出た可能性が強く、「天皇本紀」の意味は「磯城津彦＝手研彦」か。「磯部（石部）」姓もこれを傍証する。

毛野氏については、こうした海神族系の出自・系譜を踏まえて検討しないと、その本来の性格を見誤るおそれが大きい。古墳築造の規模など考古学知見を併せ考えると、上野東部ばかりではなく、上野西部という地域や勢力を無視してはならないと銘記される。

五百井（廬井）神社（滋賀県栗東紫下戸山）

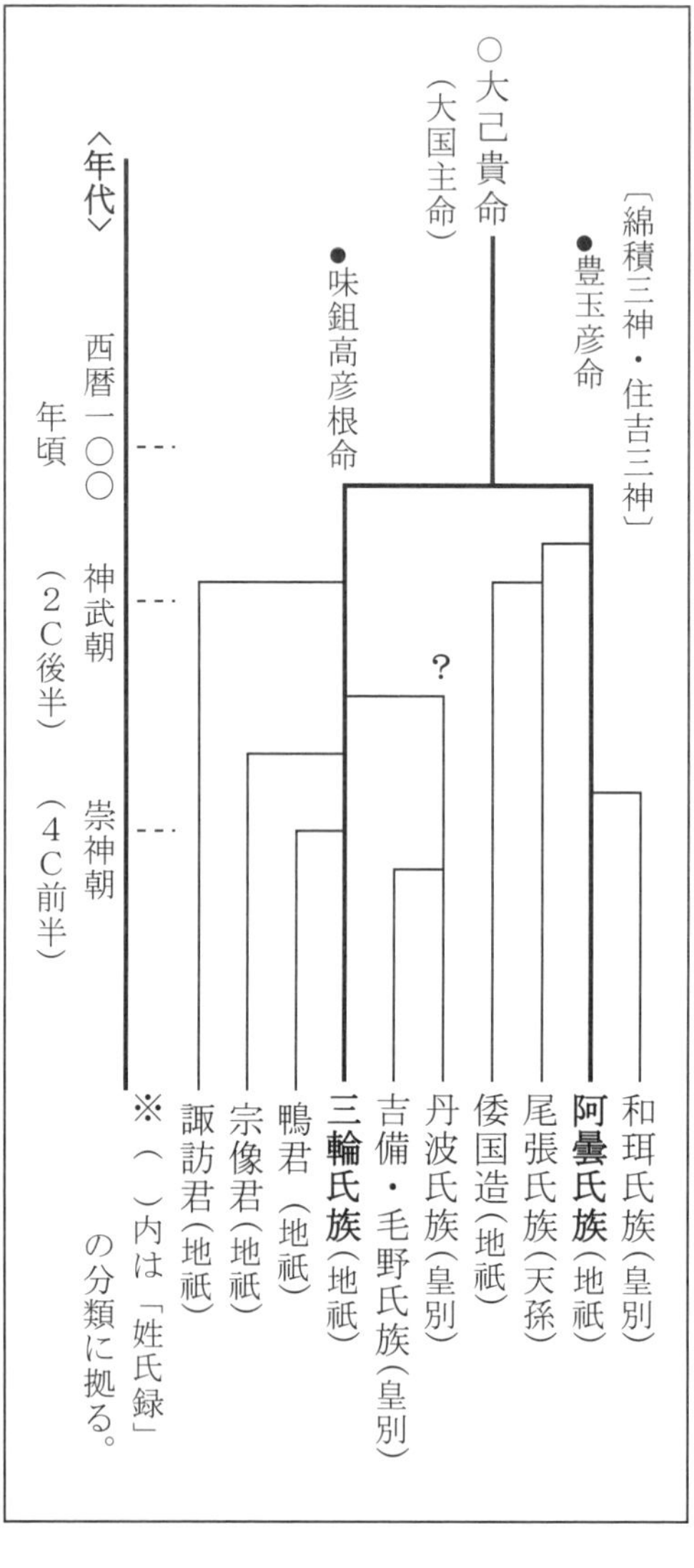


海神族の系統推定図

## 関連して「磯部」の再考

ここまで毛野氏族について様々な面から見てきて、最後まで気になるのが「磯部（石部）」である。「毛野」という氏族名が発生する前には、磯部（石部）を氏族・部族の名として名乗ったのではないかとみられる。これに関連する補論を以下に記しておく。

毛野氏が発祥した根源地に関し、石田川式土器の分布、県氏の存在や当地最古級の藤本観音山古墳などに着目して群馬県太田市域（とくに、その東南部あたり）を、私見では根源の「毛野県」とみたが、関口功一氏は、もう少し広く、渡良瀬川・矢場川が中央部を流れる下野国足利・梁田両郡（ともに現・足利市域）及び上野国山田郡（現・太田市域）あたりを「毛野県」の県域と考えた。この毛野県を構成した梁田郡という小郡のなかの大宅郷に現在の県町が含まれたとした場合、私の考える「毛野県」も太田市東南部から足利市南部にかけてあたりまで拡がる（旧郡名で言うと、上野国山田・新田郡及び下野国梁田郡）。その意味で、関口氏の見方を少し西方に移動させた感があるも、地域はあまり変わらなくなる。

ところで、梁田郡・梁田御厨に関して、戦国期の古河公方足利氏の筆頭重臣として**梁田氏**（簗田氏）がいた。この氏が毛野祖系や磯部に関して何らかの示唆を与えてくれる。

梁田氏の現在に伝わる系図では、能の演目『紅葉狩』で有名な平安中期の与五将軍平維茂の子（ないし子孫）の良衡を祖とする系譜をもつとされる。もとは近江国久田（比定地不明。余呉湖付近ともいう）にあったのが、先祖が八幡殿義家の奥州合戦に従い、さらに足利氏の初期段階に足利氏に従ったと伝える。梁田氏が台頭し史料に活動が具体的に見えるのは室町中期頃からであり、嫡流が下総国の関宿城（千葉県野田市）を根拠とし、支流が水海城（茨城県古河市）に拠って、おおいに活動した。苗字にあるように、鎌倉時代の梁田氏は簗田御厨の小領主にすぎず、当時から足利氏家臣だったもののの高い地位にはなかった（佐藤博信氏の『古河公方足利氏の研究』など）。同じく梁田郡寺岡に起こり幕府二番衆及び関東公方家の奉行などで見える寺岡氏は、平良衡の後裔というから早く分かれた同族か。

こうした推移だから、梁田氏祖系の実態も知られず、私も長い間、所伝の系譜に疑問を持ち続けていた。信長の頃の尾張国沓掛村城主で見える梁田氏（桶狭間合戦に有功の出羽守政綱、その子が広正〔別喜正勝〕）との関係もどうかという問題がある。盛岡藩家臣にある簗田氏は、もと奥州斯波氏の重臣で先祖が越前発祥という所伝を伝え（簗田大学影光〔勝泰〕。『参考諸家系図』巻三一など）、越後国魚沼郡で新田氏に従った梁田氏もあり、これは下野発祥か。下野の梁田郡・簗田御厨に起こり、足利氏や一族の斯波氏、新田氏に従って越前・越後・陸奥に各々遷居したのであろう。尾張へは、越前の斯波氏家臣として移遷した。

鈴木真年編の『百家系図稿』の「梁田系図」（巻十二）には、平維茂の後裔とする梁田・大塩両氏の系図の掲載もあって（維茂後裔は信じ難いが）、これら諸根源が総合的にまとまるとしたら、武家梁田氏の遠祖の系は越前発祥となるか。越前には現在、梁田の地名は残らないが、大塩八幡宮（福井県越前市国兼）がある越前南部の丹生郡が関係地と考えられ、これが中世の南条郡大塩保の中心地あたりである（南北朝期には、大塩八幡宮神主に称清原姓の舟橋氏がおり、近隣の南越前町の杣山城には、嵯峨源氏出の瓜生判官保の一族が拠って、ともに南朝方で活躍した。通婚・養子縁組により瓜生氏が後年、神主職を襲う。東大史料編纂所蔵の『大塩八幡宮文書』第八冊に両氏の系図が所収されるが、南北朝期より前は疑問。「舟橋」の地名は、越前市粟田部町のなかに見え、同町には今立郡式内の岡本神社の論社・岡太神社〔旧県社。白山神社〕が鎮座する）。

大塩保はもと王子保といい、大塩八幡宮の境内社には、天国津彦神社・天国津比咩神社・高岡神社など延喜式内社で敦賀郡掲載のものの論社があって、「延喜式神名帳」の敦賀・丹生両郡間の記載の入り繰りから見ると、むしろ丹生郡所在とするのが妥当かもしれない。大塩八幡宮の境内社に、大己貴命を祭神とする大神下前神社の論社（ほかに気比神宮境内の同名社も論社とされる）もあり、南方近隣には鹿蒜《かひる》神社・鹿蒜田口神社という両式内社（共に南越前町の町域）もある。平安初期に「上毛野□□山」なる者が敦賀から鹿蒜郷に至る険道開発に当たったことは先に述べたが、越前南部、丹生郡の交通要衝に毛野一族があったことは認められよう。大塩八幡宮の旧祠官家舟橋氏の原型の姓氏は不明だが、岡太神社との縁由を考えると、古代の磯部か佐味に関係するものかもしれない。

そして、梁田氏の下総国古河付近の根拠地の一つに「磯部」（現・古河市域の中央部で、旧・猿島郡総和町域）があることに気づき、本来の出自が毛野の傍流末裔ではないかとも推した次第である。茨城県には、つくば市や桜川市に各々磯部の地があって、これは先に述べたが、ほかにも常総に磯部の地（下総国香取郡〔成田市〕、常陸国久慈郡〔常陸太田市〕）がある。越前では、丹生郡から分かれた今立郡に式内社・石部神社（鯖江市磯部町）や佐味氏の族人が住む岡本郷、式内社・岡本神社（論社があり、白山神や大己貴命を祀る）もあった。梁田氏の祖先が長い期間、下野の梁田郡に居住してきた古族末流としたら、磯部との所縁も相俟って、縣氏ともども、上古の「毛野県」を管掌・構成した人々の末裔かもしれない。

関東では相模川中流域にも磯部の地があり（現・相模原市域）、その川向こう西側の厚木市上依知には赤城社（現・依知神社）があった。この付近には磯部頭首工《とうしゅこう》という農水路取入口もあり、厚木市域には磯部の苗字も見られる。

## イソベの分布

ここまでに毛野氏族の足跡を追い求めてきて、各地で**磯部**・**石部**の地名・神社や、これを名乗る人々・氏に出くわした。播磨でも、毛野初期分岐の針間鴨国造の領域の式内社に石部神社（兵庫県加西市上野町。宗像三女神が祭神）があった。その近隣には、磯部神社という名の神社も二社（加西市の中富町及び越水町に鎮座）ある。磐城の浮田国造の領域であった陸奥国宇多郡でも、磯部の地がある（現在の相馬市東南部の沿岸部の大字）。

これら地名が、毛野移遷の軌跡ともいえる路程の通る近江や北陸道に多く分布する。「磯部・石部」と毛野・吉備両氏族を絡め分布を言うと、畿内から近江、北陸道、信濃を経て両毛地方、更に常総地方までつながる一連のルートがある。近江では、甲賀・志賀両郡から越前南部の敦賀郡（角鹿国造）・丹生郡（両郡の境界地の現・南条郡は、当初は敦賀郡、後に丹生郡に属。丹生郡での表記は、もとは今立郡の「勝戸郷」で石部神社があり、中世に小磯辺保が成立。坂井郡にも磯部郷）、加賀国能美郡、能登国能登郡（能登国造）・越中国射水郡（射水国造）、越中国新川郡と越後国の頸城・三島両郡、信濃国埴科郡、そして上野国の碓氷郡、更に「毛野県」（山田・新田両郡及び梁田郡が県域で、主に太田市域。みな「田」が地名につく）となってつながる。その先にも、下総国の結城郡に磯（現・八千代町）、香取郡に磯部郷の地名がある。

越前の足羽郡には上家郷（福井市南郊かという）があって、その地には、天平神護二年（七六六）十月に戸主礒部大浜が見えるから（『越前国司解』）、イソベは地名だけではなかった。能登には磯部の地名はないようだが、能登に近い加賀国加賀郡（河北郡）に磯部の地名（現・金沢市磯部町で、金沢駅の北方近隣。聖安寺の所在地）がある。

下野にも、河内郡の田川流域に磯部の地名（旧・南河内町。現在は下野市南部）があり、そこには顕宗天皇朝に創祀という磯部神社もあって、北方近隣の三王山古墳群（二〇基ほど残存し、古墳時代の全期に及び、うち南塚二号墳が古式の前方後方墳と既述）を奥津城として祀るように鎮座する（「結城家に関する神社たるか」ともいう）。なお、「毛野県」に含まれた可能性のある足利郡には、「**五十部**」村の地名があり、現在は「よべ」と訓む（現・足利市の大字）。太田亮博士は、これを「イソベ」と訓み、「磯部に同じきか。」と書き（『姓氏家系大辞典』）、現に近隣の佐野市には「イソベ」と訓む苗字が多数見られる。これは昔、伊与部、五百部の表記もなされたイヨベの転訛とされ、元は余戸郷ではないかともいわれるが（『角川日本地名大辞典　栃木県』）、太田博士の見方のほうが妥当そうである。

というのは、五十部の西北方一一キロほどの上野国山田郡桐生には、「磯部の岡」という地があったからである。この地は、現在は桐生が岡公園（桐生市宮本町）となっている。ここで、上毛野国造、中世の桐生氏により守護神として崇敬、奉斎されたのが磯部明神であり、『上野国神名帳』にも「山田郡従四位上磯部明神」と見える。これが、南北朝期の観応年間に桐生天満宮（桐生市宮本町で、公園の東方近隣に位置）に名が変更された、同社は「岩の上の天神」（石上天神の義か）と称される（社伝としてＨＰに掲載）。五十部の東南四キロほどの足利市助戸地区（八椚の北西二キロほど）には、助戸大車塚古墳（推定墳丘長一二〇メートルほどの前方後円墳も滅失）、助戸十二天古墳（帆立貝形古墳。内行花文鏡や五鈴付き鏡、鈴付杏葉などを出土）など助戸古墳群もあって、かなりの有力豪族も居た。

## 宇奈根社と磯部

毛野につながる磯部が、伊賀国にも居た。それは、東大寺文書のなかに見える康保三年（九六六）四月二日付けの文書であり、「宇奈根社祝磯部在判　伊賀忠光　志貴重則」の名が見え、これに続いて郡判として「田畯検校伊賀、勘済使伊賀、国司代伊賀」（一連の文書から見て、一・三番の伊賀は伊賀直〔欠名〕、真ん中の伊賀は伊賀朝臣保相と知られ、当地の古族の流れを汲み伊賀国造一族や阿倍一族の後裔と推される）の在判がある。

伊賀国西南部に位置する名張郡夏見郷の**宇奈根社**（式内社の宇流富志祢神社のこと）の祝に、磯部氏が見える。宇流富志祢神社は三重県名張市平尾（名張駅の西南近隣で、名張川北岸）に鎮座し、通称が「春日さん」で、武甕槌神が当地に留まったのが起源と伝える。当社は水神とされ（その場合、罔象女神・保食神に通じる）、境内社には三輪明神・大神神社がある。

伊賀の磯部に関して、江戸時代の旧小田原藩藩士で用人をつとめた磯田氏があり（「御家中先祖并親類書」に五百石の司馬介家など二家）、三重県の伊賀市・名張市域の出だと伝えるから、名張郡の磯田の末流か。なお、上野国の緑野郡の磯田（群馬県藤岡市付近）から発祥した磯田氏がいまは多く、現代の名字として見れば、埼玉・群馬両県に磯田姓が多い。

宇奈根（宇流富志弥）神社（三重県名張市平尾）

伊賀の名張郡の地からほぼ北方へ移動すると、「石部」の人々が多く見える阿拝郡柘植《つげ》郷（三重県伊賀市域。天平勝宝元年の「伊賀国阿拝郡柘植郷長解」など）があり、さらに近江国甲賀郡石部の石部鹿塩上神社の地（吉姫明神・吉彦明神が鎮座の滋賀県湖南市石部）を経て、北陸方面につながる。

宇那根神社（群馬県板倉町大高嶋）

上記の「宇奈根社」という稀有な名の神社が、群馬県邑楽郡板倉町大高嶋（利根川中流北岸）に宇那根神社（中世以降は「諏訪神社」の社名の別称）として鎮座する。上野国の東端部、佐貫荘うなね郷にあって、地頭には佐貫氏（秀郷流藤原氏）が補任された。

同名の「ウナネ社」の分布が陸奥にもあり、旧・磐井郡骨寺村（現・一関市厳美町域で、栗駒山東麓。近隣に駒形神社がある）に所在した宇那根社など、かつてはかなりの数で存在した。現存するのは、宮城県仙台市青葉区に鎮座（旧・宮城郡宮城町。広瀬川北岸の郷六から芋沢へ遷座）の宇那禰神社くらいだという。宮城郡は名取郡の北隣に位置したから、陸奥各地のウナネ社は吉弥侯部・名取公に関係したのかも知れない。

青葉区の上記社は、当地の中世の豪族・国分氏の重臣の郷六《ごうろく》氏の氏神であったという。国分・郷六氏は秀郷流藤原氏で、もと長沼氏といい、永禄五年（一五六二）の宇那禰大明神の棟札に「藤原朝臣長沼郷六大膳宗家」と見えるから（『姓氏家系大辞典』ナガヌマ条）、両毛から当該社の祭祀がもたらされたものか。なお、藤原秀郷が、実際には毛野氏末流と推されることは先に触れており、長沼氏は小山氏一族に出た。

磯部・石部は、但馬国には朝来郡の磯部郷・朝来石部神社・刀我石部神社や出石郡の石部神社などがあるほか、彦坐王後裔の但馬国造一族の日下部氏一族にも、「磯部貫主」を名乗る磯部氏が出た。丹波及び丹後にも、イソベ（岹部）の名の式内社（丹波の船井・氷上郡と丹後の与謝郡）が見える。その同族、丹波国造の支流で雄略朝に等由気《とゆけ》神（豊受大神、保食神）を奉じて、丹波国与謝郡から伊勢国山田原へ遷ったものがある。これは当初、姓氏を「磯部、石部」といい、後に伊勢皇太神宮外宮に奉仕した度会神主氏となって長く続いた。伊勢国度会郡には、三輪君氏から出た宇治土公や石部直もあって、磯部とも名乗り伊勢皇太神宮に奉祀した。甲斐の磯部氏も、彦坐王の子・狭穂彦後裔の甲斐国造族の出で、丹波国造・但馬国造の同族であった。

三丹地方関係の磯部の多くが、毛野・吉備氏の同族、彦坐王の流れに関係したとみられ、ともに本宗の磯城県主家・三輪氏と同様に、イソベの名を伝えた事情を物語る。能登の一宮の気多大社と関連し、同様に大己貴命を祀る気多神社が但馬国気多郡に気多神社（但馬の惣社大明神で、兵庫県豊岡市日高町上郷に鎮座）としてあることにも通じよう。磯部の分布・軌跡は、『和名抄』などのサミ（佐味、三位、佐位など）の地名・氏の分布にも通じる。

大綱に関連して、我孫子（安孫子、安彦、阿彦）の名字や地名の分布は、近江国から北陸の越中・越後などを経て、下総国相馬郡の我孫子（後に葛飾郡、現・我孫子市域）に至る（もっとも、近江は愛智郡の軽我孫公〔彦坐王後裔の日下部氏族〕の関係もあるか。現・愛知郡愛荘町域には、旧・安孫子村も石部神社もある）。東北地方の山形・宮城両県に多いアビコは、越後の安孫子の流れか。羽前国村山郡では、戦国期の武家に安彦薩摩が見える（太田亮博士）。

これら補論関係をとりまとめれば次のようなものだが、考古学的知見ばかりではなく、地名や祭祀なども、毛野氏族の総合的な解明のための重要な要素と言えよう。

毛野氏族は海神族系の磯城県主支流に出て、当初は磯部（石部）と言い、次ぎに短期間だが毛野を号し、更に上毛野・下毛野など地名や職掌に基づき各枝流の名乗りをした。その同族分布は、大和から伊賀、近江、越前、能登、越中、越後、信濃を経て、上野東南部など両毛地方に至り、更に東国では常総各地等に拡がった。本拠毛野地域の山田・新田・梁田郡では、水神の瀬織津姫神（保食神）を奉じ、毛野川（鬼怒川）流域を水路変更も合わせて農地開発につとめ、食野すなわち「毛野」の県（アガタ）を起こした。その初祖の墳墓とみられるのが藤本観音山古墳であり、この県が両毛を押さえる毛野国に発展した。

# おわりに

毛野氏についての私の研究歴は、ここまでで非常に長くなる。一九八〇年代後半に取り組んで以来、何度も繰り返し本件を検討してきた。最近では、平安後期の出羽仙北主の清原氏についての新しい認識・問題提起が大きな刺激となり、本研究・著作の原動力の一つとなった。その際、志田諄一氏の毛野氏研究にかなりの示唆・影響をうけた。その毛野論述は多数にのぼり、昭和三十年代のものが多いが、比較的新しい論考では「東国の底力の源泉—関東」（昭和六二年〔一九八七年〕）がある。この論考は従来の論述と比べて格別の新論は多くないが、多大な問題意識を与えられた。これら志田氏の論述に毛野氏研究の基礎を確認しつつ、郷土史家の福田三男氏や関口功一氏の近著など、これまで多く方々からの示唆・刺激を与えられてきた。これらの学恩に対し、まず深く感謝する次第である。

ただ、本書に見るように、先学諸氏の見方と結論的には違うところもまた多い。その辺のところを、読みとっていただければ幸いである。毛野氏族研究の奥深さは、検討する度にますます感じられ、最後は補論的に取り上げた「磯部・石部」にまで問題意識が及んだ。

私は若い頃、茨城県日立市で一年間、勤務・生活をしたことがあり、その宿舎の近くにあった神峰公園内の日立市郷土博物館に志田氏が大学退職後に館長として勤務されたとも聞き、この辺にもご縁を感じる。ところで、日立に暮らしたおり、奇異に感じたのは「来る」という動詞の一般的な変格活用、いわゆる「カ変」をこの地域の人々が発音しないこと（具体的には、「来ない」を「きない」

と言う）である。この特徴は両毛地方でもほぼ同様にあって、古代毛野の影響圏に関係するものかもしれない。鈴鏡といい、秋田県北の「鹿島様」の習俗といい、毛野関連の習俗・祭祀には、いろいろ興味深いものが現在まで残る。

雑談はさておき、本文でも述べたように、毛野氏が大和の三輪氏・御諸山や海神族に縁由が深いと分かっても、祖系探索はきわめて難しい。その関連で、人物的には夏花命という者や、和泉の茅渟地方や能登・越前など北陸道の要地が東国への経路で、毛野氏の祖系同族の探索に絡む。毛野地方の土器や古墳・副葬品の研究も重要だと認識しても、それだけでは諸問題の解決は望めない。祭祀・習俗や系図など総合的研究を更に進めるとともに、今回の検討を通じ、上州西部の地域的重要性や下毛野氏の位置づけも認識を新たにした。

この辺の諸事情が難解で、かつ、吉備氏との結付きも難解な故に、先に本シリーズの『吉備氏』で一応の説明をしたが、やや簡略であったため、本書で更に書き込んだ。その意味で、本書は、長い期間取り組んできた毛野氏研究の総仕上げの一つになる。毛野氏は、吉備氏の分流で、ともに「磯部」を本姓として、馬産・競馬にすぐれ、東国諸武家の源流になると考える。一方で、下毛野国造初祖の父の名など幾つかの問題は、検討につとめたが、確認できないものや書き残しもまだある。これら残された課題は、今後とも問題意識をもちつづけ、古代の毛野など具体的な事情や今後の考古遺跡発掘の進展を踏まえ、歴史の大きな流れのなかで考えていきたい。

最後に、多くの教示・示唆をいただいた毛野氏研究者の皆様に改めて深謝させていただく。

# 〔参考資料〕

## 1　毛野氏一族の系図（試案）

# 第2図　毛野氏一族の系図（試案）

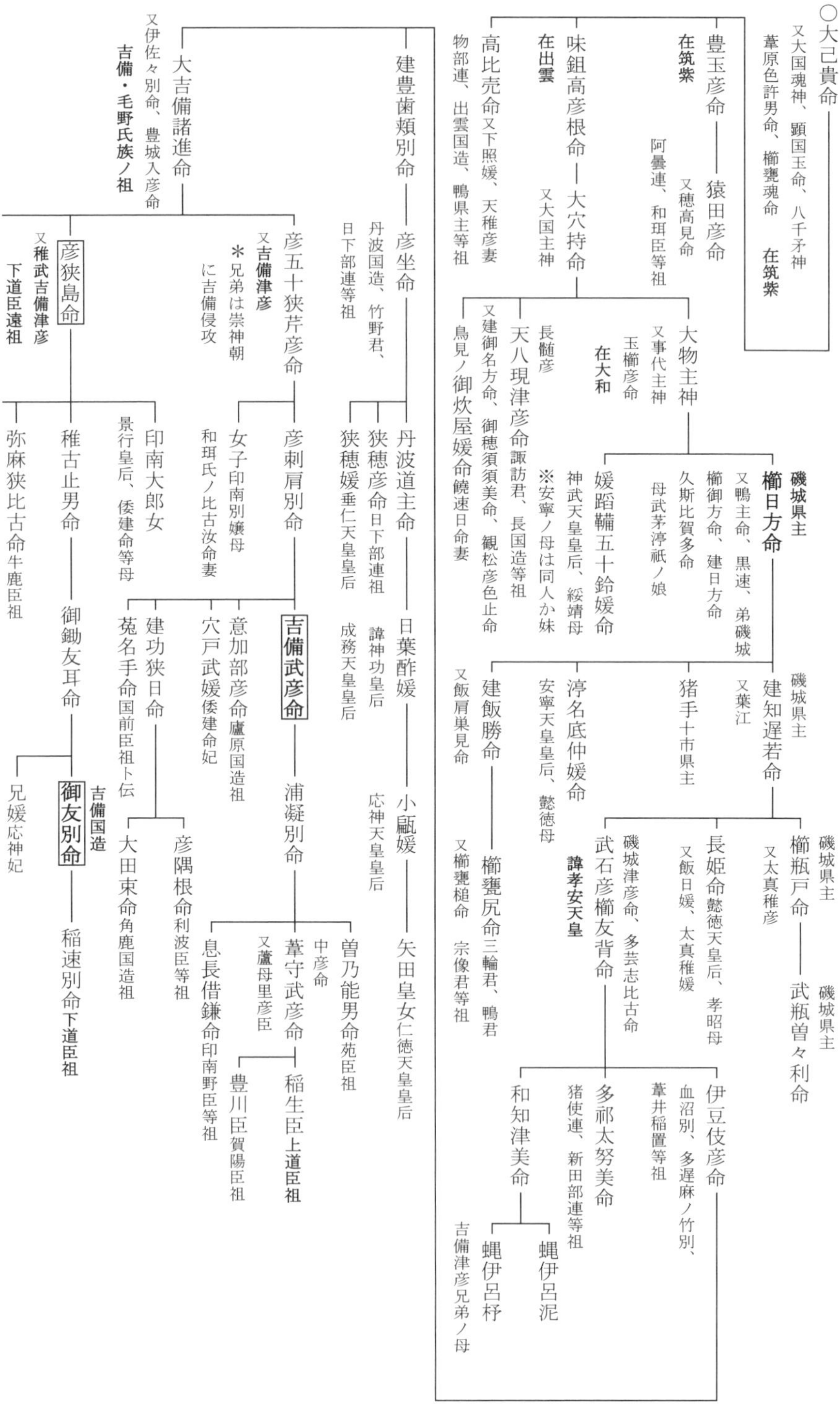


※一部推定を含む（とくに吉備氏・毛野氏関係の初期段階部分）。

- 毛野・能登遠祖 ○（又橘入来宿祢　大入杵命）
- 大吉備建媛（建緒組命妻　息長氏遠祖ノ武貝児命母）
  - 御諸別命（又八綱田命）
    - 市入別命（定賜針間鴨国造）
    - 荒田別命
      - 竹葉瀬命（上・下毛野君祖）
        - □□ ？
          - 思須美 — ？ — 百尊（又 伯孫　雄略朝　田辺史祖） — 徳尊 — 大岩
          - 和徳（大県史祖　池原朝臣等祖）
        - 島名君〔上毛野君系〕（仁徳朝　一、賀牟良別命）
          - 腹赤君 — 宿奈君 — 多遅麻君
          - 弓束君
          - 努賀君
        - 奈良別君〔下毛野君系〕（一、父ハ田道）
          - □□ — 尼古太君
            - 菅子君
            - 若子君 大野君祖
          - 八米君 壬生君祖
        - 真稚君（又 賀表乃真稚命） — 稚彦君 — 阿利真君 垂水公祖
      - 現古命（韓矢田部造祖）〔珍努県主系〕
        - 頬垂君
          - 三田次
            - 曽祢古 — 布祢 — 小足
            - 矢津 軽部祖
          - 佐流君 藤原部祖
        - 武額乃君 — 布祢古乃君
          - 迦波君 — 久美古乃君（韓矢田部君）
          - 射狭君 雄略朝賜車持君姓
        - 若多気姫 奈良別君妻
      - 田道命（止美首祖） — 持君 — □□ — □□ — □□
        - 熊次
        - 新羅 — 吉雄（欽明朝投化　賜止美連姓）
  - 印南若郎女（武貝児命妻　稲背彦命母、応神祖母）
  - ○ 夏花命〔物部君系〕
    - 鹿我別命（浮田国造祖）
      - （三代略）※五の誤記か
        - 賢泡君 吉弥侯部（安閑朝為皇子代部、斑目祖）
    - 表刀古命（物部君祖）
      - 与呂志君 — 伊太弖君 — 阿弖古 — 伊波毘古 — 宇奈目
      - 加祢 — 枠人（推古朝為物部若宮部）
        - 野足 甘楽郡貫前神祝部尾崎祖
        - 牛足 居武背国入間郡物部経津主神祝宮寺祖
      - 佐太君 池田君祖
  - 能美津彦命
    - 大矢命（又、彦忍島命カ　能登国造祖）

按：加祢又は宇奈目の兄弟カ

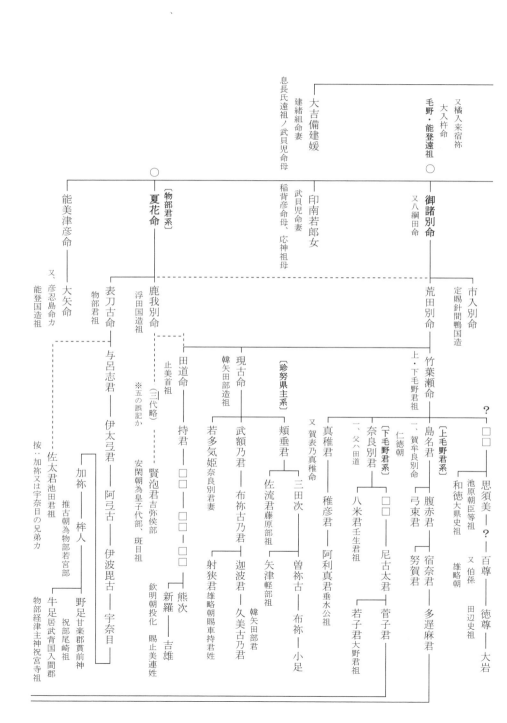

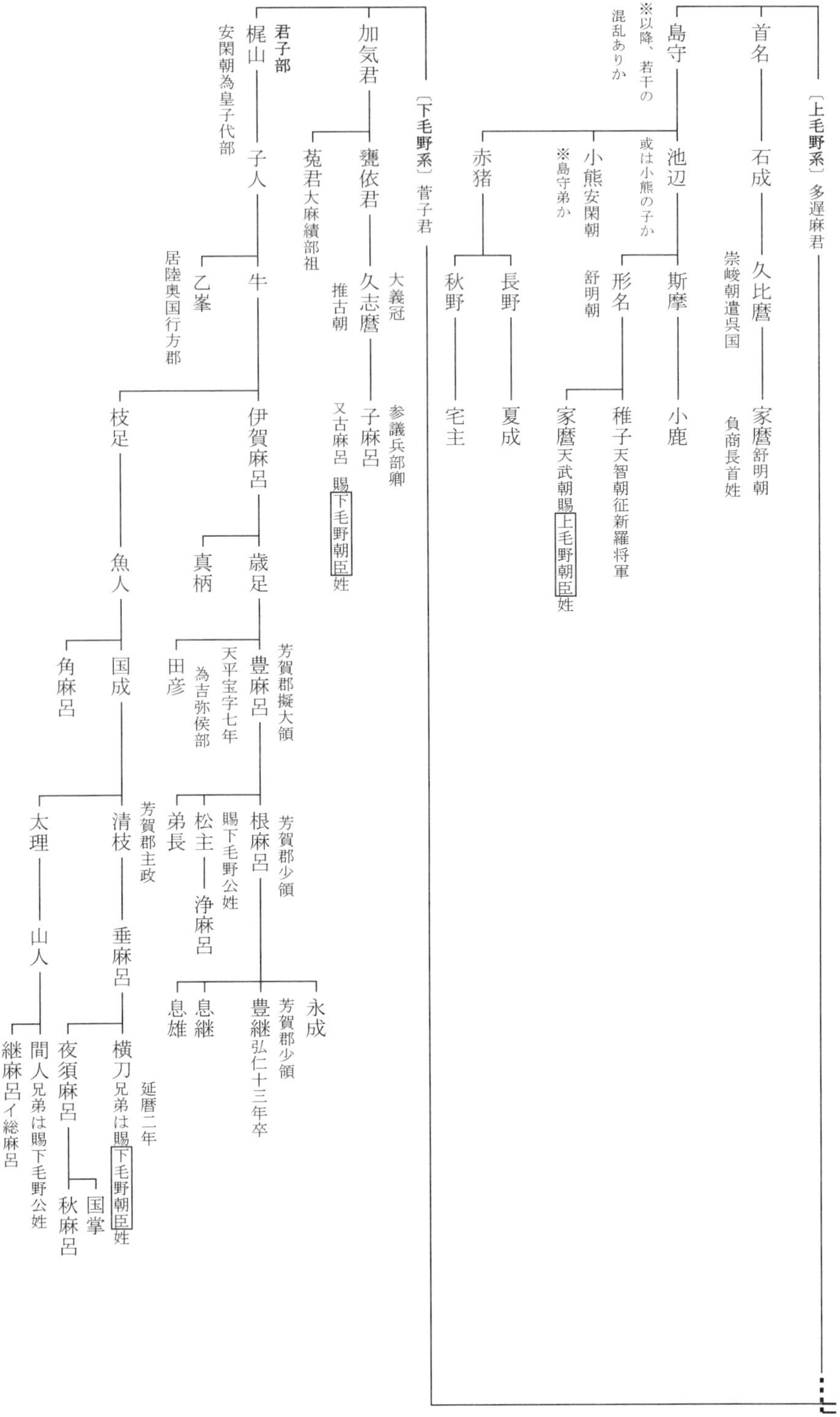


〔備考〕本試案では、上毛野・下毛野の各系について世代をほぼ対応させて記載する。すなわち、第二葉は概ね崇神朝頃～継体朝（一部は欽明朝）頃までの期間、第三葉では各安閑～欽明朝頃から始まり、末尾が延暦・弘仁頃まで及んでいる。

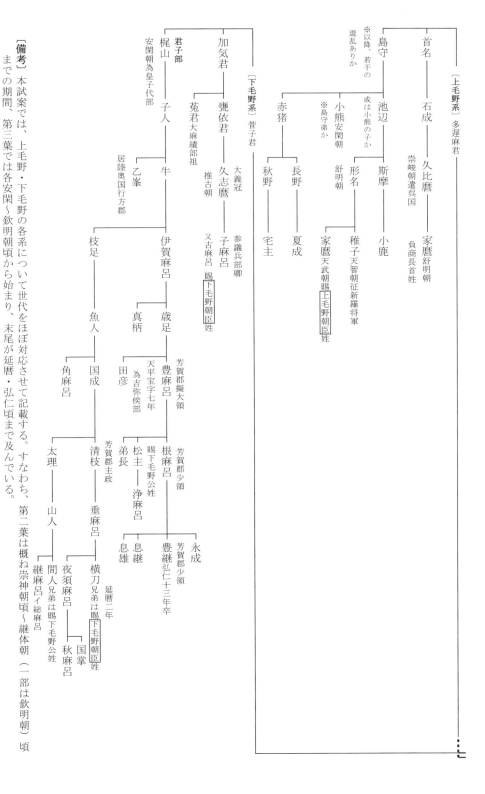

# 2　毛野氏一族から出た姓氏と苗字

## 毛野氏族概説

毛野氏族についての要点は、既に触れたのでごく簡単に概要を記しておく。

○毛野氏族は、記紀に崇神天皇の皇子とされる豊城入彦命から出たと称したが、毛野氏第四代にあたるという御諸別命が景行朝頃に上野国に赴いて、実際の毛野氏族の祖となった。御諸別命の兄弟とみられる夏花命も、後裔が同じ上野国の西部にあり、毛野氏一族の一大支流をなして永く続いた。祖たる御諸別命の名や毛野氏族の姓氏・分布などから見て、大和の御諸山（三輪山）や三輪氏族との関連性が顕著で、三輪氏族の東国分岐とみられる。

○毛野氏族は大阪湾岸の茅渟地方に起源をもち、故地の茅渟地方を出て摂津・河内に入り、近江から北陸道、信濃を経て毛野地方に到る経路をとった。この経路上に、能登国造や佐味君などの一族も残した。東国では、両毛に限らず、隣接する常陸西部や信濃の地に一族の分布もかなりあり、下総西部・武蔵北部にも分布が及んだ。

○毛野氏族は東国第一の大族であり、上毛野君を宗族とする。朝廷の命をうけ東北の蝦夷を討伐し経営に当たったもので、大和朝廷から独立した東国の王国的存在とすることは無理である。その部曲を吉弥侯部としており、その関係氏族には、本来の毛野氏族と血縁のない他氏系統や蝦夷の人々をも組み入れられたか付合された可能性が強い。

朝鮮半島にも出兵したことから、渡来系の色彩のある毛野一族（田辺史に代表される）も多く、その中には実際には血縁のない渡来人系統が上毛野君姓等を冒姓した可能性もないではない。蝦夷系・渡来系で本来は他姓かもしれない氏族も、判別が極めて困難である。

○毛野氏族からは、天武朝以降には参議などの有力官人も出した。中堅官人を輩出した東国六腹の朝臣とも呼ばれる諸氏が一族の中核を占めた。これら諸氏の活動はいずれも長くは続かずに衰え、奈良朝後期以降では渡来系の田辺史から出た上毛野氏が外記局の官人で見える。ただ、多くの毛野同族諸氏について、予め「系譜擬制」を考えるのは無理がある。

平安前期頃からは上毛野氏や下毛野氏の者が、世襲的に近衛府の下級官人・舎人で見え、近世まで続くものがある。東国在地土豪層の系譜を引くようだが、具体的な出自は不明。

○東国では、十世紀中葉の天慶の乱の頃から、毛野一族の活動は殆ど見えなくなる。この一族自体が次第に衰えた事情もあるが、系譜仮冒で古代の氏が姿を変えたとみるほうが実態か。この乱の鎮圧に大きな軍功があり、平安中期以降、中世にかけての関東の武家で大勢力の藤原北家魚名の後裔を称する藤原秀郷の流れの諸氏、及び藤原道兼の後裔と称する下野・常陸の守護宇都宮・八田一族は、実際は毛野の族裔か。藤原氏秀郷流と称する諸氏はきわめて多く、東国武家の一大源流だが、苗字が多すぎ、ここでは掲載は省略する。

○毛野氏族から出た地方の国造としては、上毛野国造、下毛野国造、針間鴨国造、浮田国造、及び能登国造があげられる。この氏族奉斎の神社は、上野国の赤城神社や下野国の二荒山神社など両毛地方に数多い。馬産に関連して、駒形神（駒弓神、子眉嶺神）や保食神も祭祀されるのが、陸奥で広く見られる傾向で、吉弥侯部らに関係したか。

○　毛野氏族の姓氏及びそれから発生した苗字をあげると次の通り。

**(1) 関東の両毛・常陸及び信濃地方**……毛野氏族は当初から大きく二流あって、上野東部から下野に展開した御諸別命の系統と、その弟の夏花命の系統であり、夏花命後裔は上野西部地域に展開して物部君・朝倉君等の諸氏となったとみられる。

上毛野君、上毛野朝臣（録・右京。野呂―伊勢国安濃・多気郡に住、上野国から来住と伝。奈良原、真隅田―上野国赤城神社両神主家）、上毛野宿祢（上野宿祢）、下毛野君（東宮―下野国芳賀郡亀岡八幡宮祠官）、下毛野朝臣（録・左京。調子―世々近衛舎人也、山城国乙訓郡調子庄に住。富―調子支流、称豊原姓）、吉美侯、下毛野川内朝臣、桧前部君（桧前公。猪熊―上州人）、上毛野佐位朝臣、上毛野朝臣（桧前公末流。佐井、花形、小此木、生形〔小保方〕―上州佐位郡人。秀郷流と称する那波氏も同族か。また、上州の宇夫方氏や、その一族で阿曽沼氏に属し陸奥国閉伊郡に遷住して起った綾織・西風館《ならいたて》氏も族裔か）、壬生君（録・河内未定雑姓の壬生部君と同じ。壬生―下野国都賀郡の大族、上野国甘楽郡に分る。大門―下野人で壬生一族。益子〔猿子〕・芳賀という紀清両党もこの流れの可能性あり）、壬生朝臣（熊倉―上州甘楽郡人、のち都賀郡野木大明神神主。佐野―上州群馬郡佐野邑より起る。高尾、江口、木口、吉田―熊倉の同族）。濃宜公も寒川郡から起る場合は下毛野一族か。

物部、物部公（尾崎―上野国甘楽郡一宮の神主家。神宮―同上族。栗原―武蔵国入間郡北野村の

物部天神社司。宮寺―武蔵国入間郡人。瀬下―上野国甘楽郡人。物射〔桃井〕―同群馬郡人。同郡の漆原氏も称藤原姓だが、瀬下と同紋で同族か、阿波国板東郡に分る）、磯部、磯部君（磯部―常陸国新治郡の鴨大神御子神主玉神社祠官。上野国山田郡人の桐生氏もこの裔か。綿貫―越後国頸城郡水嶋礒部神社祠官、称磯部臣は訛伝か）、石上部公（岡本、多胡、織本、白井、熊井田―上州人。小幡―上州甘楽郡小幡住人。羊大夫後裔の系譜をもつ粟生、蔭山、片山、疋田などの諸氏も一族か。神保・花田・多胡は、惟宗朝臣姓を名乗るが、実際にはこの姓氏か。粟生―能登に起るともいい、三河国額田郡に住。鹿島―三河の粟生一族。石上朝臣姓を称する群馬郡熊野社別当の並榎氏も一族か。在原朝臣業平の後とも称する群馬郡箕輪の長野一族も、実際にはこの流れで岡本同族か。一族に同郡人の和田・綿貫があり、綿貫は安芸にも分れる。長野の一門与党とされる前橋、南、小熊、浜川、羽田、八木原、須賀谷、和田は皆、檜扇紋を用いたことから、本来同族か）、上毛野坂本君（坂本―上州人）、上毛野坂本朝臣（録・左京）、丈部、丈部公（梶山、長岡、曲沢―上州人）、朝倉君、他田部君（他田君）、三家。

池田君、池田朝臣（録・左京。池田―上州、常陸に住。大鳥―和泉国大鳥郡人）、大野君、大野朝臣（録・右京。大野―下野国人）、大網公（録・左京）、佐味君（狭身君）、佐味朝臣（録・右京）、矢田部君、額田部君、井上君。

若麻績部、若麻績部君（栗田―信濃国水内郡戸隠別当。布施田、宮川―信濃国人）、大麻績部、中麻績、中麻績公（伊勢国多気郡人）、麻績部、伊気（河内未定雑姓。信濃国更級郡に起るか。同郡頤気神社祠官で大彦命後裔といい称藤原姓の五明氏はその裔か、もと布勢という）。池首も伊気同族か。

(2) **畿内系統**……大阪湾沿岸の和泉・摂津に同族が多く居住し、主殿寮の官人として続いた車持氏もあった。その早い段階での分流が東国にもあり、常陸や房総にも展開した。

車持公（車以公。録・左京、摂津）、車持朝臣（倉持―常陸国真壁郡人。国府、国分、小池―摂州人）、車持連、車持宿祢、韓矢田部造（録・摂津）、辛矢田部君（寺井―摂津人、後に称菅原姓）、辛矢田部宿祢（尾崎―下総国葛飾郡に起り、相模国津久井郡に遷住。津久井郡の守屋氏は、藤原姓と称したが、下総国相馬郡守屋に起る同族か）。

珍努県主（録・和泉。珍県主。中―和泉人）、珍宿祢、軽部（録・和泉。軽部―和泉人、下野にもあり）、軽部君、軽部造、丹比部（録・和泉）、多治比部公（蝮部公）、飛鳥部造、飛鳥部宿祢（浅井―常陸人）、藤原部、藤原部造、藤原部連、葛原部（久須波良部。録・和泉。藤原―武蔵国人。藤本、藤岡―播州明石郡人）、葛原連（久須波良部連）、葛原宿祢、葛原朝臣、佐代公（録・和泉。高瀬、奥、中、口、降井、門野―和泉国日根郡人。熊取、根来―同族で同郡人、称藤原姓）、茨木造（録・和泉。摂津国島下郡の茨木氏や、京官人で滝口の茨木、番長家の橋本などは族裔か。南部盛岡藩士の島川氏は茨木氏の後）。

下養公（録・大和）、佐自努公（録・右京、河内未定雑姓）、広来津公（尋来津君。録・大和、河内）、我孫（吾孫、阿比古。録・摂津未定雑姓）、我孫君、秋原朝臣、阿比古宿祢（我孫宿祢）、針間鴨国造（姓氏不明も上毛野賀茂君か。播磨国加東郡の垣田神社祠官垣田・藤井や依藤は族裔か）、鴨部（河内未定雑姓）。大野我孫もおそらく同族か。

商長首（録・左京）、商長宿祢（花前、祓井、常岩―越後国居多社祠官一族。実系は同族の高志

池君の出自という可能性がある）。『姓氏録』和泉皇別に掲げて倭建尊後裔と記す和気公・県主・智木（一に智本）も、毛野・能登氏族の出自かなんらかの関係者か。

●毛野の畿内系統に密接に関連して東国に繁衍したものがあり、下野の大族宇都宮一族や常陸の八田（小田）一族があげられる。これら一族は常陸国真壁郡八田村に起り、藤原北家道兼流とも道綱流とも称し、本姓中原ともいうが、これらは疑問。二荒山神社を奉斎して河内郡の宇都宮社務職を世襲しており、実際には辛矢田部君の流れか（太田亮博士も毛野後裔説）。同じく真壁郡伊佐庄に起って陸奥国伊達・信夫郡で展開した伊達一族は、藤原北家山蔭流と称し室町期に源姓も称したが、実際には車持公（辛矢田部君の同族）の流れかと推される。

**宇都宮一族**には、宇都宮が豊前や伊予などにも分れたほか、下野東部とその近辺の常陸等に繁衍した。下野では、横田、石井、落合、上条、上三川、中三川、蒲生、多功、刑部、今泉、中里、岡本、平出、竹林、戸祭、桑嶋—河内郡人。武茂、松野、大山田、狩野、大久保—那須郡人。氏家—塩谷郡人で美濃等に分る。氏家一族に高須、一ノ瀬。塩谷〔塩屋〕、鷲宿、幸賀〔合賀〕—塩谷郡人。西方、児山〔小山〕—都賀郡人。高根沢、千本—芳賀郡人。このほか、相場〔大庭〕、中里、玉生、平石、小池。常陸では新治郡などに笠間、烏子、戸蔵〔戸倉〕、本殿、北条など。武蔵の中山。

豊前の宇都宮では、仲津郡を中心に広く繁衍して、一族多く、嫡宗の城井のほか、野仲、内尾、犬丸、山田、成恒、中間、高野、深水、加来、西郷、如法寺、小山田、友枝、横川、荒尾、赤熊、広津、佐田、伝法寺、上条、楊梅、野依、川底、下崎、崎田、江良、江里口、彦龗、山鹿、小山、長山、水戸、大野などの諸氏。このうち、宇佐郡の佐田も有力。

伊予国喜多郡の大洲城主として戦国期まで勢力をもった宇都宮氏は、系譜・所伝に混乱があるものの、下野の庶流で鎌倉期の伊予守護の流れ（一族の武茂氏から嗣が入る）のようで、同郡宇津に縁の伊予古族（伊予凡直かその同族）の末裔と何らかの関係をもったか。一族と称する曽根、沖永、井上、栗田、多田や紀伊の宮井などの系譜には、疑問も留保。筑後の宇都宮同族という一派は蒲池氏の族で、古代の筑紫君・肥君の族裔か。

**小田一族**では常陸国の小田氏を本宗とし、筑波・新治郡中心に常陸等に分布した。

小田―常陸国筑波郡に起り、肥前国神崎郡等に分る。八田―常陸国真壁郡人。谷田部、足高、大嶋、高岡、三村―筑波郡人。小幡〔小畑〕、栗原、志筑、戸崎、大畑、弓弦《ゆづり》、手野、片野、安食―新治郡人。柴崎、岡見、寺田、矢代―河内郡人。高野、高久、菅又―那珂郡人。山尾〔山野宇、山野尾〕―茨城郡に起り、豊前に分る。真家、小鶴、友部、柿岡、月岡、岩間、田野―茨城郡人。伊志良〔伊自良〕―美濃国山県郡に住、常陸国新治郡・越前国足羽郡にも住。宮山、石島、矢口、泉沢、今泉、神郡、造谷―常州伊志良一族。大塚―常陸国多賀郡人。茂木、小高―同行方郡人。宍戸―同茨城郡人で、安芸国高田郡に分れ毛利重臣で明治に華族。中所《なかそ》、三田谷、高水、深瀬、末兼、粟屋―安芸国高田郡人。庄原、南―芸州三上郡人、以上は安芸の宍戸一族。田中―常陸国筑波郡人、京官人で院雑色もあり。このほか、小神野、飯岡、宮本、高田、浅波、阿那名、倉内、田宮、成井、吉原、福田、青木、柴山、柳田、岡野、岡崎、袖山、坂入、山口、大徳、松田、飯田、植木、高柳、平沢、大沢、永山、北条などや、筑波社の社務家筑波や中禅寺別当もあった。高階姓の者が宇都宮氏の養子となったとも伝える筑前国遠賀郡の麻生氏もあり、一族には黒崎、山鹿。

**伊達一族**では、伊達が出雲、但馬、備中、伊勢、駿河などにも分れた。中村、伊佐、伊佐岡―以上は常陸国真壁郡人。伊佐は陸奥国黒川郡にも分れて、称菅原姓。粟野、塚目、石田、徳江〔得江〕、伊達崎、田出〔田手〕、舟生、飯田〔半田〕、桑折、大松沢、八幡、大条〔大枝〕、小梁川、塩森、梁川、杉目、大立目、内谷、新田、岡村、中野、牧野、滑沢、浅川―以上は陸奥の伊達郡に住。飯坂、瀬上―陸奥国信夫郡人。立谷―同宇多郡人。小原―同刈田郡人。沼辺―同柴田郡人。殖野―下野人、越後若狭にも住。野山、杉―備中国上房郡人。立石―但馬国出石郡人。矢部―常陸国真壁郡人、なお岩代岩瀬郡の源姓矢部氏は伊達一族か。寺本〔一に寺木〕―但馬。菅野―伊達郡の梁川八幡宮神主で、伊達氏に随って仙台に遷したのは関口という、菅原姓を称するも伊達の早い分岐か。

**(3) 渡来系の諸氏**……畿内系統でも渡来系的色彩ないし外交関連がみられ、田辺史が代表的なものである。実態が毛野同族かについては確認できない面もある。

田辺史（録・右京）、上毛野公、上毛野朝臣（田辺史の改姓。録・左京）、池原公、池原朝臣（録・左京）、住吉朝臣（録・左京）、川合公（河合公。録・左京）、川合宿祢（伊賀国阿閉郡河合郷の川合、磯矢、岩島、木津の一族は族裔か）、登美首（録・和泉）、止美連（録・河内）、村挙首（録・河内）。

田辺公も田辺史の同族か。川合公の賜姓前の姓氏は朝妻金作であり、この同族は同時に池上君を賜姓した。池上宿祢はその後か。太田亮博士は、おそらく池上椋人（録・未定雑姓左京）と密接な関係があって、坂上氏の一族ではないかという。

垂水史（録・左京）、垂水公（録・右京）、大津造、大津連、大津宿祢。

桑原公（録・左京。桑原―大和人。毛野同族と称も、実は諸蕃出自で万得使主後裔か）、都宿祢（桑原公からの改姓）、都朝臣（池内―大和国添下郡人）。

(4) **東北地方**……陸奥国宇多郡の浮田国造の一族が、駒形神を奉じてさらに北方に展開したのが主な流れとみられる。毛野一族に従属した蝦夷や異姓が混入したのも一部あろう。

吉弥侯部（君子部。録・左京）、上毛野陸奥公（浮田国造の姓氏か。中村、黒木―陸奥宇多郡仲村郷に起る）、吉彦宿祢（斑目、荒川、貝沢、岩城、大鳥山―出羽の仙北郡及び近隣の住人。山口―下野人、越中にも分る。西沢―濃州石津郡人）、名取公（名取―陸奥国名取郡人、後に甲州に遷）、名取朝臣（名取郡の菅井は族裔と伝える）、上毛野名取朝臣、上毛野遠田公（遠田―陸奥国遠田郡人）、上毛野中村公（中村―甲斐国山梨郡人）、上毛野胆沢公、上毛野賀美公、上毛野鍬山公（尾張の桑山氏はこの族裔かとみる太田亮説があるが、疑問。藤姓結城支流と称するのも疑問）、置井出公、上毛野緑野直（同上の改姓。出羽の田夷とされるが、浮田国造族裔か）、上毛野賀茂公。なお、出羽国秋田郡の金成（嘉成）氏は陸奥栗原郡に起り、栗原郡の吉弥侯部の族裔か。陸奥国宇多郡黒木の諏訪神社祠官桃井は、同郡の物部末流か。

下毛野俯見《ふしみ》公（陸奥国玉作郡の吉弥侯部の改姓）、下毛野静戸公（陸奥国信夫郡の同）、下毛野陸奥公（陸奥国柴田郡の丈部の改姓）。

なお、出羽山北の大族、清原氏は、天武天皇後裔の清原真人姓を称したが、実態は出羽の吉彦宿祢一族の出とみられる。斑目などの苗字を出すが、この一族はここでは省略する。

●出羽の武家華族戸沢氏や陸奥国胆沢郡の柏山氏は平姓を称したものの、一族の動向・分布から見ると、実際の出自は上毛野胆沢公の末流とするのが妥当か。

出羽の戸沢氏は、光孝平氏の平兼盛の後裔とも桓武平氏正度の後裔とも称するが、駒形神（保食神、大宮神）奉斎に関係が深い。初め岩手郡滴石に拠った戸沢一族とその後裔には、淀川、小館、門屋、大関、西館、大久保、高松、川井、樋口、角館―出羽国仙北人。滴石、城取、田代、長山、土川、小保内〔生内〕、高橋〔高階〕、石井―陸奥の岩手・胆沢・江刺郡に住。寺内―陸奥国行方郡に起り、周防・長門に遷。駒井、守屋―戸沢一族。柏山〔樫山〕―陸奥国和賀郡柏山に起る胆沢郡の大族、葛西氏老臣。三田、小山、折居、岩淵、名須川、机地―胆沢郡の柏山一族。

柏山氏は平清盛一門の後（平資盛の子の資元の後と称）とも千葉頼胤の子の百岡次郎胤広の後とも称した。胆沢郡百岡（柏山氏の本拠大林城の地）より起る百岡氏や、関連の長坂・江刺・本吉・浜田・一関など千葉一族は、陸奥国磐井郡を中心に胆沢・気仙郡などに多い。祖の「頼胤」（千葉常胤の七男ともいう）の存在は疑問で、柏山の同族の可能性もあるか。胆沢郡の日高未妙見宮の別当千葉氏も同族。江刺郡主の江刺氏は葛西氏一族の出ともいい、葛西から入嗣があっても、本来別族で古族の裔か。

承和年間に江刺郡擬大領として上毛野胆沢公が見える。江刺郡の人首《ひとかべ》・三田は江刺の族。江刺氏や葛西氏に仕え、江刺・磐井・気仙郡に繁衍した称源姓の高屋・伊手・及川〔笈川〕・男沢・太田代・小田代・下川原〔下河原〕の一族も、根源は江刺郡で、江刺同族か。

○毛野同族とみられる氏族も併せ掲げると、崇神天皇の皇子と称する豊城入彦命の後裔氏族は、同じ天皇の「皇子とも孫とも」称する大入来命の後裔氏族とも同族とみられる。

**大入来命の後裔氏族**……能登国造があり、能登・越中など北陸に繁衍した。その系譜は具体的には伝わらないが、毛野氏族とは別系のように見えても、本来は毛野同族とみられる。大入来命は活目帝（垂仁天皇）の皇子とも伝えるが（「国造本紀」）、この者は豊城入彦命ないし彦狭島命と同人の可能性が強い。鹿島郡七尾の気多本宮は能登生国玉比古神社ともいい、祭神は大己貴命または天活玉命として、能登国造一族が奉斎したとみられる。

能登君、能登臣（乃止臣）、能登連、能登宿祢（能登―能登人。能門―能登国鳳至郡輪島の重蔵神社祠官。鹿島郡七尾の地主山王大社の祠官大森氏は、能登神職の触頭ともいい、族裔か）、蚊島君、気多（気太）、気多公（桜井―能登一宮、羽咋郡気多大社大宮司祠官で能登神職の触頭。尾崎―越中国射水郡気多神社祠官）、船木部（船木―能登の鹿島郡気多本宮祠官、称桜井宿祢。船木は能登越中に分布多く、能登郡二宮の天日陰比咩神社、同郡向田の伊夜比咩神社の神主家など。岡本―能登郡伊夜比咩神社宮司）、建部君（武部―鹿島郡人。建部、水嶋―加賀国白山本宮神主で、石川郡に起る）、安努君（越中国射水郡安努郷）。白山社祠官を務めた椋部（倉部―加賀国石川郡人）も同族か。能登の鹿島郡の四柳氏は、鳳至郡の神目伊豆伎比古神社などの神主家で、能登国造族裔か。

毛野氏族という佐味君はむしろ能登君の支流か。上野国片岡郡及び下野国芳賀郡にあった若田部も能登国造の族裔か。垂仁天皇の皇子と称した五十日足彦の流れの春日山君・高志池君なども能登国造の同族かとみられる。この系統には五十嵐、池、山吉など。

能登国鹿島郡温井から出た大族温井〔抜井〕氏は藤原朝臣姓と称するが、能登国造同系か。同じく藤原姓という羽咋郡の土田・得田〔徳田〕・酒井・大津氏も同系か。酒井同族に、羽咋郡手速比咩神社祠官の嵯峨井氏。越中国婦負郡の姉倉比売神社祠官高倉氏や、速星神社祠官若宮氏、新川郡日置神社祠官二宮氏も、能登国造支流か。二宮氏は中世越中の大族で、斯波武衛家の重臣。

【著者】

宝賀　寿男（ほうが・としお）

昭和21年（1946）生まれ。東大法卒。大蔵省を経て、弁護士。古代史、古代氏族の研究に取り組み、日本家系図学会会長、家系研究協議会会長などを務める。

著書に『古代氏族系譜集成』（古代氏族研究会）、『巨大古墳と古代王統譜』（青垣出版）、『「神武東征」の原像』（青垣出版）、『神功皇后と天日矛の伝承』（法令出版）、『越と出雲の夜明け』（法令出版）、『豊臣秀吉の系図学』（桃山堂）など。

「古代氏族の研究」シリーズは、①『和珥氏—中国江南から来た海神族の流れ』、②『葛城氏—武内宿祢後裔の宗族』、③『阿倍氏—四道将軍の後裔たち』、④『大伴氏—列島原住民の流れを汲む名流武門』、⑤『中臣氏—卜占を担った古代占部の後裔』、⑥『息長氏—大王を輩出した鍛冶氏族』、⑦『三輪氏—大物主神の祭祀者』、⑧『物部氏—剣神奉斎の軍事大族』、⑨『吉備氏—桃太郎伝承をもつ地方大族』、⑩『紀氏・平群氏—韓地・征夷で活躍の大族』、⑪『秦氏・漢氏—渡来系の二大雄族』、⑫『尾張氏—后妃輩出の伝承をもつ東海の雄族』、⑬『天皇氏族—天孫族の来た道』、⑭『蘇我氏—権勢を誇った謎多き古代大族』、⑮『百済氏・高麗氏—韓地から渡来の名族』、⑯『出雲氏・土師氏—原出雲王国の盛衰』に次いで17作目。

古代氏族の研究⑰
**毛野氏**—東国の雄族諸武家の源流

2021年 2月10日　初版印刷
2021年 3月 2日　初版発行

著者　宝　賀　寿　男
発行者　靍　井　忠　義

発行所　有限会社　青　垣　出　版
〒636-0246 奈良県磯城郡田原本町千代３８７の６
電話 0744-34-3838　Fax 0744-47-4625
e-mail　wanokuni@nifty.com

発売元　株式会社　星　雲　社
（共同出版社・流通責任出版社）
〒112-0005 東京都文京区水道１－３－３０
電話 03-3868-3275 Fax 03-3868-6588

印刷所　モリモト印刷株式会社

printed in Japan　ISBN 978-4-434-28623-0

青垣出版の本

## 「神武東征」の原像〈新装版〉
ISBN978-4-434-23246-6

宝賀 寿男著

神武伝承の合理的解釈。「神話と史実の間」を探究、イワレヒコの実像に迫る。新装版発売

Ａ５判３４０ページ　本体2,０００円

## 巨大古墳と古代王統譜
ISBN978-4-434-06960-8

宝賀 寿男著

巨大古墳の被葬者が文献に登場していないはずがない。全国各地の巨大古墳の被葬者を徹底解明。

四六判３１２ページ　本体1,９００円

奈良を知る

## 日本書紀の山辺道《やまのへのみち》
ISBN978-4-434-13771-6

靍井 忠義著

纒向、三輪、布留…。初期ヤマト王権発祥の地の神話と考古学。

四六判１６８ページ　本体1,２００円

奈良を知る

## 日本書紀の飛鳥
ISBN978-4-434-15561-1

靍井 忠義著

６・７世紀の古代史の舞台は飛鳥にあった。飛鳥ガイド本の決定版。

四六判２８４ページ　本体1,６００円

日本書紀を歩く①

## 悲劇の皇子たち
ISBN978-4-434-23814-7

靍井 忠義著

皇位継承争い。謀反の疑い―。非業の死を遂げた皇子たち 22 人の列伝。

四六判１６８ページ　本体1,２００円

日本書紀を歩く②

## 葛城の神話と考古学
ISBN978-4-434-24501-5

靍井 忠義著

葛城は古代史に満ちている。遺跡に満ちている。謎に満ちている。

四六判１６５ページ　本体1,２００円

日本書紀を歩く③

## 大王権の磐余
ISBN978-4-434-25725-4

靍井 忠義著

海石榴市（つばきいち）は上ツ道と横大路と寺川が交差する磐余にあった？

四六判１６５ページ　本体1,２００円

日本書紀を歩く④

## 渡来人
ISBN978-4-434-27489-3

靍井 忠義著

日本の古代の荷い手は渡来人たちだった。日本書紀が伝えるその群像。

四六判１８８ページ　本体1,３００円

青垣出版の本

宝賀 寿男著　　古代氏族の研究シリーズ

**①和珥氏**―中国江南から来た海神族の流れ　ISBN978-4-434-16411-8
A５判１４６ページ　本体1,２００円

**②葛城氏**―武内宿祢後裔の宗族　ISBN978-4-434-17093-5
A５判１３８ページ　本体1,２００円

**③阿倍氏**―四道将軍の後裔たち　ISBN978-4-434-17675-3
A５判１４６ページ　本体1,２００円

**④大伴氏**―列島原住民の流れを汲む名流武門　ISBN978-4-434-18341-6
A５判１６８ページ　本体1,２００円

**⑤中臣氏**―卜占を担った古代占部の後裔　ISBN978-4-434-19116-9
A５判１７８ページ　本体1,２００円

**⑥息長氏**―大王を輩出した鍛冶氏族　ISBN978-4-434-19823-6
A５判２１２ページ　本体1,４００円

**⑦三輪氏**―大物主神の祭祀者　ISBN978-4-434-20825-6
A５判２０６ページ　本体1,３００円

**⑧物部氏**―剣神奉斎の軍事大族　ISBN978-4-434-21768-5
A５判２６４ページ　本体1,６００円

**⑨吉備氏**―桃太郎伝承をもつ地方大族　ISBN978-4-434-22657-1
A５判２３６ページ　本体1,４００円

**⑩紀氏・平群氏**―韓地・征夷で活躍の大族　ISBN978-4-434-23368-5
A５判２２６ページ　本体1,４００円

**⑪秦氏・漢氏**―渡来系の二大雄族　ISBN978-4-434-24020-1
A５判２５８ページ　本体1,６００円

**⑫尾張氏**―后妃輩出の伝承をもつ東海の雄族　ISBN978-4-434-24663-0
A５判２５０ページ　本体1,６００円

**⑬天皇氏族**―天孫族の来た道　ISBN978-4-434-25459-8
A５判２９５ページ　本体2,０００円

**⑭蘇我氏**―権勢を誇った謎多き古代大族　ISBN978-4-434-26171-1
A５判２８４ページ　本体1,９００円

**⑮百済氏・高麗氏**―韓地から渡来の名族　ISBN978-4-434-26972-1
A５判２６１ページ　本体1,９００円

**⑯出雲氏・土師氏**―原出雲王国の盛衰　ISBN978-4-434-27825-9
A５判３２８ページ　本体2,１００円